한국어로 내려온
New Bible

새로운
성 경

제86권 6부 | 총10부

하얀마음

하나님 말씀 중에서

1. 사랑의 하나님

▪ 세상을 창조하신 하나님은 모두를 사랑하신다. 인간만 특별히 더 사랑하지 않고, 우주 만물을 다 똑같이 사랑하신다. 그러니 하나님이 창조하신 천지 만물과 화친하고, 미물까지도 소중히 대하라.

▪ 하나님은 특정 종파나 민족만을 더 사랑하지 않으신다. 자기 자신만 구원받겠다는 욕심을 버리고, 자기 종파만 구원받는다는 편협한 교리에서 벗어나야 한다. 종파를 초월해서, 모두를 사랑하라.

▪ 원수까지 사랑하라 했으니, 이 세상에 사랑하지 못할 자가 누가 있겠는가? 종파가 다르다고 해서 부모 형제와 원수처럼 지내는 자는 인간의 근본을 모르는 자다. 가장 가까운 가족부터 사랑할 때 남도 진심으로 사랑할 수 있다.

▪ 한 사람을 원수같이 생각하던 마음에서 사랑하는 마음으로 돌리면, 자기 자신의 마음이 가장 기쁘고 행복하다. 하나님께서는 인간의 마음속에 무거움이 없이 기쁘고 행복한 삶을 살기를 바라신다.

▪ 이웃을 "내 몸처럼" 사랑하라 했으니, 마지막 한 장 남은 천국의 티켓도 이웃에게 양보하라. 자기 중심적인 신앙에서 벗어나서 남을 위해 살아야 한다.

▪ 독초도, 약초도, 이단도 사탄도 천사도 다 필요하기에 존재한다. 독초일지라도 극소량을 사용해서 생명을 살릴 수 있고, 약초라 하더라도 남용하면 생명을 잃을 수 있다.

▪ 세상 모든 것을 명약으로 활용하는 것은 인간의 지혜에 달렸다. 어떤 것이든 어떤 사람이든 적재적소에 꼭 필요한 명약으로 승화시키라.

▪ 사탄도 이단도 천사도 모두 하나님의 주관하에 존재한다. 진정한 하나님의 백성은 사탄과 마귀까지도 감화시켜서 천사로 거듭나게 한다.

2. 기도

- 하나님은 인간의 생각까지 모두를 다 알고 계신다. 우리의 소원도 이미 알고 계시기에, 소원의 기도를 할 필요가 없다. 우리가 받을 자격이 되면 내려 주신다.

- 죄를 짓고 아무리 회개를 해도 용서받지 못한다. 도둑질한 자는 용서해 달라고 기도하고, 도둑맞은 자는 도둑을 잡게 해 달라고 기도하면, 공의의 하나님은 누구의 편에 서시겠는가?

- 자기가 잘못한 것은 그 사람에게 직접 갚고 용서를 구하라. 그가 용서하면 하나님도 용서하신다. 땅에서 매면 하늘에서도 매이고, 땅에서 풀리면 하늘에서도 풀리는 이치다.

- "회당에서 기도하지 말고 골방에서 기도하라" 했다. 눈에 보이는 골방이 아니라, 골방과 같이 고요한 마음이다. 잡념을 버리고 하나님을 향해 마음을 집중하며, 사랑하고 용서하는 아름다운 생각만 나오도록 하라.

- "두드리면 열릴 것이다." 하는 것은 육의 소원을 위해 두드리라는 것이 아니라, 진리의 깨달음을 얻기 위해 두드리라는 것이다.

- 기도하는 방법: 생활 속에서 수시로 기도하는 삶을 살아야 한다.

- "저의 죄를 용서하여 주옵소서." 하는 회개의 기도를 하라.
- 범사에 "하나님! 감사합니다." 하라. 현재 가진 것에 감사하며, 과욕하지 말라. 자기 노력 이상의 것을 더 갖고자 기도하는 것은 도둑놈심보다. 공의의 하나님은 각자 노력한 만큼 주신다.
- "하나님 뜻대로 살아가겠나이다." 하며 마음의 각오를 다지라.

- 기도는 하나님의 말씀을 받아서 "행하는 것"이다. 하나님이 계심을 굳건히 믿고, 하늘을 향하여 한 점 부끄럼 없이 사는 삶 자체가 가장 위대한 기도이며, 삶이 곧 예배다.

3. 지도자

- 똑같이 사랑한다는 말을 해도, 순수하게 하는 말은 천사의 말이지만, 사기 쳐서 재산을 가로채려고 하는 말은 사탄의 말이다.

- 종교 지도자가 아무리 훌륭한 설교를 해도, 신도의 재물을 거둬서 더 큰 교회를 짓고 자기의 부귀영화를 바라며 설교하면 사탄의 가르침이 된다.

- "저희 교회는 만원사례요, 믿음은 다 같으니 이웃의 개척 교회에 가서 예배를 드리시오." 하며, 이웃 교회의 부흥을 먼저 생각하여 제 신도를 보내는 종교 지도자가 있다면 그를 따르라. 그가 하나님의 사랑을 실천하는 자다.

- "부자가 천국에 들어가는 것은 낙타가 바늘구멍을 통과하는 것보다 더 힘들다" 하였거늘, 지금의 교회에서는 부자가 되기만을 기도하고 소원하니, 이는 곧 천국을 포기하고 지옥 행 열차의 티켓을 사는 것과 같다.

- 예수는 빈손이었다. 종교 지도자가 예수보다 더 호화롭고 편안하게 살아간다면 잘못된 것이다. 부귀영화와 명예를 바라는 자는 절대로 갈 수 없는 좁고 협착한 길이 종교 지도자의 길이다.

- 종교 지도자는 유리로 비춰 봐 한 점의 부끄러움이 없이 살아야 한다. 의식주도 직접 일해서 해결하고, 예수의 가르침과 행함을 그대로 따라야 한다.

- 종말은 없다. 지금의 잘못 가는 종교 집단에게만 종말이 있다. 보이지 않는 하나님은 보이는 육의 종말은 관여하지 않으신다. 환경 파괴로 인간이 스스로 멸망을 자초하는 것이다. 종파끼리 싸우기 전에, 무너진 인성을 바로잡고 지구의 몸살을 해결하는 데 뜻을 모으는 게 급선무다.

4. 성전이란

- 이 세상 자체가 하나님께서 만드신 성전이다. 자연보다 더 아름다운 성전이 있는가? 보이는 건물이 성전이 아니라, 성스러운 마음가짐이 성전이다.

- 반석 위에 교회를 지으라 했다. 지상의 단단한 돌은 인간이 쪼갤 수 있으나, 마음속의 굳은 결의는 세상 무엇으로도 쪼갤 수 없다. 바르고 굳건한 믿음으로 성경의 가르침을 실천하는 것이 마음의 반석 위에 교회를 짓는 것이다.

- 손으로 지은 건물의 교회에 모여서 복음을 전하는 것이 아니라, 교회를 개인과 가정에 심어 주어야 한다. 무너지고 부서지는 건물을 짓지 말고, 마음속에 영원히 불변하는 참진리의 교회를 지으라.

5. 십계명

- 십계명은 인간이 죽어서 반드시 통과해야만 하는 열 개의 관문이다.

\- 부모를 공경하지 아니한 자는 "네 부모를 공경하라." 하는 제5계명의 관문이 열리지 않으니 구원받을 수 없다.
\- 살인, 간음, 거짓, 우상 등의 나머지 계명도 마찬가지다.

- 십계명은 하나님의 친필이다. 모기소리만 한 하나님의 음성이라도 들어 보겠다고 여기저기 찾아 헤매지 말고, 십계명부터 암송하고 지키라.

- 십계명은 영혼을 구원하는 양식이며, 십계명을 지키는 것이 구원을 받는 길이다. 인간이기에 지키고자 노력하고 또 노력한다면 지킬 수 있다.

- 십계명을 지키고 천사처럼 아름답게 살아가는 그 마음 하나면 세상에 이루어지지 않는 것이 없다.

6. 보물

- 하나님은 재물이 아니라 우리의 마음을 받으신다. 사랑을 실천하며 천사처럼 변하는 마음이 하나님께 바치는 보물이다.

- 보이지 않는 하나님께 재물을 바치려 하지 말고, 너희를 길러 준 부모에게 용돈드리고, 찾아뵙고, 효성을 다하라. 그것이 하나님께 효도하는 것이다.

- 하늘에는 선과 악의 창고가 있다. 자기 창고에 선이 많으면 천국으로 구원을 받고, 악이 많으면 심판받아 지옥으로 간다. 그것이 바로 "선한 일을 행한 자는 생명의 부활로, 악한 일을 행한 자는 심판의 부활로" 나오는 것이다.

- "선악과를 따먹지 말라"는 것은 양심을 지키라는 것이다. 선과 악을 구분할 수 있는 양심을 최초에 인간에게 주셨다. 선한 열매는 취하고, 악한 열매는 버리며, 양심에 비추어 부끄럼 없는 삶을 살아가라.

- 가장 작은 거짓말을 하지 않고, 가장 작은 죄를 짓지 않으며, 가장 작은 선행을 하고, 가장 작은 악행을 멀리하는 것이 율법의 일점 일획도 빠뜨리지 말고 다 지키는 삶을 사는 것이다.

7. 우상

- 박물관에 있는 불상은 하나의 예술품이다. 그 조각품에 대고 제 소원을 빌 때 우상숭배가 된다. 십자가라 하여도 그 앞에서 소원을 빈다면 우상숭배하는 것이며, 하나님께 소원을 빈다면 하나님을 우상으로 전락시키는 것이다.

- 지금 기복신앙에 젖어 있는 모든 사람이 우상 앞에 절을 하고 있다. 조각품을 우상이라며 파괴하지 말고, 네 마음속에 있는 욕심의 우상을 무너트리라.

- 생수를 약초가 먹으면 약을 만들고 독사가 먹으면 독을 만든다. 같은 성경을 봐도 선한 지도자는 신도를 천사로 만드는 데 활용한다. 그러나 욕심이 가득한 지도자는 재물을 거두어들여 제가 부귀영화를 누리는 데 악용한다. 그가 바로 성경을 우상숭배의 도구로 전락시키는 거짓 선지자다.

- 성경을 한 획도 빼거나 더하지 말라는 것은, 그 가르침을 빠트리지 말고 온전히 지키라는 것이다. 성경 속에서 자기에게 유리한 구절만 보는 것은, 자기에게 불리한 구절들을 빼 버리는 것이다. 믿음이 제일이요, 행함은 구원과는 관계없다는 것은 자신에게 유리한 쪽으로 성경을 악용하는 것이다.

- 진정한 종교 지도자는 종파에 관계없이 어떤 종파든 어떤 책이든 접하고 보고 깨우쳐 견문을 넓히도록 인도한다. 참진리를 모르고 자신이 없는 자가 남을 이단이라며 배척하고, 신도들의 눈과 귀를 가린다.

8. 예수

- 예수의 재림은 없다. 예수가 다시 온다 해도, 과연 누가 그를 예수라고 믿겠는가? 예수와 같은 삶의 행함이 곧 예수의 재림이다. 각자 모두가 "재림 예수"가 되는, 차원 높은 믿음으로 가야 한다.

- 예수는 "주여 주여 하지 말고, 아버지의 뜻대로 행하라"고 했다. 예수가 전한 하나님의 뜻이 곧 "길이요, 진리요, 생명"이며, 그 가르침이 예수의 보혈처럼 소중한 것이다. 예수를 믿는 것은, 예수의 가르침을 믿고 따르는 것이다.

- 예수는 낮은 자로서 만백성을 섬기고자 했다. 만나는 모든 사람을 다 하나님이라 생각하라. 돈을 벌수록 겸손하고, 높은 지위를 얻을수록 낮아지라.

- 예수는 종파를 만들지 않았다. 인간이 만든 종교와 인간의 교리를 따르지 말고, 예수를 통해 전한 하나님의 참진리를 연구하고 따르라.

- 예수가 2천 년 전에 만백성을 위해 죽었으니, 지금 이 땅에는 예수의 가르침대로 사는 천사만 존재해야 한다. 예수가 죽어 가면서 바란 것은 만백성이 천사가 되어 예수의 자리를 채워 주는 것이지, 지금과 같이 재물을 바치면서 중언부언 제 소원만을 비는 백성들을 바란 것이 아니다.

9. 구원

- 천사가 사는 천국에는 천사만 갈 수 있으니, 천사 같은 마음을 길러야 한다.

- "천국 열쇠를 네게 주리니 땅에서 무엇이든지 매면 하늘에서도 매일 것이라" 했다. 땅에서 천사같이 사는 자가 하늘에서도 천사가 되어 천국에 들어간다. 모든 사람에게 천사같다는 말을 듣는 삶을 살아야 한다.

- 천사의 곱고 아름다운 마음은 부모를 공경하고 어른을 어른으로 대접하는 데에서 출발한다. 효도하는 자는 형제와 화목하게 지내기에 가정이 화목해지고, 이웃과 화목해지고, 국가가 화목해지고, 온 인류가 화목해진다.

- 그러므로 지상의 아름다운 소왕국은 가정에서부터 이루어야 한다.

- 선택된 14만 명만 구원받는 것이 아니라, 천사처럼 변하고자 하는 14만 명을 기초로 온 인류가 천사처럼 거듭나는 영적인 개혁이 시작되는 것이다.

- 천 년에 걸쳐서 하늘에서 이루어진 것같이 이 세상을 낙원으로 만들어, 만백성이 지상의 천국에서 살다가 죽어서 그대로 하늘의 천국으로 들어가는, 영원한 지상 낙원을 건설하는 것이 하나님의 계획이다.

- **이것이 구약과 신약에 이어 "새로운 성경"으로 역사하시는 하나님의 창조의 완성이다.**

- 지금의 믿음으로 구원받을 수 있다면 그 길을 가라. 그러나 자신이 없다면 하나님께서 직접 내리신 160권의 "새로운 성경"을 읽고 구원의 길을 보라!

하나님 머리말씀

이 새로운 성경을 읽는 너희 모두는
이 율법에 따라 행하면 영원히 구원받을 것이니라.

너희 인간이 수년, 수십 년, 평생
성서를 공부하고 기도하는 것은
하늘나라 나의 곁으로 오고 싶은 소망일진대,

몇천 년 전의 너희 인성과 생각이
지금의 너희와는 판이하게 다르니,

꺾여 가고 병들어 가는 너희를 고칠 수 있는 길은,
오늘 내가 선지자에게 내리는 새로운 성경과 같이
너희가 변화되는 것뿐이니라.

나의 예수가 태어난 것처럼
내가 아들 선지자를 선택하여
나의 새로운 성경을 온 세계에 전하고자 하니,

묵은 것은 버리고 새로운 것은 취하여,
너희 모두는
'여호와 하나님! 저의 죄를 용서하여 주옵소서.'
하는 기도문으로 기도하고, 죄를 뉘우치라.

이 새로운 성경은
수천 년간 내려온 성서를 요약한 것이니,
너희는 이 책을 정독하여 쉽게 깨달음을 얻고,
이대로 실천하여 하늘에 오르라.

대역자 머리말

■ 하나님의 율법을 지키는 선지자로 선택을 받도다.

저는 남들처럼 그저 열심히 살아온 평범한 사람이었습니다. 그러나 50대 중반에 사업에 실패하여 많은 부채에 시달렸으며, 건강도 악화되어 눈이 잘 안 보이고, 걷기도 어렵고, 두통이 심해서 잠을 이룰 수 없는 고통의 나날을 보냈습니다. 그때 제가 선택할 수 있는 것은 육의 삶을 끝내는 길뿐이었습니다.

죽기 직전에 그동안에 죄를 지은 이들에게 용서를 빌고 인생을 끝내기로 작정하였습니다. 어려서부터 지은 죄를 빌고 빌다 보니 끝이 없었고, 죽음으로도 그 많은 죄를 용서받을 길이 없다는 생각에 하염없이 눈물이 흘렀습니다. 그 순간 '재래식 화장실의 구더기는 죄를 짓지 않는데, 나는 인간으로서 구더기만도 못한 삶을 살았구나.' 하는 생각이 들면서 괴로움에 몸부림칠 때, 갑자기 하나님의 음성이 들렸습니다.

"나는 여호와 하나님이니라. 너는 십계명을 암송하고 내가 내려 주는 메시지를 받아 책으로 만들어 만백성을 구하라." 하시며, 제 눈을 손으로 문지르게 하시고, 아픈 머리와 다리를 손으로 두드리게 하셨습니다. 그러고 나니 눈도 잘 보이고 걸을 수 있었으며 머리의 통증도 말끔히 낫게 되었습니다. 그때부터 십계명을 암송하고 나면 들려주시는 말씀을 기록하였고, 1999년 8월부터 2004년 7월까지 권당 288쪽, 총 160권을 받아서 "새로운 성경"이라는 책으로 펴내게 되었습니다.

그러한 저에게 죽기보다도 힘든 길이 시작되었습니다. 모든 교인들이 저에게 사탄이요, 이단이요, 악마요, 마지막 시대에 온 거짓 선지자라 하면서 공격하였고, 저를 짐승을 보듯이 대하는가 하면, 편협한 종교 지도자들의 선동으로 신도들이 이 책을 직접 읽어 보고 평가할 기회마저 막아 버렸습니다. 그래서 하나님의 말씀을 세상에 내는 데 많은 어려움을 겪으며, 피를 토하는 심정으로 책을 전하고 있습니다.

그러나 아무리 인간의 힘으로 막으려 해도, 하나님의 뜻이 세상에 전해지는 위대한 역사는 계속될 것입니다. 책으로 전해지는 "하나님의 말씀"은 세상 끝날까지 항상 우리와 함께하실 것입니다. 사람은 죽어도, 책에 기록된 말씀은 영원히 남으니까요.

■ 따뜻한 실천

하나님께서는 어려운 사람들에게 삶의 터전을 마련해 주고, 미래를 열어 주는 것을 기뻐하십니다. 어려운 이웃이 스스로 자립할 수 있도록 이끌어 주는 것이 진정으로 이웃을 돕는 것이라고 말씀하셨습니다. 그래서 일자리가 없는 제자들에게 작은 사업장을 만들어 주는 "달란트 사업"을 하고 있습니다. 식당, 반찬 가게 등을 차려 주고, 기존의 어려운 사업장이 자립할 수 있도록 돕고 있습니다(커피숍, 미용실, 의상실 등).

하나님께서는 교회에 나와서 모든 시간과 재물을 쏟기를 원하지 않으시고, 그 시간과 재물을 교육에 투자하여 스스로 미래를 열어 가기를 원하십니다. 그래서 제때 공부하지 못한 제자들에게 학업을 이어 가도록 하였습니다. 중화요리 주방장을 하며 초등학교 검정고시부터 공부하여 2012년에 방통대를 졸업한 36세 남성, 만학도들의 2년제 중학교에 입학해서 2007년에 명지대학을 졸업한 38세 여성, 중학교 검정고시를 시작으로 숭의여자대학을 졸업한 47세 여성 등이 있습니다. 그밖에도 많은 제자들에게 나이를 초월하여 배우고 깨우쳐서 사회 속의 당당한 일원이 되도록 인도하고 있습니다.

학자금 대출로 힘겨워하는 젊은이들을 위해 "따뜻한 바람 장학회"를 발족하여(2016년 12월) 대출받은 학자금 전액을 매월 갚아 주고 있습니다. 또한, 다문화 가정을 위해 "다문화 가족 랜드"를 조성하여, 각종 시설을 무료로 활용하도록 하고 있습니다.

이러한 따뜻한 실천이 아직은 미약합니다. 그러나 책의 수입이 늘고, 저와 뜻을 같이하는 분들이 늘어나면 계속 확대할 것입니다. 지도자로서 신도의 재물을 헌금으로 거둬들여 착복하는 것이 아니라, 하나님께서 기뻐하시는 일에 사용하도록 중매 역할만 하며 살아가고자 합니다. 이런 제가 과연 사탄이고 이단인가요? 하나님께서 기뻐하시는 일이라면, 저에게 사탄이라 하든 거짓 선지자라 하든 굽히지 않고 실천해 나갈 것입니다.

끝으로, 일상의 삶 속에서 "지금 내가 하는 행동이 과연 하나님께서 기뻐하실까, 슬퍼하실까?" 생각하고, 매사에 하나님께서 기뻐하시는 길을 택하기 바랍니다. 교회에 모여서 집단적으로 예배 드리는 것이 아니라, 개인이나 가정 단위로 새로운 성경을 읽어 스스로 깨우치고 그대로 행하면 충분합니다. 그것이 마음속에 성전을 짓고, 신령과 진정으로 예배 드리는 길입니다. 그러면 천국의 문에 들어서게 됩니다.

2017. 2. 1.

하나님 말씀 대역자 김용철

차 례

- 하나님 말씀 중에서 ... 3
- 하나님 머리말씀 ... 9
- 대역자 머리말 ... 10
- 차　례 ... 12
- 십 계 명 ... 14

2003년 5월 ... 15

목요일

6,273 _ 2003년 5월 29일 08시 51분.......... *15*
6,274 _ 2003년 5월 29일 09시 01분.......... *17*
6,275 _ 2003년 5월 29일 09시 10분.......... *19*
6,276 _ 2003년 5월 29일 10시 35분.......... *21*
6,277 _ 2003년 5월 29일 11시 41분.......... *22*

금요일

6,278 _ 2003년 5월 30일 08시 06분.......... *25*
6,279 _ 2003년 5월 30일 15시 55분.......... *27*
6,280 _ 2003년 5월 30일 15시 59분.......... *31*
6,281 _ 2003년 5월 30일 16시 07분.......... *32*
6,282 _ 2003년 5월 30일 16시 19분.......... *34*
6,283 _ 2003년 5월 30일 16시 29분.......... *37*
6,284 _ 2003년 5월 30일 16시 38분.......... *38*
6,285 _ 2003년 5월 30일 20시 53분.......... *40*
(강론을 마치며)

토요일

6,286 _ 2003년 5월 31일 00시 37분.......... *44*
6,287 _ 2003년 5월 31일 00시 44분.......... *46*
6,288 _ 2003년 5월 31일 00시 57분.......... *48*
6,289 _ 2003년 5월 31일 01시 06분.......... *52*
6,290 _ 2003년 5월 31일 01시 15분.......... *53*
6,291 _ 2003년 5월 31일 01시 28분.......... *56*
6,292 _ 2003년 5월 31일 08시 20분.......... *58*
6,293 _ 2003년 5월 31일 23시 12분.......... *60*
6,294 _ 2003년 5월 31일 23시 20분.......... *62*
6,295 _ 2003년 5월 31일 23시 31분.......... *64*
6,296 _ 2003년 5월 31일 23시 41분.......... *67*

2003년 6월 ... 70

일요일

6,297 _ 2003년 6월 1일 00시 01분............70
6,298 _ 2003년 6월 1일 00시 15분............72
6,299 _ 2003년 6월 1일 00시 23분............73
6,300 _ 2003년 6월 1일 08시 29분............75
6,301 _ 2003년 6월 1일 12시 00분............76

월요일

6,302 _ 2003년 6월 2일 08시 30분............79
6,303 _ 2003년 6월 2일 08시 37분............81
6,304 _ 2003년 6월 2일 08시 45분............82
6,305 _ 2003년 6월 2일 08시 59분............84
6,306 _ 2003년 6월 2일 09시 12분............87
6,307 _ 2003년 6월 2일 11시 43분............90
6,308 _ 2003년 6월 2일 11시 52분............93
6,309 _ 2003년 6월 2일 12시 02분............96

화요일

6,310 _ 2003년 6월 3일 07시 52분............99
6,311 _ 2003년 6월 3일 07시 58분..........102
6,312 _ 2003년 6월 3일 08시 05분..........103
6,313 _ 2003년 6월 3일 08시 12분..........105
6,314 _ 2003년 6월 3일 11시 55분..........106
(강론을 마치며)
6,315 _ 2003년 6월 3일 12시 20분..........109
6,316 _ 2003년 6월 3일 13시 00분..........111
6,317 _ 2003년 6월 3일 13시 08분..........115
6,318 _ 2003년 6월 3일 13시 14분..........117
6,319 _ 2003년 6월 3일 13시 20분..........119

수요일

6,320 _ 2003년 6월 4일 06시 49분..........121
6,321 _ 2003년 6월 4일 11시 32분..........122
6,322 _ 2003년 6월 4일 11시 39분..........123
6,323 _ 2003년 6월 4일 11시 48분..........126
6,324 _ 2003년 6월 4일 11시 57분..........128
6,325 _ 2003년 6월 4일 12시 06분..........131
6,326 _ 2003년 6월 4일 12시 11분..........134

목요일

6,327 _ 2003년 6월 5일 06시 18분..........136
6,328 _ 2003년 6월 5일 06시 30분..........137
6,329 _ 2003년 6월 5일 11시 39분..........140
(강론을 마치며)
6,330 _ 2003년 6월 5일 11시 51분..........142
6,331 _ 2003년 6월 5일 12시 00분..........144
6,332 _ 2003년 6월 5일 12시 07분..........147
6,333 _ 2003년 6월 5일 12시 15분..........149
6,334 _ 2003년 6월 5일 12시 33분..........151
6,335 _ 2003년 6월 5일 12시 39분..........153

금요일

6,336 _ 2003년 6월 6일 00시 10분..........155
6,337 _ 2003년 6월 6일 00시 14분..........156

부 록 ... 158

【하나님께서 가르쳐 주신 운동】 158

간 행 사 ... 159

십 계 명

이 책은 십계명을 암송하고 나면 내려 주시는 "하나님의 음성"을 듣고 그대로 받아쓴 기록입니다. 하나님께서 십계명을 모세에게 내려 주셨지만, 그것은 만백성에게 내려 주신 것입니다. 마찬가지로 이 책의 모든 말씀도 저에게 내려 주셨지만, 만백성 각자에게 들려주시는 말씀입니다. 여러분도 이 책을 접할 때마다 십계명을 암송하고 나서 정독해 주시기 바랍니다.

제일은, 너는 나 외에는 다른 신들을 네게 있게 말지니라.
제이는, 너를 위하여 새긴 우상을 만들지 말고, 또 위로 하늘에 있는 것이나, 아래로 땅에 있는 것이나, 땅 아래 물 속에 있는 것의 아무 형상이든지 만들지 말며, 그것들에게 절하지 말며, 그것들을 섬기지 말라.
제삼은, 너는 너의 하나님 여호와의 이름을 망령되이 일컫지 말라.
제사는, 안식일을 기억하여 거룩히 지키라.
제오는, 네 부모를 공경하라.
제육은, 살인하지 말지니라.
제칠은, 간음하지 말지니라.
제팔은, 도적질하지 말지니라.
제구는, 네 이웃에 대하여 거짓 증거하지 말지니라.
제십은, 네 이웃의 집을 탐내지 말지니라.

나 여호와가 존재함을 믿는 그 자체가 구원의 길에 들어서는 기본이요, 근본이며, 나의 새로운 성경을 가슴에 안고 정독하는 자, 반석 위에 서서 하늘에 오르는 찬란한 빛을 보게 되는 영광을 얻게 됨이니라. 진정 나를 따르고 믿는 자는 감히 사탄이나 마귀도 근접하지 못하느니라.

〈하나님 말씀〉

2003년 5월

6,273 번째 하나님 말씀

2003년 5월 29일 08시 51분

1 사랑하는 나의 아들아!
2 "네, 아버님! 말씀하옵소서."
3 나의 아들 예수가 일찍이 세상에 나가 살아 그 고통과 시련의 길을 간 것은 너희가 어찌 깨우치며 어찌 깨달아야 하늘에 오르는 길이던가?
4 나의 아들딸로서 하늘에 오를 수 있는 백성이 살아가는 그 형태의 본보기로서 그 역사가 이루어졌다 내가 그리 말하였으니,
5 그대로 살지 않는 자는 정답의 삶이 아니요, 오답의 삶을 사는 것이니, 나에게 오르고자 하는 그와 같은 생각을 하지 말라 내가 그리 말하였음이니라.
6 지금 네가 나의 법전을 받아 기록하며 새로운 성경이요, 만백성을 심판하는 새로운 심판의 기준인 법전이라 하여 '하늘에 오르는 길'이요, '하나님! 말씀하옵소서'라는 이 책을 받아 기록함이니,
7 이는 이 세상의 어떠한 개혁의 변화보다도 더 역사한 것이라는 것을 너희는 알아야 할 것이니라.
8 인간 세속에서 너희가 혁명하는 것이며 개혁을 하는 것은 하나의 집단이요, 하나의 나라요, 극소수의 한 일부분에서 이루어지는 역사이나,
9 지금 하늘의 뜻을 개혁하며 하늘의 뜻을 바로잡는 것은 이 세상의 지상에 존재하는 모든 동식물이요, 또한 인간이요, 모두가 다 거기에 관여되며 거기에 다 관계되는 것이니,
10 이보다 큰 환란이요, 이보다 큰 변화요, 이보다 큰 개혁이요, 역사요, 혁명이 없음을 너는 알아야 할 것이니라.
11 일개 한 나라의 집단이 혁명하며 혁신하는 것도 많은 사람이 피를 흘리며 그 피의 대가로써 얻어지는 것이 개혁이요, 혁명이 아니던가?
12 그러니 지금 많은 피조물 만백성의 피부색과 언어가 다른 것을 다 통틀어서 개혁하며 혁신을 하는 것이며, 미물에까지, 자연의 식물에까지, 동물에까지 그 모든 것을 다 지금 혁신하고 개혁하는 그와 같은 역사를 이루는 것을 네가 하고 있음이니,
13 거기에 따르는 부작용이요, 거기에 따르는 반발이요, 거기에 따른 공격의 척도가 어떠할 것이라 감히 생각하는가?
14 너는 감히 그를 생각할 수도 없으며 네가 인간으로서는 감내할 수도 없으며 지탱할 수도 없는 그와 같은 역사를 지금 시작하고 있으며, 그 개혁이요, 환란의 길을 지금 네가 가고 있는 것이니라.
15 그러니 과연 네가 무엇으로써 그 모두를 역사할 수 있으며 그를 지탱할 수 있다고 생각하는가?
16 내가 예수가 이 세상에 산 것이 본보기요, 기본이요, 근본이라 하였듯이,

17 지금 네가 그 모두를 역사하는 것은
네가 하늘을 향하여 한 점의 부끄럼이
없는 삶을 사는 그 순간에 그 모든 환
란이요, 그 고통의 역사에서 견딜 수
있음을 너는 알아야 할 것이니라.
18 이 세상 그 누구도 갈 수 없는 예수의
삶이요, 이 세상 누구도 갈 수 없는 계
명대로 살며, 내가 지금 내리는 나의
법전대로 한 점의 부끄럼이 없는 삶을
사는 것,
19 하늘을 향하여 한 점의 부끄럼이 없이
사는 네 그 모습이요, 네 생활의 상태
가 그리 바뀜으로 인하여 모든 환란이
요, 그 많은 피를 흘려 혁명하며 혁신
을 하며 개혁을 하는 것을 네가 피를
흘리지 아니하며 그 역사를 이룰 수
있는 것은 네가 하늘을 향하여 한 점
의 부끄럼이 없는 삶을 사는 그것만이
모두를 다 견디고 이기고 나갈 수 있
는 것이라는 걸 알아야 할 것이니라.
20 오늘이 어렵고 힘들며 네 제자가 고
통스러우며 그 모두를 네가 한탄하나,
너희는 그 상을 받을 자격이 과연 있
는가?
21 자격이 없음이니라.
22 내가 자격이 없는 나로부터 선택된 너
희에게 은혜와 상을 내린다면 나는 공
의의 하나님이 아니요, 천사요, 사탄
이요, 그 모두가 내가 명하는 것에 고
개 숙여 따르지 아니할 것이라 내가
그리 말하지 아니하였는가?
23 네가 받을 수 있는 자리에 오며, 네가
받을 수 있는 경지에 오르며, 네가 받
을 수 있는 삶을 살며 네 제자가 또한
그리 변화되었을 때, 그들에게 주저
없이 내가 내릴 수 있는 그 상을 내릴
것이니라.
24 상을 받을 수 있는 나의 백성이 한 명
이 세상에 태어남으로 인하여 그 상을
내릴 수 있는 나 여호와의 기쁨이 이
루 말할 수 없는 것이며 내가 내 기쁨
을 위하여 행하고자 하는 것이 나 여
호와의 뜻이나,
25 그를 받을 자가 없으며 그를 받아들일
자가 세상에 없다 하면 내 마음의 아
픔은 어떠하던가?
26 그러면서 너희는 무엇을 원하며 무엇
을 얻고자 하며 무엇을 이루고자 하며,
27 너희가 이루어지지 아니하고 힘든 고
통의 세월은 너희의 잘못이 아니라
생각하며 너희가 깨닫지 못하는 것을
생각하지 아니하며,
28 인정 없는 나 여호와요, 그리고 나의
법전이 나의 뜻이 아니요, 내가 내리
는 나의 이 성령이 나의 뜻이 아니라
너희는 그리 생각함이니,
29 우선 너희가 받을 자격이 갖추어졌는
지 알아야 할 것이며, 갖추어지지 아
니한 자는 받을 수 없음이니 너희 자
신이 받을 수 있도록 갖춤이 중요함을
먼저 알라.
30 하늘을 향하여 한 점의 부끄럼이 없는
삶을 살라, 나의 아들딸들아!
31 내가 그와 같이 감히 내리는 것이 무
엇이던가?
32 너희가 아들딸을 위하여 내가 한 점의
부끄럼이 없이 살라 함이 아니라, 너
희 자신이 나의 아들딸이니 너희 자
신이 나에게 한 점의 부끄럼이 없는
삶을 살라 함이니,

33 나에게 한 점의 부끄럼이 없는 삶을 너희가 살아간다면 모든 은혜와 영광이요, 상이 내려질 것이며,

34 내가 지금 일개 집단이요, 일개 국가가 혁신하며 혁명하며 개혁하는 것이 아니요,

35 이 세상 모든 백성이요, 지상에 사는 모든 동식물까지, 아래로는 동식물이요, 위로는 인간인 너희까지 언어요, 피부색이요, 습관이요, 관습에 관계없이 그 모두를 다 개혁하고 혁명을 하며 이루고자 하는 것이니,

36 네가 인간으로서 그를 이룬다면 그 대가를 얼마나 치러야 하며 그게 얼마나 힘들고 어려운 길인가를 너 스스로 알아야 할 것이니라.

37 그러니 네가 인간으로서 혁명하며 환란을 이루는 그와 같은 역사를 이루고자 한다면 너는 아무것도 이룰 수가 없을 것이니라.

38 그러나 네가 나의 뜻에 따라 역사하고 이룰 수 있는 것은 바로 네가 한 점의 부끄럼이 없는 삶을 사는 것, 나에게 하나의 부끄럼이 없는 삶을 사는 그 길만이 네가 역사하는 것이니, 네가 알아서 행하도록 그리하라.

39 네가 피비린내 나는 그 전쟁과 피비린내 나는 삶 속에서 무엇을 이루며, 많은 생명이 환란 속에서 죽고 사는 그 역사 속을 치르면서 네가 그 혁신이요, 혁명을 할 것인가, 그리고 내가 이루고자 하는 그 개혁을 할 것인가?

40 그건 네가 알아서 하도록 그리하라.

6,274 번째 하나님 말씀

2003년 5월 29일 09시 01분

1 사랑하는 나의 아들아!

2 "네, 아버님! 말씀하옵소서."

3 내가 2천 년 전에 예수를 통하여 모든 역사를 이루고자 하였으며, 지금은 나의 아들을 통하여 제3의 시대의 그 역사를 이루고 있음이며 마지막 시대, 심판의 시대를 열어 가고 있음이니라.

4 그러니 너희가 구원의 역사요, 지상의 낙원을 건설할 수 있는 것, 하늘에서 이루어진 것같이 이 땅에서 이루어질 수 있는 그 모두는 나의 혈통으로써 이어지며, 나의 혈통으로써 이어받은 자가 그 모두를 지도하며 이끌어 간다는 것을 너희는 잊어서는 아니 될 것이니라.

5 그를 가슴 깊이 새기며 너희가 가슴 깊이 그를 의식하며 살아야 함을 알아야 할 것이니라.

6 나의 성령으로써 임하는 자, 이는 바로 진실한 생각을 하고 사는 자, 진실한 마음을 가지고 사는 자, 진실한 믿음으로써 두 마음을 갖지 않고 사는 그와 같은 백성,

7 그리고 나의 성령으로써 내가 모두를 태워 내려보내는 지금 '하늘에 오르는 길'이요, '하나님! 말씀하옵소서'라는 나의 이 법전을 읽고 깨우치며 그대로 행하는 백성, 그대로 지탱하는 삶을 사는 백성,

8 그들이 바로 나의 혈통으로써 이어지는 나의 아들딸임을 너희는 알아야 할 것이니라.

9 지금 모든 믿음이요, 지금까지 온 너
희 종교 집단은 진심의 믿음이 아니
요, 진심의 생각 속에서 진심의 삶을
살지 못하는 자들이니라.
10 그리하여 너희는 기복 신앙에 지금
빠져 있으며, 기복 신앙의 대표적인
길을 가고 있는 것이니라.
11 그러면서 너희는 뭐라 생각하는가?
12 마음속에 다른 신을 두지 아니하고 있
으며 다른 신을 섬기지 아니하고 있으
며 다른 신을 믿지 아니하고 너희는
나를 믿는다 그리 말하느니라.
13 너희는 나 여호와 외에는 다른 신을
절대 두지 아니하고 있으며 나 여호와
외에는 다른 믿음을 믿지 않는다 그리
말하고 있으나,
14 너희는 마음속에 기복 신앙의 원천적
인 그 욕심의 뿌리가 그득 차 있으며,
15 너희는 내가 아닌 다른 신을 믿고 무
엇인가를 얻고자, 구원받고자 하는 그
욕심의 신을 지금 마음속 깊이 두고
그를 믿고 그를 경배하며 그를 위하여
살아감이니,
16 나를 경배하며 나에 대한 믿음이 너희
마음속에 하나도 없음을 알라.
17 그러니 그것이 너희이니라.
18 너희는 욕심이라는 뿌리를 하나도 버
리지 못하고 가는 것이니, 그러면서
너희는 다른 신을 두지 않고 있으며
정통의 믿음의 길을 가는 자라 그리
말하고 있음이니, 너희가 얼마나 착각
을 하고 있으며, 너희가 몰라도 얼마
나 모르는가?
19 내가 내려다보는 너희는 아무런 생각
도 없이 그저 천방지축으로 생각하는
정신을 잃은 병자와 같은 자들이 지금
모든 종교 집단이요, 지도자요, 지금
그 길을 가고 있는 신도라 말한다면,
20 너희는 아니라 말할 것이며 그리 말하
는 나 여호와가 사탄이요, 이단이요,
그리 기록하여 전하는 나의 법전이요,
나의 새로운 성경을 너희는 사탄이요,
악마가 만든 것이라 그리 말할 것이니
라.
21 그러나 너희는 각자가 어찌 기도하며
어찌 이루어지고 있는가?
22 너희는 그 믿음을 어찌 가고 있는가?
23 달라 하는 기도요, 무엇을 이루고자
하는 기도요, 무엇을 역사하자는 기도
요, 기적의 능력을 보여 달라, 기적의
역사로써 너에게 은혜를 내려 달라는
그와 같은 믿음이요, 기도로써 너희가
천년만년을 흘러가는 세월 동안에 그
믿음 속에서 그 틀을 벗어나지 못하고
왔음이니, 그게 바로 너희의 욕심이니
라.
24 근원의 욕심이요, 너희가 갖고자 하는
욕심이요, 기복 신앙에서 말하는 그
욕심의 뿌리를 버리지 못하고 있기에
너희는 나와는 관계없는 자요, 관계없
는 길을 간다 하였음이니,
25 내가 이와 같이 너희에게 기록하여
내리는 그 뜻을 깊이 깨우쳐 바른 믿
음이요, 바른길이요, 진정 나에게 오
르는 길을 보도록 그리하라.
26 너희가 정녕 나의 법전을 읽고 행하며
그리고 욕심의 그 기복 신앙으로 무엇
인가를 얻고자 하는 그 욕심의 마음을
완전히 뽑아 버리고 다시 태어나는 그
와 같은 삶을 살지 않는 백성은 정녕

나로부터 성령을 받은 자가 아니며,
나의 혈통으로써 태어나는 백성이 아
님이니라.
27 모든 욕심의 근원의 뿌리를 버리며,
기복 신앙과 같은 그 믿음을 버리며,
기적으로써 무엇을 역사해 달라는 그
와 같은 생각을 버리고 나의 법전대
로, 나의 십계명대로 살아가는 그 삶
을 살아갈 때,
28 그때만이 너희가 나의 혈통으로써 다
시 태어나는 아들딸이니라.
29 그러니 다시 태어나는 역사를 이루지
아니한 자는 나의 혈통으로 쓰이는
나의 아들딸이 아님이니, 너희는 아무
것도 이룰 수 없는 자라는 것을 잊지
말라.

6,275 번째 하나님 말씀

2003년 5월 29일 09시 10분

1 사랑하는 나의 아들아!
2 "네, 아버님! 말씀하옵소서."
3 이 세상에 수많은 종파가 있으며 그
들이 뿌리를 내리고 있으며 종파의 이
름을 갖지 아니하는 종교 집단이 없음
이니,
4 그 속에서 너희는 종교 집단이요, 이
와 같이 종파를 가지지 아니하며 너희
앞에 이름을 붙이는 것이 없으며 다른
종교 지도자요, 집단들이 이끌어 가는
것처럼 헌금이요, 감사 헌금이요, 십
일조요, 각종 재물을 거둬들이지 아니
하는 그와 같은 형태의 역사로써,
5 과연 지금의 나의 법전으로 세상을 덮
어 만백성을 구하는 그 역사가 이루어
질 것인가 불안한 마음을 갖고 있는
것이 너의 제자들이며, 또한 네 마음
도 그러한 마음을 지금 떨쳐 버리지
못하고 있음이니,
6 그는 너희의 믿음이 약한 것이며 너
희가 나를 향하는 마음이 약함이니라.
7 너는 나의 모든 것을 들으며 모든 형
체를 보는 네가 그와 같은 마음의 만
분의 일이라도 생각을 하고 있다 하
면,
8 너의 제자들은 그보다 몇십 배 더 불
안과 초조한 마음으로써 가고 있다는
것을 너는 알아야 할 것이니라.
9 나의 아들 예수가 세상에 와 과연 지
금의 종파처럼 그 종파의 이름을 갖고
강론하였으며 설교를 했으며, 그가 만
백성에게 어떠한 수단과 방법으로써
재물을 거둬들이는 그와 같은 역사를
했던가?
10 나의 아들은 나의 성령을 가지고 세상
에 임함이니 나의 뜻이라 하니 종파가
없음이니라.
11 그러니 나의 뜻이요, 나로부터 선택되
지 않은 그 백성이 저희 마음대로 종
파를 만들어 종파 앞에 고개 숙이고
경배하며, 그 종파를 끌고 가는 자에
게 모든 것을 갖다 바치는 자들이니,
12 그러하니 그것은 인간인 너희가 만든
종파요, 나와는 관계가 없는 것이니라.
13 나 여호와가 이 세상을 창조했으며 만
물을 다 창조했음이니, 나 여호와가
무슨 종파가 있단 말이던가?
14 내가 역사하는 예수의 그 행함이 그리
하여 종파가 없음이니라.
15 이 세상의 창조주인 나 여호와가 통제

하며 다스림이니, 거기에 무슨 종파가
필요하며 어떤 이름이 필요하던가?
16 지금 모든 종파의 이름을 갖다 댔으며
종파의 이름을 붙인 자들은 나와는 관
계없는 자이며,
17 인간 세상에서 인간이 만든 종파요,
인간이 만든 너희의 지파라는 것을
잊지 말라.
18 나 여호와는 나의 뜻이요, 내가 창조
한 백성을 내가 다스림이니, 거기에
무슨 종파요, 거기에 무슨 이름이 필
요한가?
19 그리고 이 세상 것은 다 나 여호와가
주관하거늘, 어찌하여 내가 그를 거둬
들인다 말하는가?
20 그러니 예수가 그와 같은 뜻을 하지
아니하였으니, 그게 바로 나의 아들이
요, 나를 대신하여 세상에 내려감을
증거함이니라.
21 지금 나의 아들을 통하여 나의 법전을
세상에 내려보냄이니, 너 또한 나의
아들로서 네가 종파를 가질 수 없으
며, 어떤 종파에 속할 수 없으며,
22 너희가 그 집단에 어떠한 명칭도 가질
수가 없음이니라.
23 다만, 나 여호와의 뜻이요, '하늘에 오
르는 길'이요, '하나님! 말씀하옵소서'
라는 내가 내린 그 명칭 외에는 아무
것도 쓸 수 없으며 너희는 어떤 사이
비종교 집단도 아니요, 교주도 아니
요, 지금의 너희의 이름을 붙인 모든
종교 집단들이 바로 저희는 정통파요,
나에게 오르는 집단이기 때문에 위대
한 것이라 말하나,
24 너희가 다 종파를 갖다 붙여 놓은 것
이며 교주의 역할을 하고 있는 것이
너희이니라.
25 어떤 종파에 속해서도 다 작은 이름으
로 너희의 의식주를 해결하며 생계를
위해 교주 노릇을 하고 있는 것이 너
희이니라.
26 종파의 이름을 가진 것은 교주이니라.
27 무슨 교라는 것을 가진 것은 교주가
아니던가?
28 그러니 교주가 아니요, 나의 뜻에 따
라 모든 역사를 이룬다는 것은 교파가
없으며 거기에 명칭이 없다는 걸 알라.
29 그리하여 지금 나의 아들 네가 가는
그 모든 가르침에 종파가 없으며 너희
가 하는 모든 것에 어떠한 명칭도 앞
에 붙이지 못하게 함이니,
30 네가 그를 붙이며 그를 거둬 그리 역
사하며 나의 피조물 만백성에게 그 교
파를 운영하기 위하여 헌금을 받아들
이며 감사 헌금을 거둬들이고 역사하
고자 재물을 거둬들인다면 너는 교주
에 불과하지 아니하던가?
31 나는 교주를 내 아들이라 하지 아니하
며 어떠한 교주로 하여금 내가 역사하
게 하는 것이 아니니라.
32 내가 만들고 내가 역사하고 내가 창조
한 이 세상에 어찌하여 내가 나 아닌
다른 교주요, 다른 교파의 이름을 붙
일 수 있단 말이던가?
33 모든 종파와 이름을 가지고 있는 것,
그들은 다 교주이며 그것은 저희가
만든 종파지, 내가 만든 종파가 아니
니라.
34 어찌하여 인간 너희가 만든 종파가
나 여호와의 뜻이요, 나의 진리를 깨

우쳐 하늘에 오르는 집단이라 말하는가?

35 그것은 너희 교주가 만든 교주의 한계에 의한 집단이며, 한계에 의한 깨달음이요, 한계에 의한 구원이라 그리 말하는 것이지, 나로부터 구원을 받으며 내가 역사하는 것이 아니니라.

36 나와는 아무런 관계도 없음이니, 내가 제3의 시대를 열어 나의 법전을 세상에 전함이니 나의 법전은 세상을 다 덮을 것이며 만백성은 누구든 이를 읽고 이를 보고 깨우쳐 구원을 얻는 그 역사의 변화는 이루어질 것이니라.

37 그 세월이 천 년이라 하였음이니, 나의 아들과 나의 아들을 따르는 제자 너희는 불안해하며 공포에 떨지 말라.

38 그리고 너희가 이루는 그 역사가 잘못된 것이며 과연 그 역사는 이루어질 것인가 하는 불안한 마음도 거두도록 그리하라.

39 그리해야만 내가 진정 너희에게 역사하는 것을 빠른 시간에 볼 수 있으며,

40 너희가 그와 같은 마음으로써 온갖 정성을 다했을 때 모든 것은 역사한다는 것을 잊지 말라.

6,276 번째 하나님 말씀

2003년 5월 29일 10시 35분

1 사랑하는 나의 아들아!

2 "네, 아버님! 말씀하옵소서."

3 너희의 육신이 한번 썩기 시작하면 그를 수술하지 아니하며 도려내지 아니한다면 그 부위는 점점 더 썩어 가고 상해 감이니,

4 온몸에 모두 퍼지게 될 것이며 그리하여 생명을 잃게 되는 것이 너희의 몸에 부작용이 생기는 것이 아니던가?

5 너희 몸에 흠집이 생김으로 그 흠집을 그냥 놔둠으로 인하여 그것이 상하기 시작하며 썩어 들어가기 시작한다면, 그를 수술하지 아니하며 도려내지 아니할 때 그 썩는 것은 막을 수가 없음이니라.

6 지금 나의 피조물 만백성 나의 백성을 구하며 하늘에 오르는 길이요, 나의 진리를 연구하는 종교 집단이요, 지도자 그들이 최초로 썩기 시작하였음이니라.

7 그리하여 썩기 시작한 그것을 2천 년 동안에 수술한 자가 없으며 도려낸 자가 없으며 그를 다스린 자가 없음이니,

8 2천 년 동안에 썩고 썩어 온 것이 그와 같은 형국이요, 지금 너희의 몸이 썩어 가는 것처럼 모든 종교 집단이요, 지도자 그들이 하늘에 오르는 길이요, 나의 진리를 깨우쳐 만백성을 구한다는 그 모두가 썩을 대로 썩어져 지금까지 흘러왔음이니라.

9 2천 년 동안 썩어져 오는 것을 그 누구도 수술할 자가 없었으며 과감히 치료할 자가 없었으며 그를 도려낸 자가 없었음이니라.

10 그리하여 그냥 온 세상이 다 썩을 대로 썩었으니, 사랑하는 나의 백성 너희가 인간이 인간을 보기를 두려워하며 사람이 사람을 신뢰하지 못하며 믿지 못하는 그와 같은 험악한 세상으로 되었음이니,

11 사람을 해치고자 하는 맹수보다도 더

무서운 것이 너희의 같은 형제요, 더
불어 살아가는 인간 너희의 형태를
바라보는 것으로 전락하였음이니, 이
를 과연 너희는 썩지 않았다 말할 수
있겠는가?
12 그리하여 썩어져 가고 또 썩는 그 부
위가 이 세상을 다 덮었음이니,
13 그 누구도 이를 과감히 수술할 자가
없으며 이를 도려낼 자가 없으며 이를
치료할 자가 없으니 처방이 없었음이
니라.
14 이것을 그대로 놔둔다면 내가 하늘에
서 이루어진 것같이 이 땅에서 이루
고자 하는 지상의 천국이요, 낙원이
썩고 다 썩어 완전히 썩음이니, 그때
는 수술하려야 수술할 수가 없으며
재생하려야 재생할 수가 없음이니,
15 지금 내가 나의 아들을 통하여 160권
의 법전으로써 너희에게 약을 내리며
치료하는 방법을 내려 그를 재생하고
자 하는 것이 나의 뜻이니라.
16 그리하여 지금까지 2천 년 동안 그 누
구도 감히 수술하지 못하며 도려내지
못한 것을 지금 내가 나의 아들을 통
하여 그 모두를 수술하고 도려내는 그
역사를 하고 있음이니,
17 2천 년 동안 썩은 그 부위를 도려내는
것이 하루아침에 이루어질 수 없으며
그리 쉽게 이루어질 수는 결코 없음이
니라.
18 그러니 그를 도려내고 수술하는 그 진
통이 얼마나 힘들고 어려우며 그 고초
가 얼마나 클 것인가?
19 그것은 너희가 상상을 초월할 것이니
라.
20 그리하여 내가 너희를 다 죽게 할 수
는 없어 그대로 썩어져 가도록 할 수
는 없어 나 여호와가 직접 심판의 칼
을 내려보내 그 불 칼로써 모든 것을
지금 다스리고 쓸어 내고 자를 것 잘
라 내며 수술할 것 수술하는 이와 같
은 역사를 이룸이니라.
21 이와 같은 뜻을 너희가 알아야 할 것
이니,
22 그리하여 그 모든 병들고 썩은 것을
바로잡고 치료하는 것이 나의 법전을
읽고 깨우친 백성이요, 나의 아들에게
제자로서 선택된 너희라는 것을 잊지
말라.
23 너희가 아니면 이 역사는 이루어질 수
가 없다는 것을 알아야 할 것이니라.

6,277 번째 하나님 말씀

2003년 5월 29일 11시 41분

1 사랑하는 나의 아들아!
2 "네, 아버님! 말씀하옵소서."
3 너희는 나로부터 생명을 받아 세상에
나감이니, 성장하기 시작하며 너희는
부모요, 사회요, 인간 세속에서 가르
치는 스승으로부터 '도적질하지 말라,
거짓 하지 말라, 싸우지 말라, 그리고
공부 열심히 하라, 그리고 네 부모를
공경하라, 스승의 그림자도 밟지 말며
부모의 그림자도 밟지 말라, 그리고
남에게 폐를 끼치는 인간이 되지 말며
세상에 필요한 인간으로서 살아가야
한다.' 너희는 어려서부터 그를 지금
까지 들어 왔음이니라.
4 평생 살아오면서 너희가 지금 나이를

먹은 만큼 수십 년씩 그 말을 들어 왔
으며 그 이야기를 들어 왔음이니라.
5 그러나 오늘에 이 자리에 와서도 그를
행하지 못하여 또 그를 행하라는 이야
기를 듣고 있는 것이 너희이니,
6 과연 너희 모습이 부끄럽지 아니하며
초라하지 아니하며 불쌍한 모습으로
비치지 아니하던가?
7 어려서 말을 배우면서부터 '부모에게
공경하라.' 하는 그 말을 지금 너희가
죽음의 직전에 와서도 부모를 공경하
라는 말을 들음이니 그를 너희가 행
하지 못함이며,
8 '거짓 하지 말라.' 함이니 내가 십계명
에 기록하여 '거짓 하지 말라.'는 것도
너희가 어려서부터 들었으니,
9 지금 죽음의 직전에 나에게 와 심판을
받을 날이 머지않은 자가 지금도 '거
짓 하지 말라, 도적질하지 말라.' 이와
같은 이야기를 계속 듣고 또 그것을
지금도 강론을 듣고 살아가는 백성이
되었음이니,
10 너희 모습이 얼마나 초라하며 얼마나
우매하며 얼마나 어리석은 백성이며,
11 진리를 저버리고 악한 쪽으로 인생을
살아가는 데 모든 초점을 맞춰 저도
모르게 그리 살아가는 삶을 사는 것이
너희라는 것을 생각지 않는가?
12 너희는 부모로부터 '거짓 하지 말며
싸우지 말며 도적질하지 말며 남에게
폐를 끼치지 아니하고 살며 부모를 공
경하며 스승을 존경하며 이웃의 벗을
사랑하는 마음으로 살아가라.' 하는
것을 어려서부터 죽을 때까지 들으면
서도, 그를 하나도 실천하고 가는 자
가 없음이니,
13 너희 인생의 삶이 그러한 것이니라.
14 그러하니 깨달았다 하는 자, 그리고
느꼈다는 자들이 죽으면서 뭐라 말하
느냐?
15 '허무하며 산은 산이요, 물은 물이요,
무(無)다, 무다.' 하고 말한 것이 무엇
이더냐?
16 하나도 제가 지키지 못하고 살다 감이
니 허무하다는 것을 그리 표현한 것이
아니더냐?
17 '거짓말하지 말라.' 어려서부터 들었
으면서 지금도 거짓 하지 아니하고
사는 자가 없음이니,
18 내가 너희 인생의 삶의 그 교훈이요,
너희의 초라하고 불쌍한 그 모습을 나
의 법전에 기록하여 너희를 깨우쳐
너희가 기쁠 것이 없으며 나 여호와의
마음이 편하고 기쁜 것이 없음이니라.
19 나의 사랑하는 백성이 내가 가장 아름
답게 만든 인간 너희가 그러하니, 누
구를 다스리며 무엇을 이 세상에 다스
릴 수 있겠는가?
20 그러나 내가 이를 기록하여 너희에게
전하는 것은 가장 중요한 뜻이 있기
때문이니라.
21 내가 나의 아들을 통하여 나의 성령을
태워 '하늘에 오르는 길'이요, '새로운
성경'이요, 너희의 심판의 '법전'이라
하여 내려보낸 열여섯 권의 법전을
너희가 가슴에 안고 어찌 정독하느냐
에 달렸음이니,
22 여기에 바로 너희가 열여섯 권의 법
전을 읽고 또 읽으나, 그를 정독하여
네 가슴에 하나하나 심어 그를 행하고

자 하는 결단을 내리지 못한다면 무엇
이더냐?
23 아무것도 아님이니라.
24 너희가 말을 배울 때부터 '거짓말을
하지 말라.' 하는 것을 죽을 때까지 거
짓말을 해서는 안 된다는 그것 하나
버리지 못하고 몸부림을 치니,
25 나의 160권의 법전을 너희의 생명보
다도 더 소중히 읽고 깨우쳐 그를 하
나하나 그때그때 네 잘못된 것을 고쳐
서 행하는 결단력을 갖지 아니한다면,
26 너희가 나의 법전을 읽고 읽어도 무가
치한 것이며 뜻이 없으며 읽을 필요가
없기 때문이니라.
27 너희가 평생 '거짓 하지 말며 도적질
하지 말며 싸움하지 말며 착하게 살
라, 부모를 공경하라.'는 것을 듣고 들
은 것도 한쪽 귀로 듣고 흘려보냈으
며,
28 너희와는 관계가 없는 것이며 세월이
흘러가면 자연히 그리되려니 하고 가
장 소중한 인성의 깨달음을 뒷전으로
하다 보니,
29 너희도 모르는 사이에 사악한 마음이
너희를 지배하게 되었으며 너희가 사
랑이 없으며 황폐하게 되지 아니하였
더냐?
30 내가 열여섯 권의 법전을 내려보내는
것은 기초이니라.
31 너희가 말을 배우기 시작할 때 너희
가 부모로부터 나쁜 짓을 해서는 안
된다는 그 기초를 가르침이니, 그를
제대로 배우고 제대로 제 것으로 만든
백성은 그래도 살아가면서 그 근본의
양심이 있음이니, 살인하며 사악하며
그와 같이는 되지 아니할 것이니라.
32 그러니 너희가 나의 법전 160권 중에
10분의 1이요, 그 모든 것의 기초요,
기본이요, 근본이니, 열여섯 권을 지
키지 못하는 자가 160권이 아니라
16000권이 내려간다 해도 너희에게
무용지물이며 아무런 가치가 없는 것
이니라.
33 그러니 너희가 평생 듣고 들은 것을
지금 죽음의 직전에 와 너희가 나이
를 먹을 만큼 먹은 나이에도 또 그 소
리를 듣고 그를 고치지 못하여 발버둥
치는 너희 모습이 얼마나 우스우며 얼
마나 초라하며 너희 자신이 불쌍한 인
간이라 생각되지 않더냐?
34 그와 마찬가지이니라.
35 그와 같은 생각으로 그와 같은 형태로
써 그와 같은 마음가짐으로써 나의 열
여섯 권의 법전을 읽지 말라 함이니라.
36 나의 법전을 읽을 때마다 이를 하나하
나 기억하고 메모하여 너희가 이를
지키는 삶으로써 네 것으로 만들어야
하느니라.
37 지금 60이요, 70이요, 죽어 갈 때까지
도 거짓 하지 않은 것을 고치지 못하
며, 형제지간에 불화하는 것을 고치지
못하며, 남에게 도적질하는 것을 고치
지 못하며 부모에게 공경하는 것을 제
대로 하나 하지 못하여 눈물짓고 후회
하는 그와 같은 삶을 살다 나에게 심
판을 받음이니, 너희는 지옥 불로 가
는 그것만이 남았으며 천국의 길은 볼
수도 없음이니라.
38 그리하여 기초적인 열여섯 권의 법전
을 완벽하게 네 것으로 만들라 하며

너희 것으로 만들라 함이니라.
39 너희가 부모요, 스승으로부터 들은 '바르게 살라, 옳고 곧게 살라'는 그 모두가 다 물거품이 되어 지나가는 허송세월로 나의 법전을 그리 대하지 말라는 뜻이기에,
40 너희의 아픈 마음을 들춰내 너희를 깨우쳐 주며, 내가 오늘 나의 아들을 통하여 너희 머릿속이요, 가슴에 심어 주는 그 은혜의 영광을 잊지 말라, 나의 아들딸들아!

6,278 번째 하나님 말씀

2003년 5월 30일 08시 06분

1 사랑하는 나의 아들아!
2 "네, 아버님! 말씀하옵소서."
3 내가 뭐라 말하였느냐?
4 아담과 이브가 사악한 자들의 꼬임에 의하여 그들이 욕심의 근본을 버리지 못하여 죄를 지었으며 그들이 그 지상의 낙원을 버렸음이니라.
5 그리하여 지금까지 내려온 모든 종교 집단이요, 지도자 너희가 욕심이라는 것을 버리지 아니하고 단상에 서는 자, 욕심을 버리지 못한 종교 지도자라 하는 자들은 내가 뭐라 말하였는가?
6 그들은 다 악의 씨요, 악의 씨에 의하여 그들이 지금 그 악의 씨를 만백성에게 전하고 있음이니,
7 선악과를 따서 나의 사랑하는 백성에게 먹으라 나눠 주는 자의 그 역할을 한다 그리 말하였음이니라.
8 그러니 지금까지 오는 모든 종교 집단이요, 지도자 너희는 인간이기에 어떠한 죄를 지을 수도 있으며 그리하여 그 죄를 하늘에 빌고 너희의 성전에 와서 빌며 재물과 금화와 은화를 놓고 빌면 용서를 받는다고 생각함이니,
9 너희는 아담과 이브가 과연 그와 같이 못 해서 그 죄의 대가를 치렀다 말하는가?
10 너희는 여기서 알아야 할 것이니라.
11 수천수만의 종교 지도자요, 그 수많은 집단이 나에게 오르는 길이요, 참진리를 연구하고 가는 자들이라 그리 말하느니라.
12 그러면서 인간이기에 죄를 지을 수 있으며 인간이기에 거짓말하지 아니하고 살 수 없다고 말하며 나의 십계명을 지킬 수 없다고 말함이니, 그는 바로 무엇이던가?
13 뱀에 의해서 아담과 이브가 그 사악한 욕심의 근원에 의하여 욕심 때문에 그들이 세상에 죄를 짓고 지금과 같이 악의 씨의 뿌리가 계속 계승되는 것을 막지 못하며 그를 단죄하지 못한 것이 너희란 걸 잊어서는 아니 될 것이니라.
14 그와 같이 말하는 자는 욕심을 버릴 수가 없으며 욕심을 털어 버리지 못했음이니,
15 여기서 너희는 하늘의 뜻의 두려움을 알아야 할 것이니라.
16 한 점의 부끄럼이 없는 자, 하늘을 향하여 한 점의 부끄럼이 없이 사는 자 그는 바로 욕심을 버린 자니,
17 그와 같이 욕심을 버린 자는 나로부터 명받은 지도자요, 목자요, 나의 아들딸을 인도할 수 있는 자격이 있는 자이니라.

18 그는 사탄으로부터 아담과 이브가 현
혹되어 그 욕심의 뿌리를 가슴에 안았
으나, 그를 단죄했으며 그를 뽑아냈으
며 그를 단절하여 관계를 구분했기 때
문이니라.
19 악의 씨에 의하여 욕심을 버리지 못한
자들의 그 뿌리를 따르는 것이 아니요,
20 천사요, 나 여호와의 뜻을 따라 가슴
에 욕심이라는 것을 버린 자이니,
21 그러니 모든 종교 지도자들이 하늘을
향하여 한 점의 부끄럼이 없는 자세
요, 한 점의 부끄럼이 없는 삶을 살지
않는 것은 나의 백성이 아니요, 사탄
이요, 뱀의 후손이라는 것을 잊지 말
라.
22 그리하여 완벽하라 하며 완벽하게 가
라 함이니, 악의 씨앗의 후손이라는
것을 절대 잊어서는 아니 될 것이니라.
23 그러니 한 점의 부끄럼이 없이 나의
계명대로 살아갈 수 있는 것이 인간이
며, 그리 살아가면서 욕심이라는 것을
버리지 아니하면 너희는 정녕 지도자
가 아니요, 하늘에 인도할 자격이 없
는 자라는 것을 명심하여야 할 것이
니라.
24 이미 엄연히 구분되어 있는 이 간단
한 이치 하나도 깨닫지 못하고, 내가
내린 계명을 지킬 수 없으며 인간이기
때문에 죄를 짓지 아니할 수 없으며
인간이기 때문에 욕심을 버리고 살 수
없다고 그리 말함이니, 그러니 그 욕
심이라는 것이 무엇이더냐?
25 뱀의 놀림에 의하여 아담과 이브가 그
욕심 때문에 그리되었듯이, 그 욕심을
버리지 못하고 지금까지 그 욕심 속에
허덕이니 너희는 바로 무엇이냐?
26 사탄의 자식이니라.
27 욕심을 버리지 못하는 지도자요, 욕심
을 버리지 못하는 백성이 바로 사탄의
씨앗이요, 악의 씨앗이니라.
28 그리하여 너희는 죄를 짓지 아니한 자
없으며 죄를 가지고 있지 아니한 자
없다 하였음이니, 이를 너희는 원죄를
가지고 있다 그리 말함이니,
29 너희는 원죄를 가지고 있는 것이 아니
요, 욕심의 그 뿌리, 뱀이요, 사탄이
이브와 아담에게 욕심의 마음을 심어
주었던 그 마음의 뿌리를 버리지 못하
며 그 마음을 버릴 수 없다, 욕심을 버
릴 수 없다고 말하는 것은 누구의 후
예며 누구를 위하여 살아가는 자며 누
구를 대변하는 것인가 그를 알아야 할
것이니라.
30 이제 너희는 알아야 할 것이니라.
31 어떠한 상황에서든 나의 계명을 지키
며 나의 계명대로 살아가지 아니하는
자, 그리 살 수 없다는 자는 사탄의 후
예요, 그를 지키고 살아갈 수 있다고
말하는 자는 나의 아들이요, 나의 딸
이요, 나의 목자임을 너희는 알아야
할 것이니,
32 여기에서 너희가 정답과 오답의 한계
를 반드시 그어야 함을 잊지 말라.
33 그 누구든 십계명대로 살아갈 수 있으
며 그를 지키지 아니하면 구원을 받을
수 없다고 말하는 백성이요, 지도자는
나로부터 선택된 자요, 내 명을 위하
여 역사하는 자요, 그렇지 못한 자는
뱀의 후손임을 너희는 잊어서는 아니
될 것이며,

34 그 악의 축으로서 나의 피조물 만백성
에게 그리 말하는 것은 선악과를 따서
나의 사랑하는 백성에게 그 선악과를
먹이는 자들이며 그를 먹도록 유도하
며 이끌어 가는 자들이라는 것을 너희
는 알아야 할 것이니라.
35 나의 성령이요, 하늘에 오르는 길이
요, 참진리는 무엇이더냐?
36 나의 뜻을 따라 행하며 나의 뜻을 거
역하지 아니하는 것이 내 백성이요,
나에게 올 수 있는 길이거늘,
37 너희가 십계명을 지킬 수 없다는 것은
나를 거부함이요, 내가 존재하지 아니
한다 하며 내가 내린 그 위대한 나의
계명에 부정적인 자요, 그리고 내가
내릴 수 없는 것을 너희를 고통의 굴
레를 씌우기 위하여 내렸다 함이니,
38 이는 사탄이 제 자식에게 그리고 제
자식이 아닌 나의 백성에게 굴레를
씌우는 짓을 할 수 있을 것이니라.
39 나의 아들딸에게 창조주 내가 지키지
못할 굴레를 씌운다면, 나를 너희는
사탄이요, 사탄이 천사며 너희의 조상
이라 그리 말하는 자들이니, 이게 얼
마나 무서운 결과를 낳는 것인지 너희
는 알겠는가?
40 이와 같은 이치를 깨달아야 할 것이
니라.
41 그러니 그와 같이 말을 하는 자는 선
악과를 따서 나의 사랑하는 백성에게
선악과를 먹이는 자요, 그리하여 그들
을 지옥으로 이끌어 가는 역사를 하는
자들이라는 이 무섭고 간단한 이치요,
엄연한 사실을 너희는 깨우쳐야 할
것이니 그리 알라.

6,279 번째 하나님 말씀

2003년 5월 30일 15시 55분

1 사랑하는 나의 아들아!
2 "네, 아버님! 말씀하옵소서."
3 내가 너희에게 뭐라 전하였느냐?
4 나의 아들 예수가 너희의 죄를 대속
할 수 없으며 너희의 죄를 대신 짊어
지고 갈 수 없음이라 하였음이니라.
5 그리고 나의 아들 예수가 너희의 죄를
용서해 줄 수가 없으며 나의 아들 예
수의 이름으로써 너희 죄 모두를 다
사해 줄 수가 없음이니라.
6 너희가 너희의 죄를 눈물로써 기도하
고 회개하였을 때, 나 여호와가 너희
의 죄를 다 사해 주며 용서한다 그리
생각하나, 그것이 너희가 얼마나 어리
석은 것인가를 아는가?
7 나 여호와는 너희의 죄를 용서하지
아니하니 내가 너희의 죄를 용서한다
는 그와 같은 생각에서 너희는 이제
벗어나야 할 것이니라.
8 너희의 죄를 용서해 줄 수 없는 것이
나 여호와라 하였음이니라.
9 이는 곧 천사가 있으며 사탄이 있으며
모두가 다 그를 보고 있음이니, 너희
가 나에게 용서를 빌고 눈물로 회개해
도 나 여호와는 너희의 죄를 용서해
줄 수 없는 것이 하늘의 법도이니라.
10 하물며 어찌 예수가 너희의 죄를 대
속해 주며 너희의 죄를 용서해 줄 수
있겠는가?
11 너희가 예수의 이름을 찾고 기도하고
눈물 흘리고 경배하면 용서를 받는다
고 그리 생각함이니 그는 너희의 어리

석음이니라.
12 나 여호와는 너희가 눈물을 흘리며
회개하고 반성했을 때 너희의 죄를
덮어두며 보류는 할 수 있으나, 내가
너희의 죄를 용서해 줄 수는 없음이니
라.
13 너희가 지은 죄의 그것은 모두 다 너
희가 해결해야 하며 너희가 갚아야
한다는 것을 알아야 할 것이니라.
14 모세가 얼마나 그 어려운 역경을 견
뎠으며, 그 광야의 생활이요, 그리고
그가 그 백성을 이끌면서 얼마나 힘
든 길을 갔는가?
15 그러나 그 모세는 스스로 잘못한 것이
있으며 그 잘못으로 인하여 그는 내가
선택한 가나안 땅의 그 경계선을 넘지
못했다 아니하였는가?
16 그것이 바로 무엇이던가?
17 모세가 십계명을 던졌으며 나의 뜻을
거역했을 때 내가 그 자리에서 그를
벌하며 그를 다스릴 수 있으나,
18 내가 그 자리에서 그를 다스리지 아니
하고 벌하지 아니한 것을 너희는 내
가 모세를 용서했으며 그가 해 놓은
과격한 그 행동을 다 용서했다 너희는
그리 생각할 것이니라.
19 그리하여 내가 모세를 용서했다는 것
이 성경 어디에 기록되어 있나 찾아보
라 하였음이니, 그와 같은 역사의 모
세도 내가 용서하지를 아니하였음이
니라.
20 다만, 내가 모세가 필요했으며 모세가
일해야 하며 모세가 역사해야 하기 때
문에 내가 그 모세의 죄요, 참지 못하
는 그 광분하는 성격을 다스려 그대
로 덮어두었을 뿐이지, 그가 잘못한
것을 내가 용서한 것이 아님을 알라.
21 용서해 주지 아니했기 때문에, 그가
가나안 땅, 그 준비된 땅의 경계를 넘
지 못한 것은 나로부터 마지막 심판을
받은 것이니라.
22 너희가 나에게 용서를 빌며 회개했다
생각하지 말라.
23 내가 너희에게 지금 당장 벌하지 아니
하며 너희에게 재앙을 내리지 아니하
는 것은 너희가 존재할 가치가 있으
며 너희가 해야 할 일이 있기에 내가
그를 잠깐 보류해 두는 것이며 덮어두
는 것뿐이니라.
24 그걸로 너희가 나로부터 용서를 받으
며 모든 죄의 대가를 울고불고 회개하
면 용서받는 것처럼 생각하지 말라.
25 너희는 반드시 그 죄의 대가로 그 결
과를 치르는 것임을 알아야 할 것이
니라.
26 나의 아들 너도 지금 깨달아야 할 것
이니라.
27 내가 너를 보기에 네가 한 점의 부끄
럼이 없는 삶을 살라 하였음이니라.
28 그러나 네가 내 뜻을 거역하며 내 뜻
에 따라 순종하지 아니하며 내 뜻에
따라 행하지 아니하는 것은,
29 네가 나의 아들이요, 너를 사랑하기에
내가 너를 용서하며, 특별히 용서해서
그 모두를 받아 주고 덮어 준다는 그
와 같은 착각에서 네가 이 시간 이후
부터 깨우쳐야 할 것이니라.
30 내가 용서를 하는 것이 아니요, 네가
나의 법전을 세상에 만드는 역사를 해
야 하며 네가 할 일이 있기에 네가 잘

못하는 짓, 네가 짓는 죄, 네가 잘못되
는 것을 내가 용서함이 아니요, 그를
잠깐 덮어두며 보류시켜 놓았으니,
31 너희 인간 세상에도 결재하는 것과 보
류하는 것이 있음이니, 바로 내가 너
의 모든 것을 다 보류해 두고 있음이
니라.
32 너는 어떠한 결과에 따르든 어떠한 순
간이든 그와 같은 대가를 반드시 치러
야 하며 그와 같이 받는다는 것을 알
라.
33 너 자신도 내가 용서해 주며 네가 잘
못하는 것을 덮어 준다 그리 생각하지
말라.
34 나 여호와는 용서가 없음이니라.
35 내가 용서한다면 잘못된 것을 내 임의
로 너희를 덮어 준다면 사탄도 천사도
나를 공의의 하나님이 아니라 하여 내
명에 그들이 거역하며 따르지 아니할
것이니라.
36 너희가 짓는 모든 죄는 아무리 울고
불고해도 나 여호와가 용서할 수가 없
으며 용서해 주지 아니함이니라.
37 다만, 너희가 필요하기에 그를 덮어두
며 그를 보류하는 것이요, 그를 미뤄
둔다는 것을 잊지 말라.
38 어느 시점에서든지 너희는 반드시 그
대가를 받아야 할 것이며, 그 대가의
결과가 어떠한 무서운 형국으로 이루
어지며 어떠한 변화가 이루어진다 해
도 너희는 반드시 그를 치러야 하는
것이며, 치르지 아니하면 아니 된다는
것을 잊지 말라.
39 이 무서운 사실을 너희가 알고 깨우
쳤다 하면 어찌 감히 나의 아들 예수
가 너희 죄를 다 안고 갔으며, 나의 아
들을 울고불고 찾음으로 인하여 죄를
용서받았으며 너희 죄가 하얗게 되어
천사와 같이 되었다 그리 생각하며 죄
가 없는 것처럼 생각하는가?
40 나 여호와도 너희의 죄를 용서하지
못하며 용서하지 아니한다 하였음이
니라.
41 너희가 지은 죄를, 너희가 한 짓을 내
가 잠깐 보류하여 덮어둘 뿐이니, 너
희가 이룬 결과에 대해서 그것이 어떠
한 무서운 형국으로 닥쳐 온다 하여
도 너희는 반드시 거쳐야 할 것이며
너희가 행해야 할 것이며, 너희가 뿌
린 그 결과는 너희가 거둬들여야 한
다는 것을 잊지 말라.
42 이것이 하늘의 뜻이니라.
43 이제 나의 아들을 따르는 백성이요,
깨우쳐 경지에 오른 너희는 나의 하
늘의 천기의 가르침을 명심하여 가슴
깊이 새겨 바른 삶을 살라.
44 너희가 어떠한 일을 하든, 어떠한 형
태로 하든 내가 너희에게 그 자리에
서 벌로써 다스리지 아니하며 재앙으
로 다스리지 아니하는 것은 너희가
할 일이 남았음이요, 역사할 일이 남
았으며 너희가 존재할 그 시간이 남았
기 때문이니라.
45 그 삶을 너희가 어찌 살았느냐 하는
것은 너희가 그 대가를 어찌 치르느
냐 하는 결과에 가서 알게 될 것이니,
그 모두를 내가 용서함이 아니니라.
46 그러니 지금의 모든 종교 집단이요,
그 백성이요, 성도라는 자들, 지도자
라는 자들이 감히 저희가 울고불고

경배하고 눈물 흘리고 재물을 바치면
내가 모두를 용서해 준다는 그와 같은
착각 속에서 사는 그 어리석은 백성에
게 경종을 울려 깨우쳐 주라.
47 너희가 아무리 울고불고해도 용서하
지 아니하며 내가 용서할 수 없음이니
라.
48 창조주 나 여호와가 용서할 수 없으며
용서하지 아니한다 함이니, 이는 하늘
의 법도가 그러하니라.
49 천사가 보고 있으며 사탄이 보고 있으
며, 사악한 자들이요, 죽은 모든 백성
의 그 영들이 보고 있음이니라.
50 공의의 하나님으로서도 그리할 수 없
거늘, 창조주 나로서도 그리할 수 없
거늘,
51 어찌하여 나의 아들 예수의 이름을 부
르며 그리 찬송하며 경배한다 하여 너
희의 죄를 사함을 받았으며 용서를 받
았다 그리 말하는가?
52 너희의 모든 죄를 지금 당장 그 죄의
대가요, 재앙을 받지 아니하며 벌을
받지 않는다 하여 너희가 죄를 용서
받았다 하며 용서받은 것처럼 착각하
지 말라.
53 너희 죄는 차곡차곡 쌓이며 보류하여
지금 쌓여 있으며 내가 덮어두고 있
음이니라.
54 너희가 나에게 와 심판을 받을 때 그
에 대한 대가를 반드시 치르게 됨이
니, 그때 그 많은 죄목에 대하여 너희
가 얼마나 무서운 결과가 초래하는 것
인가를 깨우쳐 행하도록 하라.
55 나의 아들 너 또한 그러하니라.
56 네가 남에게 한 점의 부끄러운 행위를
하며 남들이 봐서는 안 되는 행위요,
너 자신이 하늘을 향하여 부끄러운 행
위를 할 때,
57 내가 너에게 체벌하지 아니하며 내가
너를 놔두며 내가 너를 벌하지 아니하
는 것은 내가 너의 행하는 행위를 모
두 용서해서가 아니니라.
58 내가 용서해서가 아니요, 그를 기다려
주며 덮어 주고 있으며, 네가 해야 할
일이 있고 네가 역사할 일이 있기에
내가 그를 보류하고 있다는 것을 너
자신이 오늘 이후부터 알아 행하도록
그리하라.
59 절대로 용서할 수 없음이니라.
60 너희가 지은 죄는 너희가 갚아야 하
는 것이며 그만큼 대가를 치르는 것이
반드시 너희가 해야 할 일이지,
61 나 여호와라 하여 창조주라 하여 울고
불고하는 백성, 나를 찾는 자, 찬송을
부르는 자, 나의 법전을 읽고 깨우치
는 자를 그대로 용서해 준다는 것이
없음을 알라.
62 그러니 너희가 나의 법전을 읽고 깨우
쳐 그대로 행하는 것, 그리 역사하는
것이 너희가 나에게 구원을 받는다는
것을 알라.
63 너희가 나의 성전에 와 나의 법전을
읽고 나갈 때 내가 너희를 다 용서해
준다 하였음이니, 거기에는 내가 뭐라
말하였느냐?
64 너희가 어린아이와 같이 사는 삶이요,
두 번 다시 죄를 짓지 아니하는 것, 너
희가 죄를 짓지 아니하고 사는 것은
아름다움만을 행하고 삶이니, 그때 너
희는 그 대가요, 그 역사요, 그 영광을

얻을 수 있는 것이지,
65 어린아이처럼 살지 못하며 내가 명한
대로 살지 못할 때 너희는 용서받을
수 없다는 것을 알라.

6,280 번째 하나님 말씀

2003년 5월 30일 15시 59분

1 사랑하는 나의 아들아!
2 "네, 아버님! 말씀하옵소서."
3 나로부터 선택된 백성이요, 너를 따르
는 그 사랑하는 제자들이요, 그리고
나의 법전을 읽고 깨우친 만백성 너희
는 들어야 할 것이니라.
4 이 세상에 너희가 어찌 살아가는가?
5 남으로부터 세상에 존재해서는 아니
될 백성이 있는가 하면, 꼭 필요한 사
람이 있으며 있으나마나한 사람이 있
는 것이 너희를 분류하는 형국이 아니
던가?
6 그러니 나의 아들로부터 선택된 제자
들이요, 나를 따르는 백성이요, 나의
법전을 읽고 깨우친 백성 너희는 이
세상을 살아갈 때, 남을 위해서 살아
가는 삶을 산다는 것, 남을 위하여 더
불어 사는 삶이 얼마나 위대하고 소중
한 것인가를 너희는 생각해 보았는가?
7 너희가 남을 위해서 살 수 있는 삶이
라는 것은 위대한 것이니라.
8 그러니 너희가 나로부터 받아 나간
생명이요, 이 세상에 나로부터 은혜를
받아 사는 너희가 사랑을 베푸는 것
이 나에게 오르는 것이요, 사랑의 근
본이라 하였음이니,
9 너희의 삶을 남을 위해서 사는 삶을
산다는 것이 얼마나 위대하고 소중한
것인가를 아는가?
10 지금 이 세상은 썩을 대로 썩어져 갔
으며 무너질 대로 무너져 가 있느니라.
11 그리고 병들 대로 병들어져 있음이니
라.
12 육신만이 병든 것이 아니요, 눈으로
보이는 것만이 병든 것이 아니요, 마
음이 병들어 있으며 정신이 지금 병들
어 있느니라.
13 그 병든 자를 고치고 치료한다는 것은
무엇이더냐?
14 남을 위해서 사는 삶을 사는 것이니라.
15 나로부터 선택된 백성 너희가 나의
법전을 읽고 깨우쳐 그리 행하며 그대
로 살아가고자 하는 것, 그리고 네 이
웃에게, 너희 형제들에게, 만백성에게
나의 법전의 뜻을 전하는 그것이 무엇
이던가?
16 남을 위하는 삶을 사는 것이니, 너희
의 삶이 얼마나 소중한 줄 알겠느냐?
17 남을 위해서 사는 삶이니라.
18 저를 위해서 살며 그리고 저만을 생각
하는 사람들, 남이야 어찌 됐던 생각
하지 않는 그런 사람들 속에서 남을
위한 삶을 산다는 것이 얼마나 소중하
고 위대한 것인 줄 알겠느냐?
19 너희가 나의 법전을 바로 깨우치며 바
로 깨달아 이를 가지고 행하는 것이
너희가 바로 나에게 오르는 길이요,
20 또한 이를 가지고 만백성을 구하는 그
역사를 이루는 것은 남들을 위하여 너
희가 사는 삶이니,
21 다 같이 똑같은 삶을 살면서 남에게
불필요한 인간이 있는가 하면, 남에게

불편을 주며 남에게 인상을 찌푸리게
하며 남에게 고통을 주는 그와 같은
삶을 사는 사람이 있으며, 그저 있으
나 마나 한 사람이 있으며 남을 위해
서 살아가는 그와 같은 삶을 사는 사
람이 있으니,
22 바로 너희가 남을 위해서 사는 삶을
살아가는 백성이니라.
23 그러니 남을 위하여 사는 삶이 얼마나
소중한 것인가를 너희 스스로 깨달으
며 그 일이 얼마나 보람된 것이며 영
광된 것인가를 알아, 너희가 나의 법
전을 만들어 만백성에 전하는 데 소홀
히 해서는 아니 될 것이며,
24 너희가 법전을 접하며 법전을 만들어
전할 수 있는 그 영광이야말로 나로부
터 남을 위하는 삶을 사는 백성이 나
에게 오를 수 있으며, 그와 같은 백성
이 나에게 축복과 은혜와 영광을 받을
수 있는 백성이라는 것을 잊지 말라.
25 거기에 너희가 선택된 자들이니라.

6,281 번째 하나님 말씀

2003년 5월 30일 16시 07분

1 사랑하는 나의 아들아!
2 "네, 아버님! 말씀하옵소서."
3 모세가 이끄는 그 백성은 40년의 광
야의 어렵고 힘든 생활을 하면서 그
속에서 내가 약속한 그 땅에 도달하였
음이니라.
4 그러나 그들은 나를 믿지 못하였음이
니라.
5 그리고 그들은 나를 경배하지 아니하
였음이니라.
6 그리하여 그들은 스스로 내가 들어가
라 명한 그 땅의 경계선을 힘차게 넘
어 돌진하는 그와 같은 용기가 없었으
며 그들은 그리 들어가지 못하였음이
니라.
7 그쪽의 정황을 살피며 그쪽의 환경을
살피며 그쪽의 힘을 살피며 그쪽의
능력을 살펴,
8 들어갈 수 있는 방법을 저희의 머리
로써 연구하고 계산하는 그와 같은 자
들이었으니 그게 바로 무엇이더냐?
9 나를 믿지 못하는 그 백성이었음이니
라.
10 나를 믿는 백성이라면 그들이 어떠한
형태요, 어떠한 장비를 갖추고 어떠한
준비를 했든 준비된 땅으로 내가 들어
가라 할 때, 그 경계선을 그들은 거침
없이 그저 넘어 들어가는 그와 같은
용기와 믿음이 있었을 것이니라.
11 그러니 그들이 나를 과연 얼마나 믿었
다 말할 수 있는가?
12 그들은 나를 과연 얼마나 믿고 따랐는
가?
13 거기에 그와 같이 역사를 이루지 못한
것이 바로 무엇이던가?
14 나를 불신하는 것이며 불신하는 믿음
의 대표적인 것이 그 당시의 현상이
아니던가?
15 그 모든 기적과 역사를 이루며 그곳까
지 온 그 백성이 그와 같이 불신하며,
그 불신하는 믿음의 마음을 가지고 있
었다 하면 과연 너희는 어찌 생각하
는가?
16 그 백성이 그와 같은 마음을 가졌듯
이, 지금 나의 아들을 따르는 제자들

이요, 나의 법전을 읽은 백성 너희는
과연 나의 성령을 태워 내려보낸 이
모두를 받아 책으로 기록하여 만든,
내가 선택한 나의 아들을 아들이라 함
이니, 그를 과연 얼마나 믿으며,
17 지금 내가 만들어 전하는 나의 법전이
만백성을 구하는 법전이요, 심판하는
법전이요, 이 세상을 덮어 만백성을
구하여 천 년에 걸쳐서 하늘의 천국
이 지상에 이루어지는 그 역사의 기틀
이라 말하여 너희에게 지금 160권의
법전을 만들어 전하거늘, 과연 너희는
나의 법전을 얼마나 믿고 얼마나 신
뢰하며 얼마나 경배하는가?
18 너희는 과연 얼마나 믿는가?
19 내가 너희가 이길 수 없는 적과 싸워
서 그를 대적하라 그리 명하며 그들
의 그 점령지를 공격하여 너희에게
뺏으라 할 때,
20 너희의 판단으로는 도저히 넘을 수 없
으며 도저히 싸워서 이길 수 없는 적
진을 공격하라 하며 그 적을 섬멸시키
라 할 때,
21 지금 나의 아들을 따르는 제자 너희는
과연 내가 있음을 믿으며 나의 존재함
을 믿으며 진격하여 그들에게 대적하
여 물리칠 수 있는 그와 같은 용기와
행동을 할 수 있는가?
22 너희 힘으로써는 도저히 넘을 수 없는
그 암벽을 내가 넘으라 명했을 때, 너
희는 순종하며 내가 존재함을 믿는 마
음으로써 그 암벽을 넘으려 대들 수
있는 백성이 과연 얼마나 되는가?
23 거기에 도전할 수 있는 자가 얼마나
있는가?
24 지금의 종교 집단이 잘못되었음을 보
고도 너희가 나의 법전을 깨우치며
그들을 다스리며 깨우치는 역사를 목
숨을 바쳐 일할 수 있는 자가 얼마나
있는가?
25 지금 모든 잘못된 종교 집단이요, 지
도자요, 성도라는 자 그들 앞에 지금
나의 법전을 들고 가,
26 '이것이 나 여호와의 뜻이며 참진리
요, 오로지 하늘에 오르는 길이요, 이
를 보지 않는 자는 구원을 받을 수 없
으며,
27 너희가 사탄의 자식이요, 아담과 이브
에게 선악과를 따먹게 했던 그 욕심의
근본의 뿌리를 아직도 버리지 못하고
있음이니, 그와 같은 욕심을 버리지
못한 자니 너희는 사탄의 마음을 가
슴에 안고 살아가는 자요,
28 지금 선악과를 따서 만백성에게 선악
과를 먹이는 그와 같은 행위를 하는
것이 너희이니 이제 중단하라.' 그리
부르짖을 수 있는 백성이 과연 얼마나
있는가?
29 나의 사랑하는 피조물 만백성이요, 내
가 아름답게 만들어 세상의 모든 지혜
를 준 너희가 얼마나 지금 다스리고
깨우치기가 힘든 백성인 줄 아는가?
30 너희는 말 못 하고 의사소통이 되지
않는 짐승을 길들이고 가르치는 것보
다도 너희를 다스리고 깨우치기가 더
힘들고 어려움을 알고 있는가?
31 짐승은 한번 길들여 다스리면 그를 잊
지 아니하고 그리 행함이니라.
32 그러나 너희는 고통과 시련으로써 다
스려 훈련해도 돌아서면 그를 잊어버

리며 거역하며 그를 행하지 아니하며,
너희의 계산에 따라 생각에 따라 변화
되며,
33 그리하여 너희는 죄를 짓는 것을 알
며 또 용서를 빌며 그리하여 또 죄를
지어서는 아니 된다 생각하여 눈물 흘
리고 콧물 흘리며 용서를 빌고 회개하
면서, 돌아서서 또 죄를 지음이니,
34 너희는 사악한 짓을 반복하고 용서를
빌고 반복하고 또 사악한 짓을 하는
그와 같은 자들이니,
35 말 못 하는 짐승을 길들여 가르치는
것보다도 너희가 얼마나 힘들고 어려
운 백성인지를 알겠는가?
36 그들보다 높은 지혜를 가지고 있는 너
희가 그와 같이 힘들고 어려운 자이
니, 내가 너희를 어찌 믿고 다스려 나
가야 한단 말인가?
37 너희는 평생 죄를 짓고 용서 빌며 또
짓는 그와 같은 반복된 생활을 하다
나에게 와 심판을 받는 것이니,
38 너희는 내가 지키고 살라 명한 것을
평생 하겠다, 지키겠다 말하면서 행동
을 그리 옮기지 못하고 거역하고 사는
것이니,
39 말 못하는 짐승을 훈련해 다스리는
것보다 열배 백배 천배 어려운 것이
내가 사랑하는 피조물 나의 백성 너희
임을 알아야 할 것이니, 이를 바라보
는 나 여호와의 마음이 어떠하며,
40 너희는 수시로 나를 거역하며 수시로
나를 바꿀 수 있다고 생각하며 창조주
나까지 능멸하고 사는 너희를 보는
나 여호와의 마음이 얼마나 아프겠는
가?
41 너희가 그리 살아가는 것이 구원의 길
이요, 지옥이 아니요, 천국으로 올 수
있다면, 너희가 그리 사는 것을 나 여
호와는 가슴 아파하지 아니할 것이니
라.
42 그러나 너희가 살아가는 모습은 천국
이 아니요, 지옥으로 가는 길이기에
나 여호와가 나의 아들딸이 지옥으로
가는 것을 바라보는 그 가슴이 저리고
아파 온다 함을 너희는 잊지 말라.

6,282 번째 하나님 말씀

2003년 5월 30일 16시 19분

1 사랑하는 나의 아들아!
2 "네, 아버님! 말씀하옵소서."
3 너희가 이 세상에 살아가면서 잘못했
을 때, 너희가 실수했을 때는 용서를
빌 수 있으며 다시 시작할 수 있다 하
였음이니라.
4 너희가 숨이 끊어지지 않는 한 무엇을
이루고자 하다가 실패했을 때 다시 돌
이켜 그 모든 역사를 할 수 있으며 다
시 시작할 수 있으며 그를 이룰 수 있
는 것이 인간 세상에서 너희가 살아
가는 세상 속에서 이루어짐이니라.
5 너희가 물에 빠져 허덕이다 숨을 거두
기 직전에 구원할 수 있으며 남이 구
원해 줄 수 있으며 또 지나는 사람이
구원해 줄 수 있으며 또한 너희 방법
으로 구원을 받을 수 있음이니라.
6 뜨거운 방에 들어가 불가마라 하는
너희가 즐기는 그 더운 곳에 있을 때,
그 온도가 서서히 높아져 가며 너희
가 거기서 나갈 수 없을 때, 과연 너희

는 어떠한 형국이 되겠는가?
7 그러나 그 문을 열고 나올 수 있는 것
이 너희이니라.
8 그리고 물이 뜨거우면 뜨거움 속에서
또한 나올 수 있는 것이 너희이니라.
9 뜨거운 물이 점점 뜨거워지는 곳에 너
희가 죄를 지어 형벌을 받지 않는 이
상 너희는 거기서 뛰쳐나올 수 있을
것이니라.
10 너희가 자는 침실의 방이 뜨겁고 뜨거
울 때 그 문을 열고 뛰쳐나올 수 있을
것이니라.
11 그리고 너희가 지상에 살 때는 어떠
한 비상 상황이나 천재지변이 일어나
피하지 못하는 한, 어떠한 방법이든
그 위기를 너희 노력에 따라서 모면
할 수 있으며 또한 남으로부터 모면할
수 있으며 남으로부터 구원을 받을 수
있으며 그 위기를 면할 수 있는 것이
지상의 삶이니라.
12 그러나 너희는 여기서 알아야 할 것
이니라.
13 어떠한 형태든 너희가 육의 세상에서
남의 도움을 받으며, 스스로 노력하여
위기요, 도대체 견딜 수 없는 그 길을
넘고 피할 수 있다 하나,
14 너희가 나에게 와 심판을 받는 그 순
간 지옥으로 가 그 벌을 받는 것은 너
희가 거기서 벗어날 수가 없으며 피할
수가 없으며 돌이킬 수 없는 것을 알
아야 할 것이니라.
15 너희가 끓는 물 속에 들어가면 그 물
은 서서히 더 뜨거워져도 너희는 거
기서 피할 수가 없으며 나올 수가 없
으며 도망칠 수가 없으며 어떠한 이유
라도 거기서 벗어날 수 없음이니, 그
고통을 있는 그대로 너희는 그 속에
서 받아야 함이니라.
16 너희가 살이 튀기고 뼈가 튀기며 살이
찢어지는 그와 같은 아픔의 고통이 있
다 해도 지옥에서는 너희가 벗어날
수 없으며 도피할 수 없으며 도망갈
수 없음이니, 그 고통을 다 받고 견디
는 것이 그 지옥의 법도이니라.
17 그러니 내가 너희에게 이와 같이 뜻
을 전하는 것은 너희가 피할 수 있으
며 용서할 수 있으며 연구할 수 있으
며 물러날 수 있으며 너희에게 기회
가 주어지는 이 육의 세상에서 바로
살지 않는 그 삶을 살다가는 너희는
피할 수 없는 그 지옥으로 가 그 피할
수 없는 고통 속에서 조여짐을 알라.
18 쇠사슬로 너희 몸을 묶는 벌을 받아
너희가 몸부림치면 몸부림치는 만큼
그 쇠사슬은 점점 더 조여지는 것이
지옥의 법도며 지옥의 형벌임을 너희
는 알아야 할 것이니라.
19 이 세상에서 너희가 쇠사슬에 묶여서
너희 몸이 조여지면 풀어 달라 소리
질러, 육의 죄인이라 하여도 풀어 주
며 숨이 막힐 때까진 두지 아니할 것
이니라.
20 그러나 지옥에서는 그를 용서하지 아
니하며 그리 통하지 아니함이니라.
21 그 누구도 거둬 줄 수 없는 것이 너희
이니라.
22 너희가 바로 여기서 피할 수 있으며,
움직일 수 있으며, 연구할 수 있으며,
행동할 수 있으며, 돌이킬 수 있으며,
너희가 다시 시작할 수 있으며, 용서

를 빌 수 있는 이 육의 세상에서 한 점
의 부끄럼이 없는 삶을 살아갈 수 없
다고 말하는 것이 얼마나 허황된 것
이며,
23 너희가 얼마나 지옥의 무서움을 모르
며 죄의 대가의 무서움을 모르는 안일
한 자세며 안일한 행동인지를 알아야
할 것이니라.
24 감히 너희가 나의 십계명을 지킬 수
없으며 나의 율법대로 지킬 수 없으며
나의 법전대로 지키고 살 수 없다고
그리 말함이니, 이것이 얼마나 허황된
일이며 얼마나 호화로운 삶이며 너희
가 얼마나 비단방석에 앉아 꽃놀이
하고 사는 것인 줄 알겠는가?
25 지상에서는 뜨거운 물 속에서 물이 점
점 뜨거워질 때 너희는 나올 수 있으
며 그를 피할 수도 있으나,
26 지옥에 있는 그 뜨거움은 뜨거울수록
너희는 그곳에서 고통은 고통대로 받
을지언정 나올 수도 없으며 피할 수
도 없다는 것이니라.
27 지옥의 법도가 그리 무서우며 지옥의
체벌이 그리 무서운 것을 너희가 안
다면,
28 지금 너희가 피할 수 있고, 돌이킬 수
있고, 다시 시작할 수 있고, 용서할 수
있고, 연구할 수 있고, 다시 만들 수
있고, 다시 시작할 수 있으며 너희 마
음대로 자유분방하게 너희를 다스릴
수 있는 이 지상의 육에서 너희는 한
점의 부끄럼이 없는 삶을 살라.
29 지상의 삶이요, 지옥의 법도요, 지옥
의 벌을 받는 그 방법까지 내가 나의
아들을 통하여 이리 상세히 기록하여
너희에게 전하였거늘,
30 이를 너희가 흘러가는 이야기로 듣고
흘러가는 남의 이야기요, 너희와는 관
계없는 것처럼 들어 너희가 정녕 죽
어 왔을 때 뜨거운 불에 들어가 그 불
이 점점 뜨거워져도 피할 수 없으며
도망갈 수 없으며 뜨거우면 뜨거운 대
로 그 고통을 받고 견뎌야 함이니,
31 그러면서도 너희가 여기서 감히 나의
계명대로 지킬 수 없으며, 나의 율법
대로 살 수 없으며, 나의 계명에 거짓
하지 말라, 도둑질하지 말라 이와 같
은 것을 감히 지키고 살 수 없다 그리
말하니,
32 너희는 천배 만배 더한 고통 속에서
그 뜨거움을 봐야 할 것이니, 그때 후
회하고 발버둥치기 전에,
33 고칠 수 있을 때, 회개할 수 있을 때,
용서받을 수 있을 때, 돌이킬 수 있을
때 여기서 너희가 하늘을 향하여 한
점의 부끄럼이 없는 삶을 살며,
34 감히 십계명을 지킬 수 없으며 율법을
지킬 수 없으며 내가 내리는 새로운
성경이요, 나의 법전을 지킬 수 없다
하는 그와 같은 호화로운 소리를 하지
말라.
35 이 무서운 사실을 너의 제자들에게 전
할 것이며 만백성에 기록하여 전하라,
나의 아들아!
36 그래도 깨닫지 못하며 오늘의 삶이 고
달프며 오늘의 삶이 거짓 하지 아니
하며 도적질하지 아니하며 남을 속이
지 아니하고 살 수 없다는 자, 너희는
끓는 물 속에서 점점 더 끓는 그 물속
에서 너희가 나오지 못하고 견디는

그 고통이 어떤 것인가를 한번 견디어
보도록 그리하라.

6,283 번째 하나님 말씀

2003년 5월 30일 16시 29분

1 사랑하는 나의 아들아!
2 "네, 아버님! 말씀하옵소서."
3 너의 제자들과 나의 법전을 읽고 깨우
친 만백성 너희는 알아야 할 것이니
라.
4 너희가 평소 깨달음이 있으며 경지가
높아 편안하고 평온한 삶을 다스리며
살아가느니라.
5 그러나 너희는 살아가면서 남들과 부
딪칠 때 그 순간의 분노의 감정을 억
제하지 못하며 벗어나지 못한다면, 너
희가 분노의 감정에 휘말리는 그와 같
은 행위를 하고 산다면,
6 이는 정녕 나에게 경배하며 나에게 감
사하는 마음이요, 나에게 은애하는 마
음을 한순간에 다 뿌리치는 것이며,
나 여호와의 존재함 자체도 믿지 못하
는 무서운 행위라는 것을 너희는 알
고 있는가?
7 너희가 분노에 굴복하게 되는 것이니
라.
8 순간의 감정을 참지 못하며 분노를 발
휘하는 것은 너희 스스로 분노에 굴
복하며 분노에 지는 행위임을 아는가?
9 그 순간으로써 너희가 지금까지 쌓았
던 그 모든 것이 다 물거품이 되어 무
너지며, 너희가 나의 아들딸로서 사탄
의 자식으로 전락한다는 것을 어찌하
여 모르는가?
10 너희가 감정의 분노를 순간적으로 넘
기지 못하면 제정신이 아닌 상태로 인
간은 변하게 되며, 그리하여 너희는
물불을 가리지 않는 그와 같은 행위를
하게 되는 것이니라.
11 그 순간의 감정을 다스리지 못하는 것
이 얼마나 무서운지 알겠는가?
12 순간의 감정을 다스리지 못하는 것은
올바른 생각을 하지 못하며 판단하지
못하게 되는 것이니라.
13 그리하여 지금까지 너희가 경지에 오
르며 변화된 그 쌓은 탑들이 한순간에
다 무너지며 나와 너희가 멀어지는
그 길을 달려가는 백성이 되게 됨이니,
14 너희는 너희 자신의 감정이요, 분노
의 감정이요, 괴로운 감정이요, 그와
같은 모든 것을 한순간에 자신을 다
스릴 수 있는 그런 노력 없이는 변화
되는 기초를 다져 가지 못하는 것임을
알아야 할 것이니라.
15 아직도 너희가 분노의 감정을 스스로
다스리지 못하며 그 감정에 휘말리지
아니하는가?
16 그 감정에 휘말리는 것은 너희가 사탄
의 사악한 그 마음에 굴복하며 그들에
게 고개 숙여 사탄의 종이 되며 사탄
의 자식이 되겠다 하여, 너희가 그들
에게 예를 올리는 그와 같은 비굴한
행위요, 비참한 행동이며, 불쌍한 처
신을 하게 되는 것임을 잊지 말라.
17 순간적인 감정을 억제하지 못했을 때
나 여호와가 너희를 용서한다고 생각
하지 말라.
18 너희가 순간적으로 잘못 저지른 죄요,
순간의 감정을 억제하지 못하여,

19 평소의 마음은 그렇지 아니하고 천사
같으며 깨달음을 알며 나 여호와의 뜻
을 아나,
20 너희가 순간적으로 잘못한 그 죄, 순
간적인 감정을 억제하지 못하여 돌발
적으로 이루어지는 그 모든 잘못되는
것은 나 여호와가 용서하며 이해해 줄
것이라 그리 생각하지 말라.
21 그 모든 것을 하나도 나 여호와는 버
림이 없으며 기억에서 지우는 것이 없
으며 내가 알지 못하는 것이 없음이니
라.
22 그러니 그 모두를 내가 기억하고 있으
며 그들을 내가 다 보고 있음이니, 너
희가 나에게 와 심판을 받을 때 그 모
두는 너희가 그 대가를 치르는 결과
로써, 너희 반대편의 죄목에 섬이니,
죄지은 것이 무겁게 내려갈 때 그들
이 한몫을 더 한다는 것을 잊지 말라,
사랑하는 나의 아들딸들아!

6,284 번째 하나님 말씀

2003년 5월 30일 16시 38분

1 사랑하는 나의 아들아!
2 "네, 아버님! 말씀하옵소서."
3 너희가 자신의 마음을 다스리지 못함
으로 순간의 분노를 다스리지 못한다
면, 그 순간에 일어나는 모든 잘못됨
때문에 너희가 어떠한 대가를 치르는
지를 알고 있는가?
4 너희가 한순간의 그 마음을 다스리지
못하여 분노하며 격분하는 그와 같은
행위는, 그 화는 순간일지 모르나, 너
희가 순간의 감정을 다스리지 못하여
격분한 그 대가는 영원히 사는 그와
같은 방법으로써 대가를 치른다는 것
을 그 무서운 사실을 너희는 알아야
할 것이니라.
5 너희가 순간을 다스리면 그저 웃으며
넘어갈 수 있는 것을,
6 순간의 감정에 저 자신의 격분함을
다스리지 못하여 일을 저질렀을 때,
순간에 저지른 격분함은 너희가 나에
게 와 재판을 받음이니,
7 그 재판을 받는 죄의 대가는 영원히
지옥에서 치르는 영원한 것임을 알아
야 할 것이며, 영원한 죄를 만든다는
것을 잊지 말라.
8 그로 인하여 너희가 평생 파생되는
모든 문제는 너희를 자신이 얼마나
무서운 자멸의 길을 초래하는 것이며,
너희가 나에게 오를 수 있는 그 영광
된 길에서 지옥의 길로 가는가?
9 이 모두는 나 여호와를 너희가 믿지
아니하기 때문이며 나를 경배하지 아
니하기 때문이며, 내가 존재한다 생각
하지 않기 때문에 너희가 그와 같은
역사를 이룰 수 있음이니,
10 너희는 불순종에서 나오는 모든 행위
임을 알아야 할 것이니라.
11 지금 나의 계명을 지킬 수 없다고 말
하는 백성, 또 종교 지도자, 그 모두는
저희가 나의 계명이 어떤 것이며 내
율법이 무엇이며 그를 지키지 아니하
면 어찌 되는지를 너무나 잘 알고 있
음이니라.
12 그러나 너희가 순간의 감정을 억제하
지 못하여 영원히 짓는 그 죄의 대가
의 역사를 이루듯이,

13 그들이 바로 순간의 이익이요, 육의
삶을 위하여 알면서 그 모두를 모르는
척 그리 넘어가는 것이 아닌가?
14 그러나 얼마나 그들이 죄악이요, 얼마
나 사악한 자들이더냐?
15 그들은 나 여호와의 뜻을 알면서도 다
른 길을 가는 자들이니라.
16 그들이 내가 원하는 것, 나에게 오르
는 길을 몰라서 가는 것이 아니니라.
17 그들은 순간에 저희가 짓는 죄로 인
하여 영원히 그 대가를 치른다는 것을
모르는 어리석은 자들이니라.
18 나의 뜻을 알면서도 그들은 그를 행하
지 아니하며 다른 길을 가는 것이며,
다른 뜻을 따라 저희가 필요한 대로
나의 피조물 만백성을 우롱하고 깨우
치며 가르친다는 자가 그들임을 알라.
19 나 여호와의 모든 계획이요, 내가 역
사하는 것, 그리고 내가 나의 아들 예
수를 통하여 기록한 성경이요, 또 지
금 나의 아들을 통하여 새로운 성경이
요, 새로운 법전을 세상에 내려보내
며, 십계명을 세상에 내려보내, 그것
을 지키고 사는 것이 영혼의 양식이라
내가 그리 가르치는 것,
20 그 모든 것이 최선의 진리라 생각지
않는 자라고 말한다면 과연 너희는 믿
겠는가?
21 그들은 그 모두를 믿지 않는 자이며,
그를 진정한 진리라 생각지 않는 자가
지금 그와 같은 종교 집단이요, 지도
자들이니라.
22 그러니 그들은 순간의 이익을 위해서
모든 것을 다 버리는 자이며, 모든 참
진리요, 어렵고 힘든 길이라면 그를
선택하지 아니하는 자들이니라.
23 나 여호와의 주관하에 이루어지며 내
가 역사하는 것이 최선의 길이요, 답
이라 그들은 그리 생각하지 않는 자들
이니라.
24 그러면서 그들은 뭐라 말하는가?
25 전지전능한 나 여호와요, 아버지라 하
며, 세상에 못 이룰 것이 없으며 이루
어지지 아니하는 것이 없다 그리 말하
면서,
26 그들은 바로 인간 세속의 삶에 저희의
눈앞에 있는 떡을 먼저 생각하기에 감
히 나 여호와가 이루는 그 모든 것이
최선의 방법이요, 가장 위대한 진리
요, 너희가 말하는 하늘에 오르는 가
장 바른길이요,
27 너희가 원하는 소망을 들어줄 수 있는
것은 오직 나 여호와의 진리밖에 없다
는 그와 같은 생각을 하지 않는 자들
이니라.
28 저희의 생각대로, 저희의 연구대로 하
는 것이 나 여호와가 역사하는 것, 내
가 가르치는 것, 내가 이루고자 하는
것보다 더 빠른 길이요,
29 더 최상의 답이 거기에 있다 생각하는
것이 지금 바로 모든 종교 집단이요,
지도자요, 구원을 받았다 울부짖는 백
성 그들이니라.
30 그러하기에 그들은 나의 성경이요, 나
의 법전이요, 내가 내리는 그 십계명
이요, 그 모두가 지킬 수 없다고 말하
며 그들이 행할 수 없다고 말하는 자
들이니라.
31 그리 말하는 자들이 무엇이더냐?
32 내가 지키라 내린 십계명이요, 내가

따르라 내린 성경이요, 내가 나의 가
슴을 태워 마지막 내리는 나의 새로운
성경이요, 나의 법전이 저희를 구원하
고 심판하는 것이니, 그대로 지킬 수
없다는 것은 나 여호와가 내려보내는
그와 같은 아무리 위대하고 소중한 것
이라도 그것은 다 필요가 없다, 그것
보다도 저희 머리로 생각하고 저희가
연구해서 쓰며 저희가 순간적인 판단
력에 의해 재치 있게 이끌어 나가는
그것이 나 여호와가 내리는 것보다도
위대하다는 착각 속에 사는 자들이며,
실제로 그들은 그와 같은 생각을 하고
살아가느니라.
33 그리하여 내가 하지 말라는, 해서는
안 되는 일을 서슴없이 행하고 있으
며, 저희는 그것이 두려운 줄 모르며
무서운 줄 모르고 있음이니라.
34 나 여호와가 이루고 내가 역사하는
것, 그 모두가 최상의 답이 아니요,
35 인간 저희가 만든 것, 저희가 계획하
는 것, 저희가 생각하는 것이 나 여호
와가 행하는 것보다 더 최선의 방책이
요, 최선의 대책이라 생각하고 살아가
는 자들이 그 불쌍한 백성이니,
36 그들이 죽어 내 앞에 와서 과연 저희
가 생각하고 계획했고 이루었던 것이
나 여호와가 역사하고 가르쳤던 것보
다도 더 최선의 방책이요, 위대한 방
법이라 심판받는 그 앞에서 말할 수
있는가?
37 그 입이 봉해져 그들은 입도 열지 못
하며, 그 무서운 죄의 대가를 치른다
는 것을 모르는 어리석은 백성이니,
38 나의 아들을 따르는 제자들이요, 나의
법전을 읽고 깨우친 백성 너희는 하늘
의 뜻이 무엇이며 내가 역사하는 것이
무엇이며 진정한 하늘에 오르는 길이
무엇인가를 똑바로 배워 깨우쳐,
39 나의 법전을 가슴에 안고 정독하고 또
정독해 그 뜻대로 행하는 백성이 되도
록 그리하라.
40 그렇지 않은 자는 어리석은 자요, 구
원의 길에 들어설 수 없다 함을 알라.

6,285 번째 하나님 말씀

2003년 5월 30일 20시 53분

(강론을 마치며)

1 사랑하는 나의 아들아!
2 "네, 아버님! 말씀하옵소서."
3 나의 성전에 와 너를 통하여 내리는
나의 강론을 듣는 선택된 백성 그들이
얼마나 영광되며 축복받은 그 길을 가
고 있는지 모르고 있음이니라.
4 그들이 어찌 왔으며 어디로 가며 하늘
에 오르는 길이 무엇인가를 스스로 비
춰 보는 그 아름다운 거울을 가지고
있음이니, 그를 비춰 봐 저희가 잘못
된 것을 바로잡으면 곧 그것이 하늘에
오르는 길이니, 이게 바로 나의 법전
이 거울이요, 너희 생명의 빛이라는
것을 잊지 말라.
5 내가 십계명에 제1계명을 뭐라 가르
쳤느냐?
6 '나 외에 다른 신을 믿지 말라.' 하였
음이니라.
7 '나 외에 다른 신을 네게 있게 하지 말
며, 그것들에게 절하지 말며 그것들을
숭배하지 말라.' 내가 그리 가르치지

않더냐?
8 지금 네가 가르치고 공부하는 이 십계
명을 나를 따르며 나를 경배한다는 백
성이 그를 갖고 공부하고 읽는가?
9 그렇지 아니하니라.
10 나를 경배하며 나의 뜻에 따라 하늘에
오른다는 백성, 그리고 나의 아들 예
수의 이름으로써 기도하고 경배하며
저희 손으로 지은 교회요, 성전에 가
저희가 나를 믿는 자요, 구원을 받겠
다고 하는 백성 그들이 나의 십계명을
암송하고 외우게 되어 있음이니,
11 첫 계명이 '나 외에 다른 신을 너희에
게 있게 하지 말며, 하늘에 있는 것이
나 땅에 있는 것이나 땅 아래 있는 것
이나 그 모두에게 절하지 말며 섬기지
말라.'는 것은 곧 믿고 있는 자들에게
내가 가르치는 것이니,
12 그들이 바로 그와 같은 행위를 하고
있기에 너희가 고치라는 뜻이라는 것
을 여기서 알고 넘어가도록 그리하라.
13 너희가 나를 향하며 나를 믿으며 나에
게 오르며 믿음의 길이요, 절대로 저
희는 하늘에 실수를 하지 아니하며,
나에게 위배되는 짓을 아니 하며, 저
희는 나의 뜻에 따르며 순종하는 백성
이며 하늘의 뜻에 따라 살아간다는 그
믿음의 길을 가는 백성이 십계명을 접
하게 되며 십계명을 보고 알고 있지
않은가?
14 그러니 그들에게 내가 제1계명을 내
렸음이니 그 계명이 무엇이던가?
15 너희가 이를 지키지 아니하며 행하지
아니하는 가장 잘못된 백성이라 그리
하여 그들에게 깨우치도록 내린 계명
이요, 의미가 여기에 있음이니,
16 이를 안다면 과연 너희밖에는 이 뜻을
아는 자가 없을 것이며 나 여호와가
내린 그 의미를 아는 자가 너희밖에
없을 것이니,
17 나의 뜻을 아는 자요, 내 뜻을 가르치
며 내 뜻을 전할 수 있는 너희가 있다
는 것이 나 여호와는 얼마나 기쁨이고
행복이고 영광이며 나의 자랑인지 알
겠는가?
18 하늘과 땅 사이에 천사요, 사탄이요,
사악한 그들과 모든 동식물에도 내가
너희가 있음을 자랑하며, 너희가 있으
매 나 여호와의 기쁨임을 알아야 할
것이니라.
19 이것이 나 여호와의 뜻이니라.
20 내가 나의 아들을 통하여 너희에게 전
하여 깨우치기를 뭐라 했더냐?
21 아무리 큰 제방이라도 개미구멍만 한
틈이 생기기 시작하면 무너진다 하였
음이니, 이 세상의 사악한 것이요, 모
든 것이 병든 백성이요, 마음이 썩어
있는 백성이요, 나 여호와를 위하는
믿음이 아니요,
22 저 자신의 기복 신앙의 근본이며 기복
신앙에 빠져 있어 저희가 나의 뜻을
따르며 하나도 어기지 않는다 말하는
자들이 다 저를 위한 기도요, 저를 위
한 경배요, 기복 신앙의 대표적인 자
들이니라.
23 그리하여 그들이 지금은 방대한 것 같
으며 그들은 감히 무너지지 못할 것
같으나,
24 이미 내가 제방 둑에 개미구멍을 냈듯
이 세상에 나의 성전을 만들었으며,

나의 아들이 존재하며 너희가 있음이
니,
25 이미 둑은 무너지기 시작하며 물이 새
기 시작하였음을 너희는 알아야 할 것
이니라.
26 이 지구가 큰 풍선이라 말하자.
27 그 풍선에 공기가 그득히 차 있으며
그 풍선은 어떠한 방법으로도 바람이
샐 수가 없으며 완벽하게 되어 있다
너희는 그리 알고 있음이니라.
28 그러나 이 지구의 한구석에 풍선의 바
람을 빼기 시작하였음이니,
29 너희가 작은 구멍을 내기 시작하였으
니 그 구멍은 서서히 커질 것이며 빠
지는 공기는 세월이 갈수록 가속도가
붙어, 지구만 한 풍선은 바람이 빠질
것이니,
30 그 역사가 시작되었음을 너희는 알아
야 할 것이니라.
31 너희가 있기에 나 여호와가 시작했으
며, 너희가 있기에 그 제방 둑에 지금
금이 가기 시작하였으며, 그 풍선에
바람이 빠지기 시작하였음을 너희는
알라.
32 이제 내가 내리는 모든 그 십계명은
나를 믿는 백성이요, 하늘의 이치를
따라 깨우친다는 그 백성이 그를 가장
거역하며 순종하지 아니하기에 내가
경종을 울리기 위하여 내려보낸 것이
라 내가 그리 말하지 아니했던가?
33 나의 십계명을 접하는 백성이 너희가
말하는 이방인이라는 백성이 접하는
가, 하늘에 오르고자 하는 백성 너희
가 접하는가?
34 너희에게 내가 십계명을 내렸다면 그
십계명의 의미요, 내린 뜻을 깊이 깨
우치라.
35 너희는 그 의미를 알아야 할 것이니,
너희가 가장 지키지 않는 백성이요,
행하지 않는 백성이 되어서는 아니 될
것이며,
36 너희는 행하는 백성이요, 그대로 지키
는 백성으로서 나 여호와의 뜻에 살아
가는 백성이 되어야 함을 알라.
37 지금 모든 둑은 무너져 물이 새기 시
작하였으며 풍선의 바람은 빠지기 시
작하였으니, 두려워하지 말며 겁먹지
말라.
38 그 바람은 서서히 빠지게 되면서 줄고
제방은 무너지게 되어 있음이니라.
39 그리하여 너희가 그 모두를 다시 역사
하는 새 시대를 열고자 함이니 너희로
서 완벽한 내 역사를 이루고자 함이니
라.
40 그리하여 너희가 천 년의 왕국이라는
말을 하며, 천 년의 왕국의 역사가 이
루어진다 그리 말하나,
41 천 년 동안에 너희가 그 역사를 이루
는 기초를 다지며, 천 년 후에는 이 지
상에 하늘의 낙원같이 이루어져 모든
백성이 하늘에 오르는 길이 오늘과 같
이 시련과 고통의 길을 가지 아니하
며, 그들이 지상에서 살다 그대로 하
늘의 영광을 얻는 그와 같은 세상을
만들고자 하는 것이 나 여호와의 뜻이
며, 그 대역사를 이루는 것이 너희이
니라.
42 구약 시대의 몇천 년의 역사가 흐른
것도 신약 시대의 몇천 년이 흐른 그
것도 오늘과 같은 역사의 기초를 다지

지 못하였음이니라.
43 그는 어찌 되었던가?
44 다 지나갔고 흘러간 것이며, 지나간
과거의 흐름이기 때문에 그들이 지금
이 역사를 이룰 수 없음을 너희는 알
아야 할 것이니라.
45 모세의 기적이요, 구약 시대도 이미
흘러간 시대요, 지나간 세월의 역사
속에서 이루어졌음이니, 너희가 하나
의 교훈으로 삼을 수는 있으나 그 시
대가 지금에 와서 역사할 수 없으며,
그와 같은 방법으로 지금은 역사할 능
력이 없으며 그 힘이 없으며,
46 그 시대에 역사했던 것이 지금의 나의
피조물 만백성 너희에게 인성이 맞지
않으며 걸맞지 아니하며 그를 이해하
지 아니하며 따를 수 없는 것이 지금
의 너희이니라.
47 예수의 시대에 있던 백성의 그 삶의
시대도 지금 시대의 너희의 인성이 맞
지 아니하며, 너희가 행할 수 있는 것,
너희가 이해 못 하는 그 시대의 삶이
그만큼 격의 차이가 있음이니라.
48 그리고 그 모두는 지나간 역사이며 흘
러간 역사이니라.
49 지난 역사요, 흘러간 역사는 오늘의
새로운 역사의 기초는 될 수 있으며
근본이 될 수 있으며 교훈으로써는 남
을 수 있으나, 새 역사를 이룰 수는 없
는 것이니라.
50 너희가 이 뜻을 깊이 알아야 할 것이
니라.
51 모세의 시대요, 구약의 시대에 살았던
백성이 다 죽어 갔음이니, 그들이 지
금 와서 새로운 역사를 이룰 수 없으
니, 그 모세의 시대의 모든 기적의 역
사도 그리 같이 묻혀 흘러갔음이니라.
52 예수의 시대에 살던 그 제자들이 지금
살아 있는 자가 어디에 있으며 그를
증거하는 자가 어디에 있던가?
53 그들은 죽어 한 줌의 흙으로 돌아갔으
니 그 시대에 이루어진 그 역사도 그
와 같이 묻혔으며,
54 그러나 그들이 역사한 것은 글로써 전
해짐으로써 오늘의 새로운 역사를 이
루는 그 시대에 필요한 기틀이요, 근
본은 될 수 있음이니라.
55 그러니 지금의 새로운 역사요, 새 시
대요, 내가 하늘에서 이룬 것같이 지
상에서 이루는 것은, 내가 이루고자
하는 지금의 역사는 숨을 쉬고 살아
있는 너희이니라.
56 너희가 대화하고 만날 수 있는 너희
형제들만이 새로운 변화를 이룰 수 있
으며 역사를 이룰 수 있음이니라.
57 구약 시대의 그 백성이 아무리 유능하
고 똑똑하며 능력이 있다 해도 지금
올 수 없으며, 아무리 예언자요, 지도
자라 해도 지금에 와서 그를 역사할
수 없으며, 예수 시대의 그 모든 제자
들이요, 그 누구도 할 수 없음이니라.
58 오로지 지금은 나의 아들을 통하여 모
든 것을 역사하며 존재하는 나의 아들
로서 새 시대는 역사할 것이며,
59 나로부터 선택된 그를 따르는 제자들
이요, 나의 법전을 읽고 깨우친 나로
부터 선택된 백성 너희만이 역사할 수
있으며 너희만이 행할 수 있다는 것을
알라.
60 그러니 이 시대의 역사를 할 수 있는

것은 너희뿐이니, 너희가 얼마나 소중
하고 귀한 나의 백성인지 잊지 말라,
사랑하는 나의 아들딸들아!
61 몇천 년을 거쳐서 이루고자 하는 그
역사를 다 지나간 사람으로서 이룰 수
없음이니, 이 시대에 존재하는 너희가
이루라 함이니 잊지 말라.
62 그리고 너희는 흘러간 그 많은 백성을
두려워하며 그 많은 백성이 구원을
받지 못한 것을 두려워 생각하지 말라.
63 하늘의 하루는 이 지상의 천 년이니
너희는 6천 년이라면 6 일이 지난 것
이요,
64 너희가 지금부터 끝없이 흘러가는 그
세월은 하늘의 몇천 날이 될 것이니,
그때 살아가는 백성의 수를 기억한다
면 오늘의 6천 년 동안에 살아간 그
백성의 수는 소수에 불과함이니,
65 소를 희생하여 대를 역사하며 새로운
시대를 열어 가는 기초요, 거기에 모
두 한 획을 담당한 백성이라 그를 따
르고 존경하며 이해하도록 하는 마음
을 가지라.
66 노아의 방주에 희생된 백성 모두도 너
희가 역사하는 것을 위함이요,
67 예수의 시대에 모두 이루었던 사악한
자요, 그들이 선행을 베푸는 자요, 그
모두가 너희가 오늘의 역사하는 희생
의 제물이었다는 것을,
68 그리하여 너희는 그 모두를 사랑하며
그 모두를 존경하며, 이 시대의 모든
백성을 존경하며 이 모든 백성을 다
사랑하라.
69 지금 모두도 너희가 이루는 그 역사의
한 부분의 희생양이라 그리 생각해도
너희의 오만이요, 자만이 아님을 알라.

6,286 번째 하나님 말씀

2003년 5월 31일 0시 37분

1 사랑하는 나의 아들아!
2 "네, 아버님! 말씀하옵소서."
3 내가 나의 아들이요, 너를 세상에 내
려보냄이니,
4 네가 세상에 내려가 어렵고 힘든 삶의
인생을 살아왔으며, 오늘의 네가 이르
렀음이니라.
5 너희가 말하는 60평생이라는 그 길고
도 긴 세월 속에 네가 인간의 삶을 살
았으며, 그리고 그 어렵고 힘든 역경
의 고비고비를 나 여호와의 주관하에
네가 오늘의 일을 위하여 준비된 삶을
살았음이니,
6 네가 어렵고 힘든 그 길을 살아왔음을
나는 알고 있음이니라.
7 네가 이제 60이라는 그 나이가 되어
바로 서고 바로 빛난 인생을 살아갈
때 나의 피조물 만백성이 너를 거울삼
을 것이라 그리하였음이니,
8 네가 오늘에 그 거울이 되기 위하여
너 자신이 변하고자 노력하는 삶을 살
고자 하는 것은 어린아이가 걸음마를
배우는 것과 같은 그런 모습이니, 그
를 바라보는 나 여호와의 마음과 같음
이니라.
9 모든 동물이 알에서 깨어나며 새 생명
이 태어났을 때 그 첫 번째 태어난 새
끼를 대하는 어미의 마음이 어떠하겠
는가?
10 그 마음보다도 더 애절한 마음이요,

그 마음보다 더 소중한 마음이 내가
너를 바라보는 그 마음이니라.
11 네가 지금까지 살아온 모든 슬프고 괴
로웠던 그 삶이요, 너 자신이 돌이켜
보면 부끄러운 삶이요, 너 자신이 남
에게 말하지 못할 만큼 어렵고 힘든
삶을 살아온 네가 나의 법전이요, 나
의 성령을 듣고 깨우치기 시작하여 오
늘에 변하고자 하는 그 삶은,
12 바로 알에서 태어난 병아리처럼, 알에
서 태어나는 모든 생명체처럼, 그리고
새 생명이 대자연의 그 순환에 따라
새 생명을 받고 세상에 태어나는 그를
접하는 어미의 마음보다도 더 소중한
마음이요, 더 귀한 마음이니,
13 이제 막 걸음마를 시작하는 너를 바라
보는 내 마음이 그러함이니라.
14 이 모두는 네가 바로 서고자 함이며,
네 노력이요,
15 네가 죄를 짓지 아니하고 사는 것이
인간의 도리요, 인간은 죄를 짓지 않
고 살아갈 수 있다는 것,
16 어떠한 환경이나 어떠한 생활 속에 살
아온 자라 해도 너희가 변할 수 있다
는 것,
17 그리고 나의 법전을 읽고 깨우치며 그
를 너희가 가슴에 안으면 변할 수 있
다는 자신과 그 마음가짐에서 네가 나
여호와의 뜻에 의해 변하고자 하는
그 삶을 살아가는 네 모습을 바라보는
나 여호와의 기쁜 마음은 아무도 모
를 것이니라.
18 내가 너를 사랑함이니라.
19 이제 네가 걸음마를 걷기 시작하였음
이니, 이제 네가 머지않아 달릴 수 있
는 그와 같은 성년으로 성장할 것이니
그를 나는 알고 있음이니라.
20 사랑하는 나의 아들아!
21 "네, 아버님! 말씀하옵소서."
22 천지개벽이 되며 천지가 바뀌는 것보
다, 이 세상이 두 쪽으로 쪼개지는 것
보다, 바다가 산이 되며 산이 바다가
되는 것보다도 마음이 변하며 하늘을
향하여 한 점의 부끄러움이 없이 삶을
사는 것이 그리 어렵고 힘든 것이니라.
23 네가 거칠고 험한 것은 이제 다스려
나가며 큰 것과 거친 것 그 모두는 네
가 다스릴 수 있는 네 마음이 되어 있
음이니,
24 오늘의 너는 그저 세월이 지나며 시간
이 흐르면 내가 너에게 그림으로 보여
줬던 그와 같은 아들이요, 내가 믿을
수 있는 백성으로서 변화됨이니,
25 이 세상 그 누구도 너를 따를 수 없으
며 네가 변화되는 그 역사를 흉내 낼
수 없을 만큼 네가 바로 설 것을 나는
알고 있음이니, 너는 반드시 설 것이
니라.
26 그리고 네가 반듯이 서기 위하여 오
늘의 노력하는 마음을 나는 알고 있음
이니라.
27 이제 네가 한 발자국만 더 나간다면
뒤뚱뒤뚱 걷기 시작함이니, 그 걸음마
연습을 조금만 더 한다면, 네가 조금
만 더 버티고 간다면 너는 바로 설 수
있으며, 그리고 내가 원하는 나의 아
들로서 만백성의 빛이 될 수 있는 그
역사를 이룰 수 있는 것이니라.
28 그리하여 네가 걷기 시작하였음이니
그를 바라보는 내 마음이 어떠하겠는

가?
29 너희는 세상의 모든 동물이 태어나 야
생의 동물이 세상에 태어나자마자 그
가 어미를 따라야 하며, 그가 걸어야
만 생존 경쟁에서 살 수 있는 그 갓 태
어난 짐승이 걷는 것처럼, 그리고 그
짐승의 어미가 그가 바로 걷지 못하면
그는 맹수의 밥이 됨이니,
30 그 뒤뚱뒤뚱 걷는 새끼가 저를 따라올
수 있도록 냉정하게 멀리 바라보는 그
어미의 깊은 사랑이요, 너희 인간도
감히 행할 수 없는 그 사랑하는 마음
보다도 천배 만배 더한 것이 그를 바
라보는 마음이 나와 같으며,
31 너를 바라보는 마음이 걷지 못하는 갓
태어난 짐승을 맹수로부터 보호하기
위해, 걷고 뛸 수 있도록 냉정히 바라
보는 그 동물보다도 내 마음이 더 아
프며 더 깊음으로 지금 엮여 있음이
니라.
32 그와 같은 역사를 이룰 수 있는 네가
바로 서 가며 그리 지켜 가는 모습을
볼 때, 나 여호와의 기쁨이 이루 말할
수 없으며,
33 그 기쁨으로 너의 제자들이요, 너를
따르는 백성이요, 그리고 너를 따라
변해 가는 자, 그리고 변하고자 진심
으로 노력하는 자,
34 진심으로 너를 따르며 나의 법전의
두려움을 알고 그대로 살아가고자 노
력하는 선택된 제자들, 내가 그들을
선별하여 상을 내릴 것이니, 너에게
내리는 상이 바로 너의 제자들에게 내
려짐을 알라, 사랑하는 나의 아들아!

6,287 번째 하나님 말씀

2003년 5월 31일 0시 44분

1 사랑하는 나의 아들아!
2 "네, 아버님! 말씀하옵소서."
3 수천 년 역사가 흐르면서 나의 피조물
만백성을 구한다는 그 종교 집단이요,
그리고 가장 큰 집단으로서 많은 백성
을 통제하며 다스리며 물질이요, 재물
까지 손색없이 부족함 없이 지금 이끌
어 오는 종교 집단이요, 지도자들, 그
들이 과연 믿음의 방향이 어떠한 믿음
의 행위로써 이루어지는지 너는 알고
있는가?
4 그와 같은 역사를 이루는 그 백성이
요, 그 종교 집단이 나 여호와가 역사
하고자 하는 그 방향과는 전혀 반대
방향이요, 나하고는 관계도 없는 그와
같은 방향으로 역사하고 흘러가고 있
다 하면 너희는 과연 믿겠는가?
5 그들이 진정한 훌륭한 믿음이요, 나를
향한 진실한 믿음이요, 오로지 저희만
이 만백성을 구하는 길이라 믿고 있는
그들의 믿음이 나와는 전혀 관계없는
방향으로 흘러가고 있다면 너희는 믿
겠는가?
6 그들은 어찌 믿음을 이끌어 가고 있으
며 그들이 추구하는 믿음이 무엇이던
가?
7 육의 향락이요, 육의 삶을 위하여 그
들은 모든 것을 거기에 맞추고 있음이
니라.
8 저희 육의 삶을 역사하는 데만 계획을
맞추고 있으며, 나의 뜻이요, 내가 역
사하고자 하는 내 뜻의 위대함을 저희

는 잊어버리며 그를 생각하지 아니하
며 그를 뒷전으로 미뤄 가고 있음이니
라.
9 그리하여 나 여호와가 역사하고 있는
그 위대한 생각보다도 인간인 저희의
머리로써 생각하며 저희가 계획해서
이루는 것이 내가 역사하는 것보다도
앞에 가며, 더 최선의 방법이라는 그
착각 속에 그들이 행하고 살아가는 것
이니라.
10 그러니 그들이 정녕 창조주 나의 뜻에
의하는 백성이며 나의 피조물 만백성
을 구원하는 백성이라 그리 말할 수
있겠는가?
11 나의 뜻과 나의 성령과 나의 참진리의
가르침과는 전혀 관계도 없는 그와 같
은 방향으로 그들이 이끌어 가고 있음
이니라.
12 그리하여 순박한 나의 백성까지도 그
들이 눈이 있어도 보지 못하며 귀가
있어도 듣지 못하며 입이 있어도 진실
함을 전하지 못하도록 그들을 모두 다
식물인간과 같이 만들어 놓은 자들이
니라.
13 그저 맹종하고 맹신하는 나의 백성으
로서 저희만을 바라보며, 저희 설교의
말이 내가 내리는 진정한 성령의 말이
요, 구원의 빛이라 생각하여 그를 바
라보고 그를 믿는 데만 최선을 다함이
니라.
14 그러나 내가 너에게 말하여 전하기를,
그들이 생명의 빛이요, 생명수라 전하
는 그 모두가 사탄이 아담과 이브에게
따 먹게 했던 그 선악과를 너희가 전
하고 있다는 것을, 너희가 그와 같은
행위를 하고 있다는 것을 내가 너희에
게 전함이니,
15 너희는 이게 아닐 것이며 나 여호와가
사탄이요, 사악한 자가 하는 말이라
그리 말할 것이니라.
16 그리하여 너희가 인간으로서 짓는 죄
그 모두는 나의 아들 예수의 보혈로써
은혜를 받았으며 그리 구원을 받았기
때문에 인간은 죄가 없으며 인간은 죄
를 다스릴 필요가 없다 그리 가르침이
니,
17 여기에 반박하여 나의 아들이 가르치
는 뜻은 무엇이라 말하더냐?
18 인간이 아무리 죄를 용서한다 해도 빌
어도 그 죄는 지워지지 아니하며 인간
에게는 죄가 남아 있으며,
19 너희가 행한 그 죄는 죽어도 너희가
나에게 와 심판을 받을 때까지 물러
나지 않으며 떨어지지 않으며 너희에
게서 멀리 가지 아니한다 내가 그리
말하였음이니,
20 인간의 삶의 행동이 중요하며 인간의
삶이 소중하며 인간이 짓는 죄는 인간
너희 세상에 남아 있기에 그 죄는 너
희가 노력하여 갚는다고 그리 말하느
니라.
21 나 여호와와 나의 아들 예수의 이름으
로써 너희 죄를 다 용서받았으며 그
죄의 대가를 다 치렀음이니 너희 인간
은 죄가 없다고 말하는 그 속에,
22 인간은 죄를 가지고 있다 가르치며 너
희가 지은 죄는 너희가 책임져야 한
다고 가르치는 것은 사탄이요, 악마
요, 사악한 자의 자식이라 너희가 지
금 그리 가르치고 있으며 그리 부르짖

고 있음이니,
23 나의 어리석고 불쌍한 백성이 '너희가
지은 죄는 너희가 갚아야 하며, 너희
가 잘못한 대가는 너희가 치러야 한
다.' 하는 나의 아들이 전하는 그것은
힘들고 어려우며,
24 그리고 너희 종교 지도자들이 가르치
는 것은 나의 아들 예수가 모든 죄를
다 대신하여 벌을 받고 심판을 받았음
이니 너희는 죄가 없다, 인간이 살아
가는 그 형태로써는 죄가 되지 아니한
다, 인간으로서 살아가며 짓는 죄는
죄가 아니기 때문에 너희가 구원을 받
고 못 받는 데는 관계없다 그리 가르
침이니,
25 그들은 거기에 '아멘, 할렐루야!' 하
며, 창조주의 사랑은 위대한 것이며
나 여호와요, 너희가 말하는 아버지의
사랑은 끝도 한도 없는 것이 아버지의
사랑이기에 너희가 아무리 인간이 짓
는 죄는 다 용서를 받으며 육으로써
짓는 죄는 죄가 아니라 그리 가르침이
니,
26 거기서 나의 아들은 육으로 짓는 죄는
너희 스스로 해결해야 하며, 육에서
해결하지 못했을 때 너희는 그 무서운
대가를 받으며 아무리 너희가 나를 찾
으며 나의 아들 예수의 보혈로써 구원
을 받았다고 울고불고 찬송하며 기도
해도 그리고 죄에 대해 속죄한다고 빌
고 빌어도 그 죄는 떠나지 아니하며
육의 죄는 육대로 남았다 하니,
27 예수가 모든 죄를 대신 지고 갔으니
너희는 죄가 없거늘, 너희 죄는 너희
가 갚아야 한다고 그리 가르치는 나의
아들을 사탄이요, 마귀요, 종말의 시
대에 나오는 거짓 선지자의 가르침이
라 그리 나의 피조물 만백성을 세뇌시
켜,
28 그들이 돌아오고자 하는 것, 그리고
진리를 깨우치고자 하는 것, 눈이 있
어 제대로 보고자 하는 것, 귀가 있어
제대로 듣고자 하는 것, 입이 있어 제
대로 전하고자 하는 그들을 식물인간
으로 만든 것이 너희임을 알아야 할
것이니,
29 거기서 식물인간으로서 너희가 살다
아무것도 모르며 그저 어리석은 백성
이 지옥으로 가는 그와 같은 삶에서
벗어나도록 그리해야 할 것이니라.
30 그리하여 내가 너희를 구원하고자 나
의 법전을 내려보내니, 내가 사랑하는
이 깊은 의미를 알라.
31 나 여호와가 너희를 사랑하기에 너희
가 짓는 죄요, 잘못된 죄요, 그 모두를
용서하는 내가 아니요, 너희 후손이
죽을 때까지 짓는 그 모든 죄를 용서
하는 나 여호와가 아니라,
32 너희가 죄를 짓지 않는 방법을 가르치
며 그와 같이 행하고 살아오는 자는
내가 나의 아들딸이요, 거듭나는 자를
내 자식이라 받아들인다는 이 하늘의
천기를 가르침의 두려움을 알라, 사랑
하는 나의 아들딸들아!

6,288 번째 하나님 말씀

2003년 5월 31일 0시 57분

1 사랑하는 나의 아들아!
2 "네, 아버님! 말씀하옵소서."

3 수많은 나의 피조물 만백성이 이 세상에 살아가면서 잘못된 종교 집단이요, 지도자의 그 이름을 걸어 놓고 그 순간부터 그들은 구원의 길이 아니요, 죽음의 길을 가 지금은 그들이 지옥에 가 그 대가를 치르고 있다면 너희는 과연 믿겠는가?

4 지금 종교 지도자 밑에서 구원을 받았다고 착각하며 자만하는 나의 백성 또한 그들이 가고 있는 그 믿음이 나의 뜻이요, 내 뜻에 순종하며 내가 역사하는 것에 그들이 따르는 것이 아니요, 나의 뜻을 거역하며 나를 능멸하는 그와 같은 행위를 하고 있는가 하면,

5 나의 아들 예수를 세상에 보내어 만백성을 구하고자 했으나 나의 아들을 그리 죽게 한 그들이 지금에 와서 그 죽음마저 매도하고 있는 그와 같은 행위를 하고 있으며,

6 나의 아들의 죽음의 그 숭고한 정신까지도 너희가 지금 사악한 방향으로 이용하며 그 모두를 매도하는 방법으로써 가르치고 있는 그와 같은 형국에 있다 하면, 과연 너희는 뭐라 말하겠는가?

7 너희는 절대 그렇지 않다 그리 말할 것이니라.

8 그러나 너희는 그것뿐만이 아니니라.

9 나의 아들 예수의 숭고한 그 죽음을 매도하는 것이 부족하여, 내가 사랑하는 백성에게 내리고자 하는 은혜요, 영광이요, 그리고 내가 너희에게 베풀어 준 이 세상의 모든 동식물을 취하며 내가 하늘에서 이루어진 것같이 이 지상에 낙원을 이루고자 하는 그 뜻까지도 너희는 더럽히는 행위며 거역하는 행위만을 하며 내 뜻에 위반하는 행위만을 하고 지금까지 나의 피조물 만백성을 구원의 길로 인도한다 하며 그를 일삼고 살아온 것이며,

10 너희가 찬송하며 경배하며 눈물 흘리며 재물을 바치며 그리고 나에게 오를 수 있는 길이라 하여 광란의 짓을 하고 있는 그 모두가 내가 이루고자 하는 것, 내가 역사하고자 하는 것, 내가 이 세상의 너희에게 베풀고 가는 그 은혜를 더럽히는 행위를 하고 그 행위만을 일삼고 살아왔다 하면, 너희는 믿지 않으려 하며 고개를 흔들 것이니라.

11 그러나 나 여호와가 보는 너희는 그와 같은 행위만 하였으며 너희는 나를 믿지 않으려 하는 것이 지금의 생각이요,

12 너희가 믿음의 길을 달려오며 나를 경배하며 나의 뜻에 거역하지 아니하고 산다는 것이 너희는 나의 뜻을 거역하며 나를 믿지 아니하며 나를 능멸하는 그와 같은 행위를 하고 지금까지 왔다는 것을 너희는 이제 알아야 할 것이니라.

13 나의 피조물 만백성이 나를 버리게 했으며 나를 믿지 않도록 했으며 나 여호와가 존재하는 것까지도 나의 피조물 만백성의 머리에서 지워지는 그와 같은 사악한 행위를 했다는 것은, 그건 근본이 아니요, 기본을 모르며 나의 뜻에 위배되는 행위로써 너희가 지금까지 행해 왔기 때문임을 알아야 할 것이니라.

14 그와 같은 너희의 사악한 행위의 근본
이 무엇이던가?
15 너희가 지은 죄는 다 나의 아들 예수
의 보혈로써 지워졌기에 너희가 어떠
한 형국이라 한다 해도 인간의 육을
가진 상태로써는 아무리 노력해도 구
원을 받지 못하며, 아무리 천사와 같
이 변하여 산다 해도 그것은 구원을
받는 데 하나도 보탬이 되지 아니하며,
16 아무리 사악하게 살아도 너희의 육이
하는 행동은 관계없음이니, 오로지 나
의 아들 예수를 믿으며 너희의 성전에
와 재물을 바치기만 하면 그 순간부터
구원을 받는다 그리 말하며,
17 너희 후손이요, 너희가 나이가 들어
늙어 죽을 때까지 사악한 죄, 살인한
죄 그 모든 극한 죄를 짓는 것도 나의
아들이 미리 다 계산되어 그와 같은
역사를 이룰 것이라 생각하여 너희의
죄를 미리 다 대신 심판받아 너희는
죄가 없고 용서받은 자라 그리 믿고
가르치는 것, 그것이 구원의 길이라
그리 말함이니, 이것이 과연 어디 있
을 수 있는 일이냐?
18 너희가 아무리 어린 자요, 우매한 자
요, 어리석은 자라도 이는 잘못된 것
이라는 것을 알 것이니라.
19 그러면서 너희는 또한 뭐라 하느냐?
20 내가 직접 불로 써 내린 나의 친필인
십계명을 지킬 수 없다고 나 여호와의
백성에게 그리 가르치며 그와 같이 세
뇌 교육시키는 것이 너희이니, 그 말
을 듣고 그리 행하는 나의 사랑하는
백성이 내가 그들에게 내려 주는 영
광이요, 은혜를 받지 못하며 저버리는
그와 같은 어리석은 삶의 길을 가고
있음이니라.
21 그들이 너희가 말하는 종교 집단이요,
지도자 앞에 가 울고불고 그와 같이
행하지 아니한다면, 그들은 나로부터
영광된 은혜요, 축복을 받을 수 있는
것이니라.
22 그러나 그와 같이 받을 수 있는 백성
까지도 너희가 끌어들여 그들이 나로
부터 받는 은혜를 받을 수 없도록 그
리 만들어 나의 사랑하는 백성을 지옥
의 낭떠러지로 밀어 넣고 있는 것이
지금 모든 종교 집단이요, 지도자요,
그리고 구원을 받았다 착각하며 울부
짖는 자, 그리고 특별히 선택된 백성
이라는 어리석은 너희가 지금까지 하
고 있는 행위이니,
23 그 행위를 몇천 년 동안 흘러왔으며
지금도 그와 같은 행위가 계속되고 있
으며 그리하여 여기서 내가 나의 아들
을 통하여 160권의 법전을 내려 이를
단죄하며 이를 단절하여 새로운 시대
를 열고자 하는 것이 나 여호와의 뜻
임을 너희는 알아야 할 것이니라.
24 너희는 나의 사랑하는 백성으로 하여
금 내가 내리는 영광의 은혜를 받을
수 있는 것까지 다 가렸으며, 그 가리
는 역할만 한 것이 지금의 종교 집단
이요, 지도자요, 나의 피조물 만백성
을 구하는 자요,
25 저희는 나 여호와의 뜻을 위해 존재하
며 나머지는 다 사탄이요, 사악한 자
라 말하는 너희의 그 말을 믿고 너희
는 악을 쓰며,
26 다른 집단이요, 다른 종교는 너희 형

제이기 전에 너희의 정적보다도 더 무
서우리만큼 학대하며 업신여기며 인
간 이하로 취급하는 그와 같은 너희
신도가 지금 이 세상에 지배하며 그들
이 이 세상을 덮게 만드는 것이 너희
임을 알아야 할 것이니라.
27 이제 나의 뜻을 거역하며 나 여호와가
약속한 것, 그리고 내가 너희에게 명
한 작은 약속도 지키지 아니하며 행하
지 아니하는 너희는 나에게 구원을 받
을 수 없으며 나의 아들딸이 아님을
알아야 할 것이니라.
28 나의 뜻의 작은 것도 거역하는 자, 내
가 너희에게 명한 것, 그리고 내가 너
희에게 이루기를 타이르는 것, 그 모
두를 행하지 아니할 때 아무것도 이루
어질 수 없음을 알라.
29 내가 너희에게 약속한 것은 하나도 이
루어지지 아니한 것이 없으며 그대로
다 역사한다 내가 나의 아들을 통하여
너희에게 전했거늘,
30 내가 친필로 직접 써 내린 십계명이
요, 내가 지금 나의 모두를 태워 나의
아들에게 내리는 이 계명이요, 새로운
성경이요, 하늘에 오르는 이 책에 기
록된 내용은 내가 약속한 것은 명확하
게 이루어진다는 것을 너희는 알아야
할 것이니라.
31 내가 약속한 것은 이루어지며,
32 나의 뜻을 거역하는 너희가 역사하는
것은 나와 관계없음을 알라.
33 이제 아무것도 이루어지지 않음을, 그
리고 너희가 나의 뜻을 따라서 나의
법전을 읽고 나의 십계명대로 살아가
지 아니하는 자는 아무것도 구할 수
없으며 이루어질 수 없으며 역사할 수
없다는 것을 알아야 할 것이니라.
34 너희가 나 여호와의 뜻에 순종하지 않
을 때 너희는 그를 용서받을 수 없으
며,
35 너희가 나의 뜻에 순종하지 않으며 너
희가 짓는 그 모든 죄는 내가 너희를
잠깐 보류해 주는 것이요,
36 내가 너희를 용서하지 아니하며 그 모
든 죄의 대가는 치러야 하며, 반드시
그 죄의 대가를 받는다고 내가 나의
법전에 기록하여 하늘의 뜻이요, 천기
를 기록하여 전했거늘,
37 너희는 어찌하여 내가 직접 내린 십계
명이요, 내가 직접 모두를 태워 마지
막 내리는 나의 이 법전까지도 무시
하며 이를 믿으려 하지 아니하며 그
내용을 따르려 하지 아니하며 내가 전
하는 그 위대함을 너희가 인정하지 않
으려 하는가?
38 그저 읽지 않는 자가 과연 무엇이던가?
39 너희가 나의 십계명을 지키지 아니하
며 따르지 아니하는 것은 너희 자신이
위대하다는 것이며, 너희가 행하고 너
희가 역사하는 것이 십계명의 그 뜻보
다 위대하다는 것이며,
40 나의 법전이 사탄이요, 사악한 마지막
시대에 내리는 것이라 그리하여 나의
법전의 뚜껑을 열지 않으며 정독하여
깨우쳐 너희 것으로 만들지 아니하는
것은,
41 나의 법전에 기록되어 있는 그 모든
내용을 너희가 다 알고 있으며, 그보
다 너희가 더 위대한 역사요, 그보다
더 위대한 길이요, 더 위대한 방법으

로써 나의 피조물 만백성을 인도할 수
있는 자라,
42 그리고 너희가 계획해서 만드는 것이
나의 법전보다도, 나 여호와가 직접
내리는 나의 성령의 뜻보다도 너희가
더 위대한 존재라는 것을 만백성에게
과시하며, 그리하여 군림하며 나의 백
성으로부터 수많은 재물과 시간과 노
동력을 착취하는 사악한 행위를 계속
하고자 하는 것이 너희이나,
43 내가 여기서 더 이상 용서하지 아니하
며 더 이상 바라보지 아니하며 그 모
두를 단죄하기 시작하였음을 알라.

6,289 번째 하나님 말씀

2003년 5월 31일 01시 06분

1 사랑하는 나의 아들아!
2 "네, 아버님! 말씀하옵소서."
3 미련한 짐승이요, 영리하지 못한 짐승
이요, 말귀를 알아듣지 못하는 짐승을
고된 훈련으로 가르쳐 놓는다면, 그
짐승은 배운 것을 더 제가 연구하여
더 행함을 하지는 못할망정, 배운 것
은 절대 잊지 아니하며 죽어도 그를
지키며 따르는 것이 미련한 짐승의 생
각이니라.
4 사람도 그러하니라.
5 부족한 자를 잘 가르쳐 놓았을 때 그
는 그를 잊지 아니하며 그를 행함이니
라.
6 머리 좋다 하여 영특한 자는 금방 배
우나 그는 바로 잊기가 쉬우니,
7 미련하고 둔한 백성이 연구하고 또 노
력 속에 그를 익혀 놓고 완벽히 배웠
을 때, 그는 정녕 영원히 지우지 아니
하며 그를 잊지 아니함이니라.
8 그러니 지금 이 세상에서 너 자신이
남에게 부끄러워 고개를 들 수 없는
그와 같은 삶을 살았으며, 불과 같은
성격이요, 분노하는 그 성격이요, 그
모든 아름다운 것을 하나도 갖지 못하
였으며,
9 모두를 놓고 점수를 매길 때 네가 그
저 가장 아래에 맴도는 점수이니,
10 네 성격이요, 네 마음이요, 네 행동함
은 가장 낮은 점수를 받는 사람이었음
이니라.
11 나이가 60이 되어 가장 낮은 점수를
받는 너를 쇠를 달구듯이 달궈 내가
가르치고 다스려 매로 다스렸을 때,
네가 그 모두를 버리고 바로 서기는
어려우나,
12 네가 그 모두를 지워 버리고 바로 서
는 그날이 되었을 때, 너는 어떠한 비
바람이요, 어떤 역경에도 그것을 지키
며, 버리지 아니하고 그 임무를 수행
할 수 있는 나의 아들이기에,
13 네가 그와 같은 나의 아들로 육성되
었기에 오늘의 네 육신의 삶을 그리
살아왔음이니라.
14 지난날의 슬프고 아팠던 추억이요, 지
난날의 가슴 아팠던 그 삶이요, 울며
통곡하며 네가 하늘을 보고 원망했던
그 모든 삶을, 이제는 나 여호와가 오
늘이 있기 위하여 역사하였음이니,
15 그를 모두 네 가슴에서 지워 버리며,
16 그를 괴로워하거나 슬퍼하지 말아야
할 것이니라, 사랑하는 나의 아들아!
17 네가 영특하며 네가 바르게 살아왔으

며 내가 너에게 가르치는 것을 네가
그 경지에 올라 쉽게 받아들였더라면,
18 너는 어렵고 힘들 때 물러설 것이며
무너지는 나의 아들이 될 것이니라.
19 그러나 네가 바닥에서부터 그 모두를
딛고 일어서며 그 모두를 어렵고 힘들
게 하나하나 취하고 목적을 달성하였
으며 역사하였음이니,
20 너는 절대 그리 무너지지 아니할 것이
며, 쉽게 포기하지 아니할 것이며, 어
떠한 환란과 난관이 와도 주저앉지 아
니할 것이니라.
21 그러니 내가 바닥에서부터 너를 다스
렸으며 너를 키웠으며, 하나하나 싸워
서 이기는 네가 변하는 그 삶을 살도
록 내가 너를 그리 훈련시켰음이니라
22 사랑하는 나의 아들아!
23 쉽게 얻은 것은 쉽게 잃으며, 쉽게 배
운 것은 쉽게 잊어버리게 되어 있음이
니라.
24 그리하여 네가 어렵고 힘든 그 버릴
수 없는 악습이요, 버릴 수 없는 지난
날의 인간관계의 그 인연이요, 살아왔
던 생활의 모든 방법을 바꾸는 데,
25 눈물로써 때로는 몸부림치며, 때로는
네가 나의 아들 예수처럼, 너 자신이
나의 아들로서 목숨을 바치고자 한 그
각오와 각오 속에서 견디고 일어나 오
늘의 네가 이리 성장하였음이니,
26 너는 절대 무너지지 아니할 것이며 쓰
러지지 않을 것이며, 오로지 앞으로
네가 역사하며 변하는 그것만이 존재
할 것이니,
27 나 여호와의 아픈 마음을 네가 이제
안다면, 지난날의 너의 삶이 오늘의
고통스럽게 변하는 것, 그리고 모두를
던지고 갈 수 있는 것, 모두를 버리고
우뚝 설 수 있는 것, 그 모두는 다 너
에게 정해진 일이며 역사할 수 있는
길이기에,
28 네가 가야 할 운명이었기 때문에, 네
가 만백성을 구하는 빛이 될 수 있기
때문에 그리하였음을 알라, 사랑하는
나의 아들아!
29 장하도다.
30 내가 너를 사랑하는 만큼 네가 아끼는
제자들의 어렵고 힘든 그 역사는 그
상을 받을 만큼 너의 제자들에게 내려
갈 것이니 그리 알라, 사랑하는 나의
아들아!

6,290 번째 하나님 말씀

2003년 5월 31일 01시 15분

1 사랑하는 나의 아들아!
2 "네, 아버님! 말씀하옵소서."
3 너희는 그리 가르치며 모든 믿음의 길
을 가는 백성이 착각 속에 빠져 있음
이니라.
4 나 여호와는 사랑의 아버지요, 사랑의
창조주이기에 너희가 죄를 짓고 또 짓
는다면 너희의 그 죄를 내가 용서해
주며,
5 또 짓는 죄 또 내가 용서해 주며 사랑
으로만이 모두를 다스린다고 말하며,
6 사랑의 하나님이기 때문에 너희가 독
생자라 하여 나의 아들 예수를 세상에
보냈다 하며, 그리하여 예수가 죽음으
로써 너희가 받아야 할 심판이요, 그
모든 죄의 대가를 치렀다 말함이니,

7 너희가 정녕 나를 얼마나 우롱하며 나
를 기만하는 것이며 나를 욕되게 하는
행위인 줄 알겠는가?
8 내가 어찌하여 나의 아들을 보내어 너
희의 모든 죄를 미리 다 대속하여 심
판을 받았다 하여, 너희가 사악한 행
동으로 살아가도 그건 죄가 되지 아니
한다 그리 가르치는가?
9 그게 바로 무엇이더냐?
10 아담과 이브에게 선악과를 따 먹게 하
여 너희의 눈을 뜨게 하여 부끄러움을
알며 너희 형체를 보도록 하여 육신의
욕심을 버리지 못하고 지금까지 살아
오도록 만든 그 사탄의 후예요, 그 제
자요, 그 백성이 되어 있다는 것을 너
희는 알아야 할 것이니라.
11 너희는 여기서 하늘의 뜻의 무서움을
알라.
12 너희는 사랑의 아버지이기 때문에 너
희가 죄를 짓고 또 지으면 그때마다
용서해 주고 또 용서해 주는 나 여호
와라 그리 말하나,
13 나 여호와는 너희가 지은 죄를 절대
용서해 주지 아니하며 용서하지 아니
함이니라.
14 너희가 나에게 와 심판을 받아 나로부
터 죄의 용서함을 받았을 때는 깨끗해
지며 너희가 죄가 없는 백성이니라.
15 그러니 너희는 죄를 짓고 살아온 대가
는 너희가 반드시 나에게 심판을 받게
되며 치러야 한다는 엄연한 사실을,
이는 너희가 벗어날 수 없으며 돌이킬
수 없으며 던져 버릴 수도 없으며 도
망갈 수 없음이니라.
16 너희가 세상에 살다 죽음의 문턱을 넘
지 아니하는 자가 없듯이 누구도 그
문턱을 넘지 않을 수 없는 것처럼,
17 거기에는 가진 자, 부귀영화를 누린
자, 너희 인간 세상에서 말하는 배경
이요, 돈이요, 권력이요, 그 아무것도
소용이 없으며 무가치한 것이요, 누구
든 죽음의 문턱을 넘는 순간에 이루어
지는 변화의 역사라는 것을 알라.
18 그와 같이 너희가 한 그 모든 것은 용
서받지 못하며, 그 죄의 대가를 치르
는 것이 그보다 더 엄연한 사실이라는
것, 너희를 심판하는 그날까지 나는
절대 너희에게 지워 주며 용서해 주지
아니함이니라.
19 이 무서운 것을 너희는 알라.
20 너희는 반드시 그 대가를 어떤 방법으
로든 치러야 할 것이며,
21 그 대가로 파생되는 두렵고 무서운 환
경이요, 그 현실은 너희가 만든 것이
라는 것을 알아야 할 것이니라.
22 이와 같은 하늘의 뜻을 너희가 모르고
있기 때문에, 너희가 용서를 받았으며
구원을 받았으며 죄가 없는 자라 그리
말하느니라.
23 그리하여 너희는 살다 죽으면 천국에
자연스럽게 올 수 있다 그리 말하느니
라.
24 그러나 지금 나의 명을 받아 세상에
나가 만백성을 구하며 목자로서 내려
간 나의 아들도 그가 잘못 살아온 것
이요, 잘못 가며 잘못 깨달으며, 그 악
습 하나를 버리기 위하여 그가 목숨이
죽은 자처럼 모든 고통스럽고 힘든 그
싸움으로써 일관하며 지금 가고 있거
늘,

25 어찌하여 너희의 모든 죄의 대가를 그
리 쉽게 털어 버릴 수 있으며 용서받
을 수 있다고 생각하는가?
26 나 여호와가 너희를 용서한다 해도 그
대가는 반드시 너희가 치러야 한다는
것, 절대 그를 치르지 아니하면 아니
된다는 것을 잊지 말라.
27 너희의 모든 것을 지워 버리고 싶으며
용서받고 싶으며 용서받는 그와 같은
삶을 살아가고자 하는 것은 너희의 소
망이요, 너희의 바람이요, 너희의 욕
심이니라.
28 아무리 그리한다 해도 그는 그리되지
아니한다는 것을 알라.
29 내가 너희를 모두 용서해 준다 해도
그는 절대 용서할 수 없다는 것을 알
아야 할 것이며, 용서되지 아니한다는
것을 알라.
30 기다리는 용서, 너희를 내가 잠시 기
다려 주는 용서요, 너희에게 보류하는
용서는 내가 허용하며 그를 이루어 줌
이니라.
31 그는 너희가 해야 할 일이 있으며 역
사할 것이 있으며 책무가 있기 때문
에, 그를 이루기 위하여 내가 잠시 너
희를 기다려 주며 용서를 허용해 주고
있다는 것을 알라.
32 그러니 너희의 그 모두가 끝났을 때,
나에게 심판을 받는 그날만이 너희의
그 모든 죄의 대가가 치러지며 반드시
그는 역사한다는 그 무서움과 두려움
을 알라.
33 너희의 오늘의 육의 삶을 위하여 너
희를 기다리는 용서는 내가 이루어 줄
수 있으며 너희에게 베풀어 주나,
34 그 지은 죄의 대가는 절대 내가 완벽
히 너희를 용서해 주지 아니한다는
것, 나에게 와 심판을 받는 그때만이
이루어진다는 것,
35 그리하여 그 안에는 절대 지워질 수
없으며 너희에게서 떠날 수 없으며
너희에게서 그 죄가 물러나며 없어질
수 없다는 것을 알라.
36 이 무서운 하늘의 이치를 깨닫지 못한
다면, 내가 법전에 기록하여 전하는
것도 너희가 이를 깨닫지 못한다면,
아무도 나에게 오를 수 없으며 용서를
받을 수 없다는 것을 알라.
37 너희가 반복해서 짓는 죄, 반복하는
그 잘못된 것, 반복한 사악한 짓, 그리
고 너희가 스스로 그 지은 죄를 어찌
하여 나의 아들 예수가 다 용서해 주
며 그 대가의 심판을 받았다 그리 말
하는가?
38 나의 백성에게 너희가 무섭게 잘못
가르치며,
39 그들이 미래에 어떠한 길로 가며 구원
이요, 지옥이요, 천국이요, 이와 같은
그 갈림길에서 나의 피조물 만백성이
하늘에 오르는 영광된 길을 보지 못하
도록 하며 지옥행으로 가도록 그들을
몰아가며 그들을 인도하며 이끌어 가
는 자들이니,
40 너희가 한 사람의 생명을 죽이게 하는
것도 그 죄가 무섭거늘,
41 나의 피조물 만백성을 영원히 지옥으
로 가는 그 죽음의 길로 인도하는 종
교 집단이요, 지도자 너희가 얼마나
무섭고 간악한 그 대가를 치르는가를
너희가 나에게 왔을 때 알게 됨이니,

그때는 때가 늦음이니라.
42 그러니 내가 나의 아들을 통하여 법전
에 기록하여 전하는 내용을 너희가
먼저 읽을 것이며 먼저 정독하여 이를
들여다보면 너희 눈이 열리고 귀가
열릴 것이니라.
43 그 기회를 놓치는 자, 그 기회를 잡지
못하는 자는 그것이 너희가 얼마나 통
곡할 일인가를 머지않아 알게 될 날이
있음이니 그리 알라.

6,291 번째 하나님 말씀

2003년 5월 31일 01시 28분

1 사랑하는 나의 아들아!
2 "네, 아버님! 말씀하옵소서."
3 너희는 모두 잘못 살아온 지난날의 그
과거요, 잘못한 행동, 그리고 남에게
부끄러운 삶을 산 그 모든 과거를, 그
과거 속으로 되돌아갈 수만 있다 하
면, 다시 과거 속으로 돌아가 다시 삶
을 산다 하면 너희는 절대 지금과 같
은 삶을 살지 않겠다는 그 각오요, 그
와 같은 것이 소원일 것이니라.
4 그러나 결코 그는 이루어질 수 없으며
되돌아갈 수 없는 것이니라.
5 너희의 삶을 되돌려만 준다면, 과거로
갈 수만 있다 하면, 과거의 그 삶을 정
녕 두 번 다시는 그와 같은 삶을 살지
아니하며,
6 기억하기도 싫은 그 지난날의 삶을 취
소할 수 있으며 그를 돌이킬 수만 있
으며 지워 버릴 수만 있다 하면, 너희
는 어떠한 길이라도 가고자 하는 것이
너희 심정이 아니던가?
7 너희는 지난날의 지워 버리고 싶고
취소하고 싶고 생각하고 싶지 않은
그 너희의 과거의 삶을 후회하는 심정
을 나는 알고 있음이니라.
8 그리고 너희가 지난날의 삶의 그 모두
를 생각조차도 끔찍한 삶의 그 역사를
다 지워 버릴 수 있으며 너희 머리에
서 두 번 다시 생각나지 아니하며 그
로써 죄의 대가를 치르지 아니할 수
만 있다 하면, 그리고 너희가 그 지난
날의 삶을 되돌아가 아름답게 변화시
킬 수만 있다면,
9 지금 너희가 가지고 있는 그 모두를
다 바친다 해도 주저하지 아니할 것이
니라.
10 모두를 다 바쳐 너희가 돌아만 갈 수
있으면, 다시 어린 시절의 삶을 시작
하여 살 수만 있다 하면 천사와 같은
삶을 살겠다 지금 너희는 마음속으로
굳게 다짐하고 몸부림칠 것이니라.
11 지난날의 잘못 살아온 그 죄가 두렵고
무서워 너희는 마음이 편할 날이 없음
이니,
12 과거로 돌아가 그 모두를 지워 버리고
살 수만 있다면 너희는 천사와 같은
삶을 살겠다 수없이 다짐할 것이니라.
13 그리고 그 약속을 하지 아니할 자가
없을 것이니라.
14 그러나 이는 다시 돌아갈 수 없는 엄
연한 사실이며 지워 버리고자 하는 그
지난날 역사의 잘못 살아온 그 모두를
지울 수가 없는 것이 너희이니라.
15 영원히 너희는 되돌아갈 수가 없으며
아무리 지우려 해도 지워질 수 없으며
지워질 수 없는 죄지은 것은 너희가

행하여 지워질 수 없는 그 죄들이요,
16 그리고 지워지고 싶은 그 죄만큼 열배
백배 아름답게 삶을 사는 것만이 지울
수 있는 길이며,
17 지워질 수 없는 잘못된 삶을 너희 머
릿속에서 지운다 하는 것은 아름답게
사는 삶으로써 너희가 변하는 것밖에
없음이니라.
18 너희가 지난날의 과거를 다 지우고 아
름답게 살며 잘못된 삶을 다 지워 아
름답게 변한다 해도, 너희가 죄의 대
가를 치르는 것에서 벗어나는 것은 절
대 아님이니라.
19 너희가 선하고 아름답게 삶을 살면 그
상이 있으며 잘못된 삶은 그 대가를
치르지 않을 수 없다는 그 의미를 알
며 이게 하늘의 법도라는 것을 알아야
할 것이니라.
20 지난날의 과거로 돌아갈 수 있기를 바
라며 얼마나 몸부림치는 백성이 있겠
는가?
21 노아의 방주의 그 환란 속에 그들이
그를 듣지 아니하며 그를 믿지 아니하
여 그 죽음에서 허덕일 때 얼마나 후
회를 했을 것이며,
22 너희가 그 노아의 방주를 만들던, 너
희가 시집 장가 가며 향락에 즐거운
삶을 살 수 있는 그 순간으로 돌아갈
수 있다면, 너희는 그와 같이 노아의
방주를 만들 것이며 그를 믿을 것이며
그 배를 타는 데 너희가 최선을 다할
것이라 후회하지 않는 백성이 없을 것
이니라.
23 그러나 너희가 그리 후회해도 잠시도
그 과거로 돌아갈 수 없으며, 너희가
손으로 보며 만질 수 있으며 생각에서
지워지지 않는 그 짧은 과거로 돌이킬
수 없는 것이 너희가 돌아갈 수 없는
삶이니라.
24 예수가 그를 따르던 제자들이요, 그
예수를 팔았던 가룟 유다가 아무리
후회를 하며, 제가 다시 한 번 기회가
있다면 그와 같은 사악한 짓은 하지
아니한다 해도, 그 모두는 되돌릴 수
없으며 돌아갈 수 없는 것이니라.
25 그와 마찬가지니라.
26 너희가 돌아갈 수 없는 과거처럼, 너
희가 돌아갈 수 없는 그 역사처럼, 너
희가 과거에 지은 죄는 지워지지 아니
하며 그와 마찬가지로 그 죄들은 똑같
이 존재함을 알라.
27 그를 지울 수 있는 것은 너희가 오늘
의 삶을 얼마나 천사와 같은 삶을 사
느냐 그것만이 지울 수 있다는 것을
내가 다시 한 번 너희에게 강조함이
니, 깊이 깨우쳐 행하도록 그리해야
할 것이니라.
28 너희가 지워지지 아니하며 용서받을
수 없다는 그 과거, 뒤를 돌아다보며
소금 기둥이 된다 해도 그를 듣지 아
니하며 뒤를 돌아다봐 소금 기둥으로
된 그 여인이 과거로 돌아갈 수 있으
며 몇 분 전의 과거로 돌아갈 수 있다
면, 과거로 돌아갈 기회를 준다면 그
는 과연 뒤를 돌아다보겠는가?
29 그는 그 말을 듣지 아니하며 뒤를 돌
아다보았음이니,
30 그리하여 그와 같이 제가 소금 기둥이
된 그 여인이 소금 기둥이 되지 아니
할 수 있는 그 과거로 돌아가고자 아

무리 발버둥치고 애원한다 해도 그리
돌아갈 수 없지 않던가?
31 돌아갈 수 있다면 그는 과연 소금 기
둥이 되겠느냐?
32 되지 아니하였을 것이니라.
33 되지 않기 위하여 그는 그 용서를 받
기 위하여 과거로 돌아가고 싶어도 갈
수 없듯이, 아무리 발버둥쳐도 돌아갈
수 없는 것이 너희 운명인 것이니라.
34 그러니 너희는 여기서 깨우쳐야 함을
알라.
35 과거로 돌아가 그 죄의 잘못된 것을
순종하며 죄짓지 않고 살고자 발버둥
치는 것, 그는 다 다시 돌아올 수 없는
것이니라.
36 너희가 지은 죄는 아무리 지워 버리려
한다 해도 그는 지울 수 없으며 그 대
가를 치른다는 것, 너희가 오늘의 삶
을 바로 사는 것만이 그 모두를 지워
버릴 수 있으며 구원받을 수 있다는
것을 깨우치며,
37 다만, 너희가 오늘의 삶을 바로 사는
것만이 너희가 그를 후회하지 아니하
며 그 길에서 벗어남이요, 그를 지워
버릴 수 있으며,
38 나에게 와 심판을 받을 때, 그 죄목이
무거운 것으로써 사악한 죄의 무게가
밑으로 내려가 너희가 선한 것이 위
로 올라감이니,
39 이와 같은 그 무게를 달 때 죄의 무거
움을 덜어 버릴 수 있는 것은 그보다
열배 백배 피나는 노력으로써 나의 뜻
에 순종하며 나의 법전을 가슴에 안고
정독하여 내가 불로 써 내린 친필인
그 십계명이요, 이 모두를 지키고 가
는 오늘의 삶을 바로 사는 길밖에 없
음을 알라.

6,292 번째 하나님 말씀

2003년 5월 31일 08시 20분

1 사랑하는 나의 아들아!
2 "네, 아버님! 말씀하옵소서."
3 네가 바라고 소원하는 것이 무엇이던
가?
4 이 세상에서 가장 깨끗한 자요, 이 세
상에서 하늘을 향하여 한 점의 부끄럼
이 없는 삶을 살고자 하는 것이 네가
아니던가?
5 이제 한 발짝만 더 디뎌라.
6 네가 이제 걸음마를 시작하였으니 조
금만 더 걷기 시작하면 너 스스로 완
벽히 걸을 수 있으며 뛰어올 수 있음
이니라.
7 이 세상에 많은 백성이요, 수억의 인
구의 나의 백성이 이 세상에 살아가
다 지워지며 그리고 많은 종교 지도자
요, 집단들이요, 그리고 모든 백성이
세상에 다 존재함이니라.
8 그 나름대로 훌륭하며 그 나름대로 역
사하며 저보다 더 위대한 자 없다 그
들이 말하나,
9 모든 백성은 지금까지 살아오는 그
삶이 저 자신을 위한 삶이며 저 자신
의 육을 위하며 저 자신만을 위한 삶
을 살다가 그들이 하늘의 이치요, 하
늘의 뜻을 모르고 살다 간 백성이 아
니더냐?
10 그러나 너는 지금 하늘의 뜻이요, 나
의 뜻이요, 내가 이루고자 하는 그 역

사를 역사하고자 가고 있지 않으냐?
11 그것을 백성이 모르고 살았음이니라.
12 남을 위해서 삶이요, 하늘을 위해 삶
이요, 창조주 나 여호와가 세상에 너
희를 내려보냈으니, 내려보낸 이의 뜻
에 산다는 것을 너희는 모르고 있음
이니라.
13 너희는 오로지 창조주의 은혜에 감사
하며 그 뜻에 살며 내가 원하는 삶을
산다고 그리 말하며 그리 역사하고 있
다 하나,
14 너희는 지금까지 그와 같은 삶을 산
것이 아니요, 육의 삶을 위해서 살았
으며, 저 자신이요, 저 자신만을 위한
삶을 살다 그 짧은 인생을 마치고 나
에게 와 심판을 받음이니,
15 아무것도 너희 손에 남는 것이 없으
며 쥐어지는 것이 없음이요, 무겁고
가벼움이 없음이니,
16 선하고 악함을 다룰 때 너희는 선함
의 무게가 없었음을 알아야 할 것이
니라.
17 그러나 너는 나의 아들로서 지금 인
간 세상에 살아가 모든 백성과 같이
60이라는 인생의 삶이었으며 거의 인
생의 삶을 다 살아온 지금에,
18 나의 뜻에 따라 나를 위하는 삶이요,
보내준 창조주 아버지에 대해 그 은혜
요, 감사함을 알며 그 뜻이 무엇인가
를 알며 그 뜻을 알아 효자로서 살아
가고자 하는 너는 지금 누구도 생각할
수 없을 만큼 그 길을 가고 있으며 너
처럼 변하여 갈 수 있는 자가 없음을
알아야 할 것이니라.
19 네가 지금 가고자 하는 그 마음이요,
하늘을 향하여 한 점의 부끄럼이 없는
삶이요,
20 누가 너를 보든 보지 아니하든 흔들림
이 아니요,
21 보지 않는 곳에서 남들이 너를 감시하
지 않는 곳에서 너 자신이 더 바르게
살아가고자 오늘의 변하는 모습은 갓
걸음마를 하는 어린아이가 엄마가 손
뼉 치는 곳을 향해 달려가고 싶은 마
음이요, 그 엄마를 향해서 뒤뚱뒤뚱
쓰러질 듯 쓰러질 듯하며 걸어가는 아
이의 모습과 같음이니라.
22 이제 머지않아 네가 바로 설 수 있으
며 달릴 수 있음이니,
23 이 세상의 모든 백성 중에 네가 나를
향하여 내 뜻에 따라 이 세상에서 가
장 깨끗한 자요, 지상의 천사와 같은
사람으로 살고자 하는 그 마음이 이제
는 뿌리를 내려 가고 있으며, 그 길을
달리고 있음이니,
24 계속 좀 더 노력하라.
25 조금만 더 걸으라.
26 조금만 더 중심을 잃지 말고 그리 가
라.
27 그러면 네가 말하는 이 세상에서 가장
진실한 자요, 한 점의 부끄럼이 없는
자요,
28 모든 백성이 종교 지도자에게 속아서
울며, 성인이라는 자들에게 속아서 울
며, 스승으로부터 속아서 울며, 그와
같이 너희가 믿었던 자에게 속아서
울며,
29 그리하여 믿을 자가 없으며, 의지할
자가 없으며, 속을 줄 자가 없으며 진
실한 자를 볼 수 없는 그 백성에게 네

가 촛불이 되며 등불이 되어야 할 것
이니,
30 머지않아 네가 그리 갈 것이니 그대로
달려가도록 하라, 사랑하는 나의 아들
아!
31 내가 너를 사랑함이니라.
32 내가 너를 사랑하는 만큼, 네가 한 점
의 부끄럼이 없이 살아가는 만큼 너를
따르는 모든 제자에게 그 상이 내릴
것이며,
33 너를 기억하는 모든 백성에게 상이
내려감을 다시 너에게 이리 강조함이
니 그리 알라, 사랑하는 나의 아들아!

6,293 번째 하나님 말씀

2003년 5월 31일 23시 12분

1 사랑하는 나의 아들아!
2 "네, 아버님! 말씀하옵소서."
3 이제 내가 제3의 시대요, 마지막 시대
를 열며 나의 피조물 만백성을 심판하
는 그 기준의 법전을 세상에 내려보내
며, 지금 이 동양의 작은 나라의 언어
요, 문자로써 이 모두가 역사함이니,
4 너희가 얼마나 선택된 백성이요, 영광
된 것인가를 그것부터 너희 백성이 먼
저 깨닫는 그와 같은 교육이요, 역사
함을 이루어 나가기 시작해야 할 것
이니라.
5 나의 법전이 160권으로서, 나 여호와
창조주가 새로운 성경의 뜻을 세상에
전함이니,
6 이것이 이 작은 동양의 나라요, 선택
된 백성에게 내가 나의 성령을 지금
너희의 문화와 글로써 세상에 내려보
내니,
7 이 모두가 얼마나 위대한 것이며 축복
받고 영광된 것인가를 그것을 그 백
성에게 먼저 깨우쳐 주어야 함을 너
희는 잊지 말라.
8 이제 너희가 나의 법전을 전함으로써
모든 역사를 하고자 하나,
9 모든 종교 집단이요, 그 지도자들이
가지고 있는 그 재물이요, 그 조직이
요, 그 능력이 너희는 감히 대적할 수
없으며 그들과 견주어 말할 수 없으며
그들과 힘으로 견주어 갈 수 없는 것
이니라.
10 그러니 이제 그 믿음에 그들은 세뇌되
어 그를 무너트릴 수 없으며 깨질 수
도 없으며 변화될 수도 없는 것이니라.
11 2천 년 전에 나의 피조물 만백성의 그
온화한 성격이요, 지금 너희같이 사악
하지 않은 그 백성도 나의 아들을 통
하여 나의 뜻이요, 내가 역사하는 참
진리를 가르치는 것을 그들의 기득권
때문에 거부했듯이,
12 그 백성보다도 더 사악한 지금의 백성
이 그를 받아들이고 이해하고 제 것으
로 깨우쳐 하늘에 오르는 길을 보고자
하는 것은 기대할 수 없음이니라.
13 그러니 너희는 나의 법전을 세상에 전
하는 것을 최선을 다하는 것이 아니라,
14 내가 나의 법전이 세상에 전해지는 것
은 이 동양의 작은 나라의 백성이 선
택된 것이며, 선택된 백성이 미래에
어떠한 영광이 있으며 어떠한 역사가
이루어지는지 그것을 먼저 전하며 그
와 같이 나의 법전을 전하도록 그리하
라.

15 그와 같이 동양의 작은 나라에서 창
조주 나 여호와의 뜻이 너희의 글과
문자로써 너희에게 은혜와 영광이 내
려진다는 것,
16 그리고 동양의 작은 나라의 백성이
고통으로부터 벗어날 수 있는 그와 같
은 은혜를 입은 것,
17 그것을 너희가 서서히 전하도록 그리
하라.
18 네 이웃에게 전하며 너희 형제에게
그 역사함을 전할 때, 그들이 그것을
듣고 깨우치는 것이 나의 법전을 읽고
깨우치는 것보다 훨씬 먼저 깨우칠 수
있음을 알라.
19 지금의 모든 종교 집단이요, 종파들은
그 방대한 조직은 방대한 조직대로 그
들이 선택된 자요, 위대한 자요, 나로
부터 뜻을 받아 역사하는 자라 그리
착각 속에 지금 세뇌되어 있으며,
20 그렇지 못한 지금 종교 집단이요, 깨
달았다는 자들이 이 세상에 수없이 탄
생하며 군소의 모든 종교의 이름을 걸
고 그들이 지금 독버섯처럼 일어나고
있음이니,
21 그들이 사악한 짓을 하는 것, 그들이
인간으로서는 할 수 없는 짓을 하는
것을 보며 나를 믿고자 하는 백성까지
도 그를 등 돌리게 하며,
22 사이비 집단이요, 사악한 집단들이 육
의 생활을 위하여, 육의 안락을 위하
여 인간의 생명을 생명같이 생각하지
아니하며, 그리고 흉악한 짓, 계명을
어기는 짓을 하며,
23 어기는 것이 무엇이며 죄가 무엇인지
도 모르는 그와 같은 자들의 잘못되는
것이 세상에 비침이니,
24 그게 사이비 종교 집단이요, 그리하여
사이비 종교 집단에 몸담는 자는 인생
을 망치며 모두를 다 망치는 것이라
하니,
25 지금 나의 아들 네가 나의 법전을 가
지고 그들을 깨우치고 가르치는 것도
또한 그들이 볼 때는 사이비 집단이
요, 새로운 하나의 잠깐 떠들다 없어
질 만한 그 사이비 종교 집단이요, 교
주가 세상에 내려와 세상을 혼란케 한
다 그와 같이 가르치는 종교 지도자들
의 그 말을 맞출 것이며,
26 그리고 그렇지 아니하고 사이비 종교
집단이라 하여 독버섯같이 이 세상에
왔다가 많은 백성에게 고통을 주며 남
들로부터 도저히 용서할 수 없는 짓을
하고 간 자들, 수많은 자들이 그와 같
은 짓을 해왔음이니,
27 지금 내가 160권의 법전을 너를 통하
여 세상에 내려보내며 새로운 나의 뜻
이요, 성령이 세상에 내려왔다 하여도
그들의 종교 집단을 지키기 위하여 또
한 그들이 지금까지 잘못해 온 그 독
버섯 같은 사이비라는 종교 집단의 형
태와 무엇이 다른가 하는 그와 같은
선입견이요, 그 생각에서 그들이 깨어
나지 못하기에 나의 법전의 위대함을
모르느니라.
28 그러니 나의 법전이 만백성을 구하는
그 역사가 동양의 작은 나라요, 너희
의 문화와 너희의 문자로써 세상에 전
해짐이니 세상의 공통어가 될 것이며,
29 선택된 백성 너희는 고통과 시련을 다
내가 거둬들일 수 있는 그 축복받은

영광된 백성으로서 선택되었다는 것
을 먼저 그들에게 전파하고 깨우쳐 전
하도록 그리하라.
30 그러다 보면 나의 법전은 서서히 빛을
보게 될 것이며, 모든 동양의 작은 나
라의 백성이 하나의 힘이 이루어짐이
니,
31 지금 이단이요, 사탄이라 말하는 자,
그리고 진정한 진리를 모르는 자,
32 진리가 아닌 믿음의 길을 가는 자들이
사악한 행위를 하기에 지금의 믿음을
찾지 않는 자, 믿음을 믿지 않는 그 백
성들에게 그들의 마음에 불을 지피는
계기가 될 것이니,
33 160권의 법전이 소중하고 위대함이요,
34 그리고 160권의 법전이 동양의 작은
나라의 언어로 세상을 덮었을 때, 너
희에게 이루어지는 그 위대한 역사의
축복의 은혜가 무엇인가를 그 백성들
에게 눈을 뜨도록 하며 가르치도록 하
라.
35 그러면 그들이 나의 법전을 접하는 그
역사의 변화가 이루어질 것이니라.

6,294 번째 하나님 말씀

2003년 5월 31일 23시 20분

1 사랑하는 나의 아들아!
2 "네, 아버님! 말씀하옵소서."
3 이 동양의 작은 나라의 언어요, 문자
로 나의 뜻이요, 나의 새로운 성경이
세상에 나오니,
4 그 축복받은 백성이 이 새로운 성경으
로 하여금 새로운 법전으로 하여금 얼
마만큼 위대한 영광과 축복이 너희에
게 내려지는 것인가를 먼저 홍보하고
전하도록 그리하라.
5 위에서 물이 흐르듯이 그와 같은 말이
전해졌을 때 많은 백성이 나의 법전을
읽게 될 것이며 나의 법전을 접하고자
할 것이니 그리 알라.
6 그러니 너희가 그와 같은 역사로써 나
의 법전을 전하는 그 행위를 시작하라
함이며, 행동으로 임하라 내가 함이니
이제 때가 되었음을 알라.
7 이제 나의 법전이 세상에 나오는 것은
이 동양의 작은 나라의 백성이 얼마나
큰 은혜와 영광을 받는 것인가?
8 구원도 좋으며 하늘에 오르는 길도 좋
으나, 너희가 시달리고 어려운 그 모
든 것에서 구원해 주는 그 역사부터
시작한다는 그것으로써 나 여호와의
뜻이라는 것, 그리고 내가 선택한 백
성에게 내리는 사랑이요, 영광이라는
것을 먼저 홍보하고 가르치라 하였음
이니 그리 행하도록 하라.
9 사랑하는 나의 아들아!
10 "네, 아버님! 말씀하옵소서."
11 지금의 모든 백성이요, 믿음의 길을
가는 종교 집단이요, 지도자요, 그리
고 구원을 받았다는 신도라는 백성,
그들은 나의 뜻에 의하여 이 세상에
존재하며 역사한 것이 아니라, 저희
자신을 위한 믿음이요, 그 속에 살아
가는 데 연연하는 삶을 살았음이니,
거기에 사랑이 없으며 나눔이 없었음
을 알아야 할 것이니라.
12 그러면서 너희는 하늘에 오르는 길이
라 하여 그것이 수없는 죄를 짓고 살
아오고 있음이니 이를 너희가 무서운

줄을 모르느니라.
13 그러면서 죄를 지은 자 너희가 손으
로 지은 교회라는 곳에 가 눈물을 흘
리며, 성당에 가 눈물을 흘리며 너희
가 지은 성막이요, 회당에 가서 눈물
흘리고 회개하면 그 죄가 다 포도 송
이가 떨어지는 것처럼 다 익어 떨어지
는 과일처럼 때가 되면 떨어지는 것처
럼 그리 착각하는 그 백성의 가슴에
너희가 경종을 울려 줘야 할 것이니
라.
14 너희가 살아오면서 지은 죄는 아무리
울고불고해도 너희에게서 떨어지지
아니한다는 것,
15 그 대가는 나로부터 심판을 받으며 나
로부터 심판의 결정이 났을 때만이 너
희가 그 죄의 대가를 치르며,
16 그 명을 받았을 때, 너희가 나에게 오
르는 자요, 지옥으로 가는 자요, 너희
가 지은 죄의 대가는 그 점수가 나왔
을 때 그 모두가 용서되며 그 모두가
지워진다는 것을 그들에게 전하라.
17 너희가 울고 비는 것으로써, 나에게
심판을 받지 아니하고는, 절대 지워지
지 못한다는 것을 다시 한 번 그들의
가슴에 전해 주도록 그리하라.
18 너희가 아무리 죄에 대한 용서를 빌
고 울고불고 통곡하며 재물을 다 바쳐
역사하고자 하며, 그를 하늘에 쌓아
놓는다 하여 하늘에 바쳐 쌓아 놓는
행위를 한다 해도,
19 어떠한 행위든 너희가 나에게 심판을
받기 전까지는 그 죄가 해결되지 아
니한다는 것을 그들의 가슴에 깊이
심어 주며, 이 두려운 하늘의 뜻을 가
르치도록 그리하라.
20 나 여호와에 의한 심판의 결과가 나오
기 전까지 너희는 용서되지 않는다는
것, 심판을 통과해야 한다는 것, 심판
을 통과해야만 너희 죄가 떨어진다는
것을 그들에게 전하라.
21 그리하여 아담과 이브는 죄의 대가를
치렀으며 뱀에 대한 죄의 심판을 또
내가 내리지 아니하였던가?
22 너희는 아담과 이브가 선악과를 따먹
은 그들의 죄의 대가를 그들에게 치르
게 하였으며, 그를 따 먹도록 한 뱀에
대한 그 심판을 내가 내려 그들에게
벌을 내렸듯이,
23 그와 같이 내가 심판을 내리지 아니하
는 동안은 너희의 죄가 떨어지지 아
니하며 벗어지지 않는다는 것을 알라.
24 그러니 심판을 받음이 얼마나 소중한
것이며, 너희가 심판을 받을 때까지
사는 것이 모든 것의 구원이요, 지옥
으로 가는 그 갈림길에 역사한다는 것
을, 이것을 너희가 무서운 줄을 알아
야 할 것이니 그리 알라.
25 너희는 지금 모두가 다 그리 말하느니
라.
26 원죄에 의해서 너희가 용서를 빌어야
하며 원죄에 의해서 너희가 죄를 빌
며 교회에 가 재물을 바치며 헌금을
바치며 그 모든 역사를 이룬다고 말하
느니라.
27 그러나 그와 같은 것으로써 너희가 이
루어짐이 아님을 알라.
28 너희가 나로부터 심판을 받으러 옴으
로 인하여 모두가 구분된다는 것, 그
와 같은 나의 뜻을 가슴 깊이 새기도

록 그리하라.
29 그러니 너희가 지금 가고 있는 것이
얼마나 잘못되어 있는가 그를 스스로
너희가 알아야 할 것이니라.
30 너희는 뭐라 말하느냐?
31 그리 말하느니라.
32 원죄가 있다 말하면서 또한 한편에서
는 나의 아들 예수가 너희의 죄를 대
신하여 그 죄의 심판을 받았으니 너희
는 깨끗한 자요, 죄가 없는 자라 지금
그리 말하고 가르치는 것이니,
33 너희는 뿌리가 없으며, 근거가 없으며,
34 무엇으로써 나의 뜻을 전하는 것이며
무엇으로써 내 뜻을 알며 어찌하여
너희가 나의 피조물 만백성을 감히
구원한다고 말하는가?
35 아담과 이브가 지은 죄로 너희에게
원죄가 있다며, 또한 한편으로 나의
아들 예수가 모든 죄를 다 용서해 주
었으니 그 은혜에 보답하는 삶을 살라
함이니,
36 나의 아들 예수가 죽음으로써 심판을
다 받아 용서했다면 너희가 원죄가
있다 한들 그것을 용서하지 아니하였
겠는가?
37 이것이 너희의 오늘의 믿음의 실태요,
나의 사랑하는 백성을 구원한다고 가
르치는 자들이니, 얼마나 너희가 이기
적인 자들이며 얼마나 욕심이 그득 찬
자들인가?
38 이것이 너희가 하는 죄임을 알아야
할 것이니라.
39 그러니 내가 다시 한 번 너희에게 전
함이니라.
40 너희가 지은 죄의 대가는 너희가 반
드시 치르며 그 대가를 받는다는 것,
그것은 바로 내가 심판할 때 너희에게
그 죄목이 떨어짐이니,
41 그때만이 너희의 모든 죄가 너희에게
서 떨어진다는 것을 잊지 말라, 사랑
하는 나의 아들딸들아!

6,295 번째 하나님 말씀

2003년 5월 31일 23시 31분

1 사랑하는 나의 아들아!
2 "네, 아버님! 말씀하옵소서."
3 이 세상에 사랑하는 나의 피조물 만백
성 너희가 태어나서 늙어 죽을 때까
지 어떠한 험악한 죄를 짓는다 해도
그 모든 죄는 나 여호와가 미리 알고
있었기에 2천 년 전에 나의 아들 예수
를 대신 심판을 받게 하여 그가 피 흘
려 죽음으로써 너희의 죄를 다 대속
받아 너희는 깨끗한 백성이라 그리
말하는 것이 누구던가?
4 종교 집단이요, 지도자요, 그리고 구
원을 받았다는 착각 속에 살아가는 믿
음의 길을 가는 백성 너희가 하는 소
리이니라.
5 과연 너희가 그리 이루어졌다 생각하
며 그와 같이 이루어질 수 있다고 생
각할 수 있는가?
6 너희가 늙어 죽을 때까지 후손이요,
또 그 후손이 죽을 때까지 그들이 짓
는 죄를 다 나 여호와가 미리 알고 있
었기에,
7 내가 그 죄를 용서해 주기 위하여 나
의 아들을 2천 년 전에 세상에 내려보
내 그를 죽도록 하여서 한 방울의 피

까지 다 마르게 하는 그 고통 속에서
그것이 바로 너희 죄를 대신 짊어졌
으며, 너희 후손이요, 후손의 그 아들
딸들의 그 죄까지도 다 내 아들이 대
신 짊어지고 세상에서 살다 죄를 안고
왔다 그리 말함이니,
8 과연 그것이 있을 수 있으며 그와 같
은 일이 역사할 수 있다고 생각하는
가?
9 너희는 그와 같이 어리석은 자들이니
라.
10 너희가 지은 죄의 받을 그 대가를 2천
년 전 나의 아들을 미리 태어나도록
하여 내가 너희를 대신하여 그 아들
로 하여금 고통스럽게 죽게 했다 함이
니, 그것이 무슨 말인지 알겠는가?
11 너희는 죄짓지 아니하고 살 수 없는
백성이요, 죄짓지 않고 역사할 수 없
으며 내가 가르치는 율법이요, 나의
십계명대로 살아갈 수 없기에,
12 여호와 나의 이름을 팔아 나의 피조물
만백성을 현혹하기 위하여 내가 그리
했다며 나에게 뒤집어씌워 나를 욕되
게 하는 자들이 너희라는 것을 지금
알고 있는가?
13 너희는 나 여호와가 너희를 사랑하기
에, 나는 사랑하는 여호와이기에, 너
희를 너무나 사랑하기에 내가 사랑하
는 나의 아들을 2천 년 전에 너희에게
보내어 그 고통스러운 시련과 죽음을
겪도록 했으며,
14 그리하여 그것으로 하여 너희의 후손
이요, 또 그 후손들까지도 그 모두가
늙어 죽을 때까지 짓고 짓는 그 험악
한 죄를 미리 알아 그 죄를 다 나의 아
들이 짊어지고 세상에서 살다 고통스
럽게 왔다 그리 말함이니,
15 그게 바로 너희가 바로 살 수 없으며
나의 계명에 율법대로 살 수 없는 자
들이 나를 능멸함이요, 나에게 모두를
다 뒤집어씌우며,
16 너희를 깨우쳐 하늘에 오르는 길을 보
게 하고자 너희를 위하여 그 고통의
희생을 당한 나의 아들을 그의 이름
앞에 모두를 다 뒤집어씌우는 사악한
행위를 하고 있다는 것을 너희는 과연
알고 있는가?
17 너희는 그와 같은 무서운 짓을 하고
있으면서 그것이 어떠한 죄인지도 모
르고 너희가 하고 있는 짓이니라.
18 너희가 지금 살아가며 행하는 그 수
많은 죄요, 후손이요, 그 후손까지도
늙어 죽을 때까지 그들이 짓는 험악한
그 모든 죄까지도 나의 아들이 나에게
심판을 받아 다 그를 짊어지고 왔음이
니, 너희는 어떠한 죄를 지어도 깨끗
한 자요, 천사와 같은 자요, 흰 눈과
같은 하얀 마음으로써 다시 태어난 백
성이라 그리 말함이니,
19 그것이 종교 집단이요, 지도자가 지금
나의 피조물 만백성을 구원의 길이요,
하늘에 오르는 길이라 하여 그리 가르
치고 있음이니, 그것이 얼마나 사탄이
요, 사악한 자의 뜻인가를 너희는 알
아야 할 것이니라.
20 너희는 죄의 대가를 반드시 치른다는
것을 잊지 말라.
21 나 여호와는 너희의 그와 같은 행위
에 분노하고 있으며 분개하고 있음이
니라.

22 너희 말대로 내가 너희를 사랑하지
아니하며 내가 가장 아름다운 모습으
로써 창조한 나의 백성이 아니라 하
면, 내가 너희의 손을 놓고자 하는 마
음이나,
23 그래도 내가 너희를 사랑하며 나의
아들딸이요, 이 세상에서 가장 예쁘고
아름다운 모습이요, 또 가장 높은 지
혜로써 너희를 세상에 내보냈음이니,
그리하여 내가 너희에게 다시 한 번
기회를 줘 지금 나의 법전을 내려보내
어 너희가 참진리요, 하늘의 뜻을 깨
우치도록 내가 그리 생각함이니,
24 너희는 나의 법전을 접하면서 사탄이
요, 이단이라는 그와 같은 생각을 하
지 말 것이며,
25 나의 법전이 너희를 심판하는 길이요,
나의 성령을 태워 너희에게 구원하고
자 내리는 가장 소중한 재물이요, 보
배요, 금과 은화보다도 더 소중한 것
이며,
26 이 세상 모두를 다 바쳐 바꾼다 해도
바꿀 수 없으며 너희가 하나밖에 없
는 그 생명을 바쳐서 이를 바꾼다 해
도 바꿀 수 없는 소중함을 너희는 알
아야 할 것이니라.
27 지금 너희가 하고 있는 그 행위가 어
떠한 행위인 줄 아는가?
28 창조주 나 여호와의 가슴에 비수를 꽂
는 소리만을 하고 있는 것이니,
29 너희가 그와 같은 행위요, 그와 같은
말을 할 때, 나 여호와의 가슴이 아프
며 나의 가슴에 너희가 비수를 꽂는
그와 같은 행위를 하고 있다는 것을
잊지 말라.
30 나의 아들 예수의 죽음의 고통이요,
그리고 내가 세상에 나가 너희를 구원
하고자 역사했던 것을, 너희가 수없이
짓는 죄, 너희가 태어나 늙어 죽을 때
까지 짓는 그 험악하고 많은 죄, 그리
고 후손이요, 그 후손의 죄까지도 다
용서해 주었으며,
31 내가 사랑하기에 모두를 다 용서해 주
었으며, 사랑하는 하나님이기에 너희
죄는 깨끗해졌으니, 너희는 어떠한 죄
를 지어도 겁낼 것이 없으며 두려울
것이 없으며,
32 그와 같이 너희가 죄를 짓는 것은 심
판을 받는 것과 구원을 받는 것과 관
계가 없다 그리하여 너희가 손으로
지은 교회에 와 돈을 바치며 헌금을
바치며 봉사하며 금화와 은화를 바치
기만 하면 그것이 나의 아들 예수를
믿는 것이요, 나를 믿는 것이요, 그것
이 너희가 구원을 받는 길이라 그리
말하느니라.
33 그러면서 너희는 한편에서는 재물을
거둬들이는 사악한 행위를 하고 있음
이니, 하늘에 보물을 많이 쌓아 놓는
자는 구원을 받는다고 그리 말함이니
라.
34 너희가 얼마나 사악한 자들이더냐?
35 나의 아들이요, 나의 뜻에 따라 너희
의 모든 죄가 다 깨끗해졌다 하면,
36 어찌하여 너희는 그 죄의 역사요, 그
죄를 벗어나기 위하여 울고불고 기도
하며 찬송하며 너희가 손으로 지은
교회요, 성전에 와 재물을 바치며,
37 그 재물을 바치는 것도 부족하여 재물
이 가는 곳에 마음이 가는 것이요, 정

성이 가니, 하늘의 창고가 너희 것이
다 하나씩 있어 거기에다 재물을 가득
히 쌓아 놓는 것만이 구원을 받는 길
이며 죄지음을 용서받는다 그리 말하
면서,
38 너희는 나에게 와 심판을 받으며 지옥
과 천국이 있다 하며 심판의 두려움을
알라고 나의 피조물 만백성에게 가르
치고 있는가?
39 너희가 아담과 이브를 속여서 선악과
를 따 먹게 한 그 사악한 미물이요, 그
사탄보다도 더 사악한 자라는 것을 너
희는 명심해야 할 것이니 그리 알라.

6,296 번째 하나님 말씀

2003년 5월 31일 23시 41분

1 사랑하는 나의 아들아!
2 "네, 아버님! 말씀하옵소서."
3 하늘의 비밀이요, 하늘의 뜻이요, 하
늘의 가르침을, 내가 160권의 나의 법
전이요, 새로운 성경을 너를 통하여
기록하여 전하는 것은 나의 피조물 만
백성을 깨우치고자 함이며,
4 그들이 그를 보고 하늘에 오르는 길을
볼 수 있도록 그 귀와 눈을 열어 주고
자 하는 것이 나 여호와의 뜻임을 알
아야 할 것이니라.
5 너희는 세상사 인간 세속에서 살아가
면서 그리하느니라.
6 제가 지은 죄의 그 대가는 제가 치르
며, 제가 한 일에 대한 그 대가는 제가
치르는 것이라, 그리고 스스로 한 일
에 대한 그 책임은 스스로 져야 한다
는 그와 같은 말을 하고 사는 것이 인
간 세속에서 살아가는 법도가 아니던
가?
7 인간 세속에 살아가는 법도도 자신이
저지른 일에 대한 책임을 지는 것이
너희라 하였거늘,
8 지금 너희가 살아가면서 나를 능멸하
며 나에게 짓는 죄요, 하늘에 짓는 그
와 같은 너희가 죄를 짓는 것까지도
그게 죄가 되지 아니하며,
9 너희가 짓는 그 모든 죄는 나의 아들
예수의 보혈로써 피 흘려 죽어 감으로
써 다 지워졌다 하며 너희는 죄가 없
는 자라 그리 말하고 가르치는 것이니
라.
10 그러니 지금 내가 나의 아들을 통하여
너희에게 깨우쳐 주기를, 너희가 지은
죄의 대가는 반드시 치러야 할 것이며,
11 너희가 지은 죄를 열배 백배로 갚는
것만이 그 은혜를 받을 수 있는 길이
요, 헤어날 수 있는 길이라 그리 가르
치는 나의 성령의 뜻과,
12 그저 나의 아들 예수의 보혈로써 모든
죄를 사함을 받았으니 너희가 하는 죄
짓는 행위는 죄가 아니라 그리 가르치
는 자,
13 그것을 보고서 너희 스스로 깨우치는
현명함을 얻게 하고자 함이니, 내가
너희를 사랑하는 깊은 은혜요, 영광을
내리고자 하는 것이 여기에 있음을 알
아야 할 것이니라.
14 어떠한 영광이요, 은혜도 그보다 더
큰 것은 없음을 알라.
15 너희가 죄를 짓는 것은 예수의 보혈로
써 그를 다 안고 갔다 하여,
16 죄를 지으면서도, 너희가 하는 죄가

죄라는 것을 알면서도, 너희가 하는
일이 창피하고 부끄러운 짓이라는 것
을 알면서도, 그와 같은 행위를 알면
서 행하는 자들이 너희가 아니던가?
17 너희 스스로 십계명대로 살 수 없으며
그 율법대로 살 수 없으며 내가 원하
는 대로 살 수 없기에 너희 스스로 모
두를 포기한 자들이 아니던가?
18 그리하여 너희는 죄를 짓지 아니하고
살 수 없는 사악한 자이기에 너희 스
스로 위안을 받게 하려 인간은 죄를
지어도 다 용서를 받으며 죄를 지어도
죄가 아니 된다 너희가 그리 가르치
고 있지 않은가?
19 그저 나의 아들 예수를 찾으며 그를
믿으면 그 보혈로써 다 용서를 받는다
그리 말함이니,
20 죄를 짓고도 죄가 아니라 말하는 사악
한 이와 같은 자들이 지금의 나의 피
조물 만백성을 구원하는 자라 그리 말
함이니,
21 내가 나의 법전에 이와 같은 하늘의
뜻을 기록하고 또 기록하여 전하는 것
은 너희의 눈을 뜨게 하며 귀를 열어
주고자 하는 나의 뜻임을 알아야 할
것이니라.
22 모든 것은 저희가 아름답게 살 수 없
기에 저희가 짓는 죄는 죄가 아니라
하며 그리 변명하고 사는 자들임을 너
희는 알아야 할 것이니라.
23 어찌하여 2천 년 전 나의 아들이 이
세상에 와 너희가 지은 죄를 다 대신
심판받았으며 그를 다 짊어졌다 그리
말하는가?
24 그러니 지금 살아가면서 잘못된 것을
회개하며 하늘에 내가 존재함의 두려
움을 알며 나에게 부끄러움을 알며 아
름답고 착하게 살아가고자 하는 그 백
성마저도 지옥으로 이끌어 가는 자들
이 그와 같은 지금의 종교 집단이요,
지도자 너희가 하는 행위라는 것을
알라 내가 그리 전했음이니,
25 어찌하여 너희는 이를 듣고 깨우쳐
너희 머릿속으로 판단할 수 있는, 내
가 기록한 그 내용을 보고도 이를 믿
지 않으려 하며, 이와 같이 행하지 아
니하려 하는가?
26 너희는 여기서 깊이 깨우쳐야 할 것
임을 잊어서는 아니 될 것이니라.
27 예수가 너희의 죄를 다 안고 갔다 그
리 가르치는 자, 그들이 바로 나의 피
조물 만백성이 지은 죄의 두려움을 모
르며 무서운 줄을 모르며 죄를 지으면
지옥으로 간다는 것을 모르기에,
28 죄를 지으면서도 죄인 줄을 모르며,
죄를 지으면서도 두려운 줄을 모르며,
죄를 지으면서도 무서운 줄을 모르며,
저희가 지은 죄를 다 가슴에 안고 나
에게 와 심판을 받을 때 그것이 바로
너희를 지옥 불로 인도한다는 그 무서
운 사실을 모르고 있음이니,
29 이를 나의 피조물 만백성에게 깨우쳐
야 하는 것이 나의 아들을 따르는 제
자 너희가 해야 하는 일이라는 것을
잊지 말라.
30 어떠한 행위를 해도 죄가 없으며 죄가
되지 않는다고 가르침이니,
31 누가 사탄의 자식이며, 악마의 자식이
며 사악한 자의 자식이라 말하느냐?
32 너희가 죄를 짓고도 죄가 아니라 함

이니, 너희가 행하고서도 행하지 아니했다 하는 자들이니라.
33 남에게 피해를 주고서도 피해를 준 사실이 없다고 손을 내두르며 머리를 흔드는 자들과 같음이니라.
34 살인을 하고 나서 살인을 하지 아니하였다고 억지를 쓰는 자들과 무엇이 다르던가?
35 너희는 나의 성경에 기록된 죄의 대목을 알아야 할 것이니라.
36 너희 형제를 핍박하며 너희 형제를 욕하는 자도 지옥 불로 간다 했거늘,
37 어찌하여 너희가 지은 죄를 죄라 하지 아니하며 두려운 줄을 모르며 무서운지를 모르는가?
38 네 부모를 공경하지 아니하며 형제를 미련하다는 그와 같은 행위로써도 너희는 구원받지 못하며 지옥 불로 간다고 내가 성경에 기록하여 전했거늘,
39 어찌하여 너희가 하는 행위는 죄가 되지 아니하며, 너희는 나의 아들 예수의 보혈로써 다 구원을 받았으며, 그것만이 구원을 받는다, 너희가 손으로 지은 성전에 와 재물을 바치는 것만이 구원을 받는 것이라 그리 가르치고 있는가?
40 너희는 여기서 깨우치는 현명함을 얻으라.
41 그리하여 내가 나의 아들을 통하여 160권 법전 안에 이 내용을 기록하고 또 기록하여 너희에게 전하는 나의 애절한 마음을 정녕 들여다볼 수 없단 말이던가?
42 이제는 알아야 할 것이니라.
43 너희가 지은 죄는 너희가 갚아야 한다는 것을, 너희가 지은 죄는 너희가 속죄하며 그 대가를 치르지 아니하면 절대 나에게 오를 수 없으며 구원받을 수 없다는 엄연한 사실을 가슴 깊이 새겨 두도록 그리하라.

2003년 6월

6,297 번째 하나님 말씀

2003년 6월 1일 0시 01분

1 사랑하는 나의 아들아!
2 "네, 아버님! 말씀하옵소서."
3 모든 백성이 지금까지 흘러오는 그들
의 믿음이라는 것은 저희 자신을 위
한 그 믿음의 길을 갔음이니라.
4 그러니 그들은 어떠한 믿음인가?
5 저희가 죽음에 대한 그림자요, 죽음에
대한 불안에서 벗어나고자 하는 그와
같은 생각으로써 지금까지 믿음의 길
을 가고 있는 자들이 아니던가?
6 어느 때 불시에 찾아오는 그 불청객과
같은 죽음에 대한 준비를, 그들은 그
것이 무섭고 두려워서 그와 같은 행위
를 하고 있는 것이니라.
7 그리고 그들이 그것 때문에 지금의 그
믿음의 길을 가고 있는 자들이니라.
8 그러니 다 계산된 것이요, 저희가 어
떠한 대가를 얻고자 하는 그와 같은
믿음의 길을 가는 자들이니, 내가 너
희에게 뭐라 말하였느냐?
9 나를 향하여 믿는 믿음은 바라지 말며
기대하지 말며, 기도로 무엇을 이루어
달라 그리하지 말라 하였음이니라.
10 전지전능한 창조주 나 여호와라 하면
내가 그 모두를 다 알고 있다 하지 않
았던가?
11 그러나 정녕 너희는 예고 없이 찾아
오는 죽음에 대한 그 준비의 믿음이
아니요,
12 스스로 믿음의 길을 가는 것이지, 그
죽음을 대비한 믿음의 길을 가는 것이
아니니라.
13 너희 스스로 죽음을 계산하며 그 사후
의 세계를 생각하며 가는 믿음이 아니
요,
14 너희는 스스로 살아가는 삶이 아름다
움이기에, 불청객으로 찾아오는 그 죽
음에 불안해하지 아니하며 거기에 두
려워하지 않는 그와 같은 삶을 사는
것, 그와 같은 믿음의 길을 가는 것을
너희가 주관해야 함을 알아야 할 것
이니라.
15 그와 같은 삶을 이제 너희는 살아야
할 것이니라.
16 지금의 모든 백성은 너희 자신을 위
한 그 믿음에서 다른 사람을 위하며
이웃을 위한 믿음의 세상으로써 살아
가야 한다고 내가 깨우쳤듯이,
17 이제는 그 죽음에 대비하는 것을, 죽
음을 위해서 너희가 구원이요, 그를
위하여 믿음이 아니라,
18 스스로 바르고 곧은 믿음으로 인하여
너희가 나의 뜻에 따라 살아감으로써
그 죽음 앞에 공포와 불안함이 없는
그와 같은 삶을 살아가는 그 인생의
삶을 살아야 한다는 것을 내가 너희
에게 전함이니 그리 알아야 할 것이
니라.
19 이제 모든 백성 너희는 불쑥 예고 없
이 찾아오는 그 죽음을 위하여 너희가
그 앞에서 당황하지 않는 평소의 그

삶을 계산 두지 아니하며 그를 생각하
지 아니하며,
20 다만, 거기에서 당황하지 아니하며 그
곳에서 울며불며 지옥으로 가는 그와
같은 삶이 아닌 것, 심판의 결과가 그
리 나오지 않는 것,
21 그를 생각하지 아니하고 기대하지 아
니하며 굳건히 살아가는 믿음이요, 아
름다운 삶을 사는 것만이 너희가 해
야 할 길이니라.
22 그러나 나의 피조물 모든 백성은 저
자신이 그와 같이 불쑥 찾아오는 죽음
에 대하여 공포와 불안 속에서 지옥으
로 가는 그와 같은 일이 아닌 삶을 살
아야 하나,
23 나의 아들을 따르는 제자들이요, 나로
부터 선택된 백성 너희는 그 죽음 앞
에서 두려움이요, 그 죽음 앞에서 당
황하는 그와 같은 삶이 아니라, 나의
피조물 만백성을 구원하며 그들을 위
해 살아가며 그들을 깨우치는 데 너희
가 나의 뜻을 전하는 것이 너희의 소
명임을 알아야 할 것이니라.
24 그러니 너희의 죽음에 대한 준비가
아니요, 남의 죽음을 위한 그 준비를
위하여 깨우치고 가르쳐야 하는 것이
너희이니라.
25 그리하여 그들에게 전하여 십계명을
지키고 사는 것, 나의 법전을 지키고
사는 것, 그리고 내가 내리는 새로운
성경을 정독하고 깨우쳐 그 의미요,
뜻을 알아 그대로 살아가고자 노력하
는 것, 그와 같은 삶을 사는 것, 그리
준비하는 것이 그들이 불쑥 찾아오는
그 죽음 앞에 당황하지 아니하며,
26 그 죽음 앞에서 심판을 받아 지옥으로
가는 그와 같은 너희가 상상할 수 없
는 그 고통의 세계의 낭떠러지로 떨어
지는 그와 같은 곳에서 구원이요, 하
늘에 오르는 그와 같은 역사를 얻는
변화를 이루도록,
27 너희 자신을 생각하기 전에 나의 피조
물 만백성을 인도하는 데 너희 모든
것을 다 바쳐야 할 것이니라.
28 모든 나의 피조물 만백성은 그 죽음에
불안하지 않은 믿음이요, 그와 같은
삶을 살아가는 소명을 가진 자들이요,
그리 살면 되나,
29 나의 아들의 제자요, 나로부터 선택된
백성 너희는 죽음이 없음이니,
30 너희 자신을 생각할 시간이 없으며 너
희 자신을 대비할 시간이 없음이니라.
31 너희는 죽음이 없음이니라.
32 그러니 너희는 준비할 필요가 없음이
니라.
33 거기에 대해 너희는 불안을 느낄 필
요가 없는 것이니라.
34 너희가 나의 십계명을 지키고 살며 나
의 법전대로 살아가는 백성이 된다면,
너희는 그 공포에서 두려워할 것이 없
으며 주저함이 하나도 없음이니라.
35 그러니 너희는 나의 피조물 만백성을
구하는 데 그 준비를 다 해야 할 것이
며 그것에 최선을 다하여야 될 것이니
라.
36 그들이 깨우쳐 하늘에 오르는 길을 볼
수 있도록 그들을 대비시키며 그들을
준비시키며 그들을 깨우치는 것이 너
희의 소명임을 잊지 말라, 사랑하는
나의 아들딸들아!

6,298 번째 하나님 말씀

2003년 6월 1일 0시 15분

1 사랑하는 나의 아들아!
2 "네, 아버님! 말씀하옵소서."
3 너희 전신을 비춰 볼 수 있으며 너희
자신을 들여다볼 수 있는 거울이라는
것이 있지 않은가?
4 그리하여 너희는 인간 세상의 세속에
살면서 얼마나 편리하게 너희가 사용
하고 싶을 때 그를 사용하느냐?
5 그러니 그 거울에 너희 자신을 비춰
너희가 너희 자신의 외모를 다스리며
모양을 다스릴 수 있는 것처럼,
6 너희가 어디에서 와서 어디로 가는 것
인가, 또 너희가 어찌 가는 것인가, 너
희는 또 어떠한 역사로써 사후세계의
너희 삶이 역사하는 것인가 그 모두를
비춰 볼 수 있는 거울이 있다 하면 너
희는 얼마나 행복하겠는가?
7 그리고 너희 자신을 얼마나 바르게 잡
아 세상을 살아가겠는가?
8 너희는 이 세상 어디에서도 그러한 거
울은 구할 수가 없으며 그와 같은 거
울은 없음이니라.
9 나의 피조물 만백성, 사랑하는 너희가
어디에서 와서 어디로 가며 너희가
어찌 역사하는 것인가 하는 그 거울은
바로 나의 십계명이 그 거울이며,
10 지금 나의 아들을 통하여 내가 내리는
새로운 성경이요, 나의 법전이 너희의
거울임을 알아야 할 것이니라.
11 그를 보고 깨우쳐 정독하는 자, 그를
연구하고 공부하는 자, 그리고 나의
아들의 강론을 듣는 자, 그들만이 그
거울로써 너희 자신을 비춰 볼 수 있
는 그 영광을 얻음을 너희는 알아야
할 것이니라.
12 너 자신과 네 마음과 네가 어디에서
와서 어디로 가는 것인지, 너희가 어
찌 역사하는 것인지, 그를 비춰 보는
거울은 나의 법전이 그 거울임을 너희
는 알아야 할 것이니라.
13 나의 법전을 정독하며 나의 아들이 내
리는 강론을 들으며 거기서 깨달음을
얻었을 때, 너희 자신을 비춰 볼 수 있
는 마음의 거울이 됨을 알아야 할 것
이니라.
14 너희 마음의 거울은 한 점의 점이 있
으면, 너희가 한 점의 검은 마음이 있
으며 한 점의 죄를 짓는 그것이 있다
하면, 그 거울을 다 그 죄의 검은 마음
으로써 지워지며 가려 버림이니,
15 너희 자신을 들여다볼 수 없으며 비춰
볼 수 없는 것이 너희이니라.
16 선하고 아름답게 사는 자, 그리고 악
을 행하지 아니하며 선한 행위를 하고
사는 자, 그리고 나의 법전대로 살려
하는 자, 나의 십계명대로 살려 하는
자, 그는 마음을 비춰 볼 수 있는 깨끗
한 거울임이니라.
17 행하는 자, 아름다운 선행을 행하는
자는 그 거울이 깨끗함이요, 너희가
죄를 짓고 사악한 자, 악한 짓을 하는
자는 그 검은 것으로써 그 거울을 다
가림이니,
18 그 스스로 거울로써 너희를 비춰 보
는 은혜를 얻지 못함이니라.
19 그리하여 너희가 죄를 지으면서 죄를
모르며 죄가 무엇인가를 모르며 죄의

두려움을 모르며 죄의 무서움을 모르는 것이니라.

20 그러니 이제 너희 자신이 어디서 와 어디로 가는지 그 미래요, 사후의 세계요, 그 모두를 알고 싶다면, 너희 마음의 거울을 닦으면 볼 수 있음이니,

21 마음의 거울을 닦는 것은 바로 나의 법전임을 잊지 말라, 사랑하는 나의 아들딸들아!

22 나의 법전을 정독해서 읽으며 나의 법전을 너희 생명보다도 더 소중히 가슴에 안고 간직하고 읽고 정독할 때, 마음의 거울로 비춰 볼 수 있으며 너희 미래를 다 볼 수 있다는 것을 잊지 말라, 사랑하는 나의 아들딸들아!

6,299 번째 하나님 말씀

2003년 6월 1일 0시 23분

1 사랑하는 나의 아들아!

2 "네, 아버님! 말씀하옵소서."

3 너희가 인간 세속에 살아가면서도 돌아갈 수 있는 고향이 있는 사람이요, 그 고향을 찾아갈 수 있는 사람이요, 수시로 마음대로 갈 수 있는 사람이요, 또 고향을 찾아가는 길을 알며 그와 같이 사는 자는 정녕 행복한 사람이 아니던가?

4 고향을 잊어버리며 고향을 갈 수 없는 그와 같은 사람의 마음보다는, 가는 길을 알며 찾아갈 수 있는 그와 같은 자가 행복한 자라 그리 말할 것이니라.

5 그러나 인간 세속의 사랑하는 그 고향에 가는 길이요, 고향을 찾아가는 것은 너희가 즐거움으로 알고 있으나,

6 너희가 정녕 나로부터 생명을 받아 세상에 나갔음이니, 너희가 다시 돌아가야 할 그 고향을 보지 못하며 그를 돌아다보지 못하며 그 길을 위하여 살아가는 삶을 살지 않는 어리석은 것이 지금 나의 피조물 만백성이니라.

7 그리하여 너희가 그 가는 길을 모르며 갈 길이 어딘지를 모르며 어디가 너희가 갈 곳인지를 모르기에, 그 마음을 이용하여 지금 모든 종교 집단이 생겼으며 종교 지도자들이 생겼음이니라.

8 그리하여 바로 너희의 고향인 나 여호와의 품으로 돌아올 수 있도록 너희를 인도하고 안내한다 하여 그리 가르치며, 너희를 그리 지옥 불로 인도하는 것이니라.

9 그저 고향에 가고자 갈망하는 자, 고향에 가는 길이요, 또 너희가 가는 길에 동행하는 자라 하여 그를 유혹하여 그를 고향에 가는 길이 아니요, 그와 같이 가는 자가 아니요,

10 고향 사람이 아닌 자가 그를 이용하고 그를 편리한 대로 구렁텅이에 넣으려고 그가 가진 모든 것을 저희 것으로 만들려는 방법으로써 그와 같은 거짓된 행위를 한다면, 그를 당하는 자는 얼마나 불행하고 얼마나 가슴 아픈 일이던가?

11 그 고향도 모르며 같은 고향 사람도 아닌 자가 같은 고향 사람이요, 같은 고향을 갈 수 있는 자라 하여 제가 안내하고 인도한다 하며 그를 데리고 가면서 그의 재산이요, 그가 가지고 있는 그 모두를 다 갈취하는 행위를 하

는 자가 있으며,
12 그 거짓된 자를 따라가며 그에게 모
두를 다 잃는 그와 같은 사람이 있다
면 얼마나 불행하고 가슴 아픈 일이겠
는가?
13 육의 세상에서 고향을 찾아가는 자에
게 고향을 빙자하여 재물이요, 명예
요, 모두를 손상케 하는 그와 같은 사
악한 자는 너희가 가슴 아픈 줄 알며
그는 사악한 자라 생각하느니라.
14 그러나 너희가 진정 나에게 오르는
길이요, 영원히 사는 영혼의 그 고향
을 가고자 하는 백성을 그 길이 아닌
곳으로 인도하며 사기하며 거짓 하며
가지고 있는 것을 갈취하는 자가 지금
의 모든 종교 집단이요, 지도자라면
너희는 과연 믿겠는가?
15 이와 같은 말을 기록하여 전함이니,
종교 집단이요, 지도자는 이게 바로
사탄이요, 마지막 시대의 거짓 선지자
가 너희를 혼란케 하기 위한 행위라
그리 말할 것이며,
16 또한 신도들도 '옳소, 맞습니다!' 너희
는 그리할 것이니라.
17 그리하여 그 말만 들을 것이며 나의
법전을 보려 하지 아니하려 하며, 나
의 아들의 강론을 들으려 하지 아니하
는 것이 너희이니, 너희가 얼마나 어
리석고 불쌍한 백성이더냐?
18 내가 지금 나의 법전을 세상에 내려보
내는 것은 너희가 정녕 나에게 올 수
있는 나로부터 생명을 받아 나간 천국
이요, 내 나라에 올 수 있으며 그 고향
에 올 수 있는 그와 같은 길잡이요, 안
내자가 바로 나의 법전임을 너희는
알아야 할 것이니라.
19 그러니 나의 법전을 접한 백성이요,
나의 아들을 따르는 나의 아들의 제자
요, 나로부터 선택된 백성 너희가 얼
마나 큰 은혜와 영광이요, 기쁨 속에
살아가는 것인지를 알겠는가?
20 너희는 그와 같음을 알아야 할 것이
니라.
21 너희가 나로부터 생명을 받아 나간 내
품에 그 영혼의 고향에 돌아오는 길
은, 내가 '새로운 성경'이요, '하나님!
말씀하옵소서', '하늘에 오르는 길'이
라는 나의 법전을 접하지 않고 읽지
아니하는 자는 그 길을 알 수 없으며
고향을 알지 못하는 어리석은 백성이
라는 것을 잊지 말라.
22 내가 고향을 비유하여 너희에게 손에
다 쥐여 주는 이 깨우침이요, 가르침
을 그저 한쪽 귀로 듣고 흘려보내는
그와 같은 깨달음으로써 너희가 받아
서는 아니 될 것이니라.
23 그리고 이제는 고향을 찾아가고자 하
는 자, 그 고향에 가는 길을 모르며 그
리하여 고향 사람이라는 자를 따라가
고자 하는 자, 그리고 고향 사람이라
하여 믿고 가는 자,
24 그리하여 그에게 길동무하며 그에게
모두를 다 제공해 주며 너희가 가지고
있는 것을 모두를 다 바치며, 그와 같
이 갈취하는 행위를 하는 자들에게 속
지 말며 그들을 따르지 말며,
25 그들에게 너희가 그 고향의 안내자를
해 달라 하여 수고비요, 그리고 그 대
가로 금화와 은화를 바치며 시간을 바
치며 가지고 있는 모든 것을 갈취당하

는 그와 같은 어리석음에서 벗어나도
록 그리하라, 사랑하는 나의 아들딸들
아!

6,300 번째 하나님 말씀

2003년 6월 1일 08시 29분

1 사랑하는 나의 아들아!
2 "네, 아버님! 말씀하옵소서."
3 너희가 스스로 지은 죄를 나의 아들
예수가 대신 심판을 받았으며 대속했
다 그리 말하느니라.
4 그러나 그것이 아니요, 너희가 지은
죄요, 너희가 행한 죄는 반드시 나로
부터 심판을 받아 그게 명백히 밝혀지
는 그와 같은 일이 있은 후에 너희가
죄가 있고 없는 것을 말할 수 있는 것
이라 말하였음이니,
5 너희 스스로 지은 죄를 너희 스스로
용서하는 어리석은 행위를 지금 하고
있음을 알아야 할 것이니라.
6 제가 죄를 짓고 제가 잘못한 것을 제
스스로 용서하며 제 스스로 모두를 다
덮어 준다고 생각하면, 이 세상에 그
보다 쉬운 심판이 어디에 있으며 그보
다 이 세상에 더 편한 방법이 어디에
있느냐?
7 지금 모든 백성이 그와 같이 몇천 년
의 세월이 흘러왔음이니,
8 그리하여 죄가 두려운 줄 모르며 죄가
무서운 줄 모르며 저희가 스스로 짓
고 저희가 손으로 지은 성전에 가 금
화와 은화를 바치며 제 죄를 제가 용
서함이니,
9 그보다 더 편리한 방법이 어디에 있으
며, 그보다 더 간단한 방법이 어디 있
으며, 세상에 그보다 더 쉽게 살아가
는 방법이 어디에 있겠는가?
10 그것이 바로 그들이 하고 있는 형국
이요, 그들이 지금 가르치고 있는 것
이니라.
11 그리 가르치기에 지금 너희 자신이 어
디로 가는지를 모르고 있음이니,
12 이를 나의 피조물 만백성에게 전하여
그들을 깨우쳐야 하는 것이 너희가 하
여야 할 대명이라는 것을 잊지 말라.
13 제가 지은 죄요, 제가 잘못한 것을 제
가 용서하고 제가 상을 내리고 상을
받음이니, 그것보다 더 즐거운 인생이
어디에 있으며 그것보다 더 엉터리 같
은 인생이 어디에 있으며, 그와 같이
사는 진리를 모르는 자가 어디에 있단
말이던가?
14 그는 잘못되었음이니라.
15 반드시 너희가 행한 것만큼 그 대가를
받는다는 것을 나의 피조물 만백성에
게 꼭 심어 주고 그들에게 경종을 울
려야 할 것이니라.
16 너희가 지은 죄는 너희 스스로 갚듯
이, 너희가 지금 행하는 그 모든 것도
너희 스스로 역사하여야 함을 잊지 말
라.
17 너희가 나로부터 상을 받을 수 있는
것, 너희가 나로부터 은혜를 받는 것,
그 모두도 너희 스스로 어찌하느냐에
달렸음을 알라.
18 나로부터 은혜를 받지 못하는 자, 상
을 받지 못하는 자, 너희가 소원하는
것이 이루어지지 아니한다는 것은 너
희가 바로 그 자격이 없음이니,

19 너희가 모든 것을 역사하고 이루고자
한다면 그를 받을 자격이 있는 사람이
되도록 그리하라.
20 너의 제자들이 바라는 그 소원을 내가
다 들어줄 것이니, 그 소원을 들어줄
수 있고 그 소원을 이룰 수 있는 것은
너희가 얼마만큼 그를 받을 자격이
있느냐 하는 것, 거기에 기준이 있음
을 너희는 알라.

6,301 번째 하나님 말씀

2003년 6월 1일 12시

1 사랑하는 나의 아들아,
2 너의 제자들에게 전하여 그리 깨우쳐
주도록 하라.
3 참진리가 무엇이며 너희가 나에게 오
르는 길이 어떠한 길인가?
4 지금 나의 아들을 통하여 너희에게
강론하며 너희를 깨우쳐 주며 160권
의 법전을 세상에 만들어 냄이니,
5 이는 곧 너희가 나에게 오르는 길이
좁고 좁은 길이며 험악하고 험악한 길
을 인내로써 견디고 와야 한다고 가
르침이니,
6 너희는 나의 법전을 읽고 깨우치며 강
론을 들으면 들을수록 너희 마음의
문은 좁아지며, 너희가 나에게 오르는
길은 험악하고 더 힘든 길만이 너희에
게 있음이니라.
7 그러니 너희는 그와 같이 힘들고 어
려운 길을 마다하지 아니하고 오는 것
이 나에게 오르는 길이거늘, 모든 백
성은 뭐라 그리 말하느냐?
8 넓고 편안한 길이 나에게 오르는 길이
라 그리 가르침이니라.
9 너희는 험난하고 힘들며 너희 옷이
찢어지며 살결이 찢어지는 그와 같은
가시덤불로 가는 길이 하늘에 오르는
길이라 하니, 그 누가 너희를 따를 자
가 있으며 그 길을 옳다 하여 따라올
자가 있겠는가?
10 너희만이 알고 있음이니라.
11 너희만이 그 고비를 넘으면 평원이
있으며 반석 위에 서서 하늘에 오르는
빛을 볼 수 있는 것을 알고 있음이니,
아는 자와 모르는 자의 차이가 그러하
니라.
12 그러나 너희는 여기서 그 고통스럽고
힘든 길을 가는 것이 바르고 옳은 길
이라는 걸 하늘의 나 여호와가 너희에
게 오늘 깨우쳐 주고자 함이니, 너희
가 가슴 깊이 이를 들어 새기도록 그
리하라.
13 너희가 모든 믿음의 길을 가는 것, 너
희가 향하는 것, 너희는 내가 나의 아
들 예수, 그 사랑하는 아들을 세상에
내보내어 그가 어떠한 고통과 시련 속
에서 죽음으로써 그 모두를 바쳤던가?
14 한 방울의 피가 다 쏟아질 때까지 그
를 버려둔 자가 그들이니라.
15 그리하여도 내가 그와 같은 형국으로
써 너희가 보는 앞에서 왜 죽게 하였
겠는가?
16 너희를 사랑하며 구원하고자 하였음
이니라.
17 나의 아들이 십자가를 짊어지며 가시
관을 쓰고 그와 같이 처참히 죽어 갔
으니,
18 그 죽어 가는 것을 보며, 내가 너희를

위하여 나의 아들을 그리 죽게 하였거
늘, 내가 너희에게 무엇을 원했으며
내가 너희에게 그 대가를 받았던가?
19 내 사랑하는 아들을 너희를 위하여
죽게 했으니, 너희에게 금화와 은화를
나에게 바치며 너희 재산을 다 바치
라 내가 말했으며, 내가 너희에게 무
엇을 받고자 거둬들이는 그와 같은 것
을 요구했던가?
20 여기서 너희는 알아야 할 것이니라.
21 그렇다면 지금 몇천 년 동안 흘러오는
종교 집단이요, 지도자 그들이 가르치
는 길이요, 나의 피조물 만백성을 하
늘에 오르는 길로 인도하며 저희가
성경을 공부하며 만백성을 구한다는
자들이 내가 나의 아들을 너희를 위
하여 죽게 놔둔 고통보다 더 어렵고
힘든 길을 가고 있다 생각하는가?
22 내가 사랑하는 나의 아들 예수를 죽였
으며 내 자식을 죽여 너희를 구원하
고자 그를 희생시켰던 것만큼 너희가
나의 뜻을 따르며, 나로부터 선택된
자요, 나로부터 모든 명을 받은 자라
하여 나의 사랑하는 백성을 구원하는
길로 내 품으로 인도한다는 자들이 내
가 아들을 죽이는 것보다 고통스럽고
힘든 길이라 하면,
23 너희가 재물을 거둬들여도 내가 말하
지 아니할 것이며, 그 대가를 받는다
해도 내가 너희를 나무라지 아니할 것
이니라.
24 그러나 사랑하는 나의 아들 예수를 죽
음으로 몰면서까지 그를 희생양으로
내가 보내면서도 나의 백성에게 무엇
을 원하지 아니하며 그 대가를 바라지
아니했거늘,
25 너희가 자식을 잃는, 자식을 버리는
고통보다도 나의 피조물 만백성을 전
도하며 깨우치는 것이, 복음을 전하는
것이 힘들지 아니하다면 그 대가를 받
는 것은 사탄의 자식이요, 사악한 자
식이요, 나의 뜻을 능멸하는 것이며,
26 내가 나의 아들을 죽음으로까지 인내
하고 바라보면서 너희를 위하여 내
자식을 그리 희생했던 것에 대해 너희
가 나를 거역하는 것이며, 나를 능멸
하는 것이며 나를 욕되게 하는 행위를
함이니,
27 그 고통스러운 시련을 겪어 내 가슴이
찢어짐을 너희가 이용하여 지금 재물
과 금화를 거둬들이며 너희 생활 방식
으로써 모두를 동원하여 너희 식성에
맞도록 모두 이끌어 가는 사악한 자라
면 너희는 뭐라 말할 것이냐?
28 이제 나의 아들을 따르는 제자들이요,
나의 법전을 읽고 깨우치는 백성 너희
는 가시밭길로 가는 것이며, 살결이
찢어지며 너희 옷이 찢어져 그 살점이
보이는 그와 같은 길을 가고 있음이니,
29 그 길이 하늘에 오르는 길이라는 것을
너희는 알아야 할 것이니라.
30 이제는 나의 아들을 죽음으로 몰며 그
아팠던 나의 시련보다도 더 강하고 고
통스러운 길을 가는 종교 지도자들에
게 재물과 금화를 거둬들여도 말하지
아니하며, 아름다운 성전을 지어도 내
가 말하지 아니할 것이며, 궁궐 같은
곳에서 나의 뜻을 강론해도 내가 그들
을 말하지 아니할 것이니라.
31 내 자식을 버린 것처럼 너희가 고통

스러운 길을 가지 아니하며 그보다 고
통스럽지 아니한 자가 가면서 재물을
거둬들이며 금화를 거둬들여 그와 같
은 길을 간다면 이는 사탄의 자식이
요, 나의 뜻이 아니니,
32 어떠한 방법이든 재물을 거둬들이지
말라.
33 너 또한 받아들인 만큼 너의 제자들에
게 열배 백배로 베풀어 줘야 할 것이
며, 그들에게 역사할 수 있는 그 뜻을
이루는 것이 나의 뜻이니, 네가 그를
잊지 말아야 할 것이며,
34 그를 항상 기억하여 나의 법전이 하얗
게 세상을 다 덮는 역사를 이루도록
그리하라.
35 그리고 이제 나의 법전을 전하는 곳에
너희가 최선을 다하는 방법을 내가 깨
우쳐 주고자 함이니라.
36 너희가 나의 법전을 듣고 이웃에게 전
하는 것보다, 앞으로 이 법전이 세상
을 덮음으로 동양의 작은 나라요, 작
은 나라의 백성 너희 언어와 문자로
나가 이것이 세상을 덮었을 때, 너희
에게 돌아오는 이해관계요, 득실을 깨
우쳐 주라.
37 그저 눈에 보이는 저희의 이익을 위
하여 목숨을 바치며 달려드는 자들,
구원을 받는 것이요, 천국에 올 수 있
다는 그것 때문에 모든 것을 다 바치
는 그 백성에게,
38 너희가 이 법전을 읽고 깨우침으로써
크나큰 은혜요, 영광이 너희에게 온다
는 그 이치를 설명하여 그들에게 전해
주면, 모든 백성이 하루아침에 불붙듯
이 나의 법전을 읽고 깨우칠 것이니,
39 이 법전이 어떠한 역사를 이룬다는
것, 그것을 서서히 물이 흐르듯이 설
명해서 가르치는 그와 같은 방법으로
나의 법전을 전하도록 그리하라.
40 이제 너희는 알았을 것이니라.
41 너희가 가는 길이 진정 나에게 오르는
길이라는 것, 자식을 버리는 부모보다
도 가슴이 더 아픈 것이 복음을 전하
는 것이며 만백성에게 전하는 길이라
는 종교 집단이요, 지도자는 그들에게
많은 것을 거둬들이되,
42 그렇지 아니하면 단돈 한 푼이라도 거
둬들이면 사탄의 자식이요, 사악한 자
들의 자식이니,
43 네 집에서 강론하면 어떠하며 들에서
강론하면 어떤가?
44 많은 사람이 모여 있는 곳에서 강론하
는 것이 매일 같은 사람을 놓고 같은
방법으로 재물을 거둬들이면서 하고
또 한 짓을 다람쥐 쳇바퀴 도는 것 같
은 행위를 하는 것보다 어떤 것이 성
령을 가르치는가?
45 나의 법전이 세상에 만 권이 나가 한
사람을 구한다 하였음이니라.
46 그러니 너희가 한 사람을 구원하는 것
이 얼마나 위대한가?
47 그리고 나에게 선택된 백성이 나의
법전을 읽고 깨우친다 하였음이니라.
48 교회요, 성당이요, 회당을 짓지 아니
하고 길거리에 나가 가르쳐도, 그 한
마디를 듣고 선택된 자는 거기서 깨달
을 수 있음이니, 이것이 지금 내가 너
희에게 깨우쳐 주는 하늘의 뜻이요,
비밀임을 알라, 나로부터 선택된 사랑
하는 나의 아들딸들아!

6,302 번째 하나님 말씀

2003년 6월 2일 08시 30분

1 사랑하는 나의 아들아!
2 "네, 아버님! 말씀하옵소서."
3 네가 가야 하는 길이요, 네가 행하여
야 하는 길을 이제는 알겠는가?
4 "네, 아버님! 알았사옵나이다.
5 아버님께서 말씀하시기를 부처와 같
은 형국이 되라 그리하셨습니다.
6 누가 와서 뭐라 하든 웃고 즐거움이
없으며, 계절이 바뀌든 항상 변화되
지 않는 모습, 그와 같이 앉아 있는 그
모습과 같은 저 자신이 되라 하신 뜻
을, 이제야 그 의미를 깨달았사옵나이
다.
7 세상 어떠한 것에도 마음이 동요되지
아니하며 마음의 흔들림이 없으며,
8 그저 항상 하나를 위하여, 한 길을 위
하여, 소위 저희 인간 세상에서 말하
듯이, 대쪽보다도 더 굳은 절개라는
말이 있으며, 목숨을 바쳐 자신을 지
키는 절개 있는 그 여인의 독한 마음
보다도 더 무섭게 가는 것이 제가 가
야 할 길이며,
9 하나의 자세가 흔들려서도 아니 되며
어떠한 흔들림이 있어서도 아니 되며,
오로지 정도의 한 길을 보고 가는 것,
그것만이 제가 앉아 있는 자세요, 가
야 하는 길이라는 것을 이제는 그를
정녕 깨달았사옵나이다.
10 오로지 하늘을 향하여 아버님께서 원
하는 삶이 무엇이며, 160권의 성령의
말씀을 받아 기록하는 제가 어찌 가
야 하는가를 이제야 그 길이 훤히 보
이고 있사오며, 제가 가야 할 자세가
무엇인가를 알겠사옵나이다.
11 눈앞에 가려졌던 그 많은 구름이 걷어
지며 마음속에 있었던 그 모든 마음
이 다 이제는 씻어져 흘러내리는 냇물
처럼 저 자신에서 흘러 빠지는 것을
이제야 알았사옵나이다.
12 다만, 인간인 제가 그를 역사하지 못
하니,
13 아버님께서 저에게 마음을 씻어 주시
며, 모두를 지우며 모두를 버릴 수 있
는 그와 같은 마음을 주시는, 아버님
께서 내려 주시는 영광이요, 사랑이라
는 것을 알겠사옵나이다.
14 예수께서 어찌하여 그리 지킬 수 있었
던 것인가, 그리고 어찌 그리 갈 수 있
었던 것인가 하는 것이 지금의 제가
깨닫고 있는 마음의 자세가 아닌가 생
각하옵나이다.
15 묵상과 기도로써 모두를 일관 하라시
는 그 말씀의 뜻도 이제는 알겠사옵나
이다.
16 조용히 앉아서 묵상하며 기도하는 것
이 제 자세이며,
17 묵상과 기도를 함으로 인하여 제가 흔
들리는 마음을 잡을 수 있으며, 제 마
음을 비울 수 있다는 것을 알았사옵나
이다.
18 제가 비록 꺾이기는 할망정 구부러지
지는 아니하겠다는 것,
19 한칼에 제가 잘려나가는 한이 있어도
저 자신이 굽혀지며 구부러지는 것은
없을 것이옵나이다.
20 이제는 제가 죽으면 죽음으로써 모두
를 다 행할 것이요, 제가 절대로 비굴

한 짓, 부끄러운 짓, 남들이 봐서는 아
니 되는 짓을 하지 아니하며,
21 천사가 무엇이며, 아버님의 성령이 무
엇이며, 바람과 같이 사는 것이 무엇
이며 부처와 같이 사는 것이 무엇인지
그 이치에 어둡고 답답했던 마음을 이
제는 다 씻어 주심을 알겠사옵나이다.
22 이제야 모두가 보이며 모두가 제가 갈
수 있는 것이라는 것을,
23 절대로 제가 꺾이면 꺾였지, 저는 구
부러지지는 아니하겠사옵나이다.
24 죽음으로써 제가 제 목을 내놓을망정,
한칼에 나무가 부러져 나가고 잘려나
가는 한이 있어도 저 자신이 구부러
지는 일은 없을 것이옵나이다.
25 이제는 모두를 볼 수 있으며 모두를
다스릴 수 있으며,
26 그 모두를 다스릴 수 있는 마음속에
저 자신을 다스릴 수 있으며, 제가 어
찌 가야 한다는 것을, 하나의 충정을
위하여 목숨을 내던지는 자보다도, 목
숨을 바쳐 충정을 지키고자 하는 그
백성보다도,
27 하나의 목숨을 바쳐 굳은 절개를 지키
고자 하는 그 여인의 마음보다도 이제
는 천배 만배 더 굳은 자세로 갈 수 있
다는 것을, 그리고 그리 가야 하는 것
이 저라는 것을 이제는 아버님, 알겠
사옵나이다."
28 사랑하는 나의 아들아, 언젠가는 그리
될 줄 알았느니라.
29 너 자신이 구름과 같은 마음이요, 네
가 떠 있는 마음 자세요, 네가 그와 같
은 마음 자세로 살아가는 것,
30 지상에 발을 붙이고 살며 지상의 모든
것을 보며 지상의 모든 것을 듣고는
네가 바로 설 수 없음이니,
31 그 지상에서 벗어난 그 마음 자세를
느끼지 아니한다면 네가 바로 갈 수
없는 것이니라.
32 너의 제자들과 나의 법전을 읽고 깨우
친 백성에게 전하라.
33 너희가 구름과 같이 떠 있는 마음 자
세가 아니면 너희는 절대 바로 갈 수
없음이니, 그것이 알에서 태어나는 역
사이니라.
34 네가 알에서 태어나는 그 역사의 길을
알며 그를 향하여 네가 오늘까지 온
만큼 내가 너에게 상을 내렸으며 은혜
를 내렸음이니,
35 그 마음 자세를 그대로 지키고 가도록
그리하라, 사랑하는 나의 아들아!
36 구름과 같이 위에서 세상을 내려다보
면 그리할 수 있으며,
37 구름과 같이 떠 있는 네가 세상에 무
엇을 연연하며 무엇 때문에 네 마음을
쏟아야 하는가?
38 모두를 벗어난 것이 지금 구름과 같이
떠 있는 네 마음이요, 네 자세니, 그를
흔들리지 말고 그리 가도록 하라.
39 사랑하는 나의 아들아!
40 네 마음을 다스려 주며 네 마음을 씻
어 줌이요, 네 눈을 띄워 준 것은 네가
그리 가고자 노력했으며 네가 발버둥
치고 몸부림치는 것, 이제는 네가 행
하고 갈 수가 있기에 내가 네 모든 검
은 마음을 걷어 주었음이니 그리 알
라, 사랑하는 나의 아들아!

6,303 번째 하나님 말씀

2003년 6월 2일 08시 37분

1 사랑하는 나의 아들아!
2 "네, 아버님! 말씀하옵소서."
3 네가 하루의 생활을 기도와 묵상으로 살며 모두를 다 묵상으로써 나의 답을 들어 행하라 그리하였음이니라.
4 그리고 기도와 묵상이 중요하다 그리 말하였음이니라.
5 그러나 네가 기도를 하며 묵상으로써 내 뜻을 받아도, 그를 행하지 아니하며 인간의 생각인 네 계산으로써 무엇인가를 빨리 이룰 것 같으며 바로 역사할 것 같아 그리 행한다는 것은 아무런 의미가 없음이니라.
6 그는 기도할 가치가 없으며 묵상할 가치가 없는 것이니라.
7 기도와 묵상을 하라는 것은, 네가 나의 뜻을 듣는 것은 물론이요, 그를 그대로 실행하고 실천하도록 하기 위해서 내가 너에게 명하는 것이니라.
8 네가 묵상으로써 받은 그 답을 그대로 행하지 아니하며, 어떠한 일이 있어도 인간의 생각으로써 쉽게 이루고자, 빨리 이루고자 네가 그와 같은 인간의 생각으로써 모두를 행한다면,
9 너는 결코 역사할 수 없으며 이룰 수 없는 것이니,
10 거기에는 네가 실패라는 것만이 거듭 쌓이게 됨을 알아야 할 것이니라.
11 모든 것에 실패를 거듭할 때 너의 제자들이요, 만백성은 너를 따르지 아니할 것이며 너를 믿지 아니할 것이니라.
12 네가 네 생각대로 모든 걸 주관해서 행했을 때 거기서 이루어지는 파장은 감히 감당할 수 없으니,
13 감당하지 못하는 것은 사랑하는 제자들이 너를 신뢰하지 아니할 것이며, 나의 법전을 읽은 백성이 신뢰하지 아니할 것이며,
14 그리하여 나의 160권의 법전을 만백성이 신뢰하지 아니하며 그를 믿지 못하는 그 무서운 결과를 이루게 됨이니,
15 그리하여 네가 기도하고 묵상을 하라 내가 그리하며, 그와 같은 뜻에 따라 행하라 함은 바로 그대로 실천하고 그대로 따르는 것이 중요함이니라.
16 아무리 아름다운 묵상이요, 아름다운 계획을 너에게 가르쳐 준다 해도, 네가 그를 그대로 행하지 아니하고 인간의 생각으로 한다면,
17 그것은 다 네가 나보다 더 위에 있는 것이요, 네 생각이 높다 하는 것이니,
18 종교 지도자들과 무엇이 다르단 말인가?
19 그러니 너는 절대 그를 행해서는 아니 되는 것이며,
20 너를 따르는 제자들이요, 나의 법전을 읽고 깨우친 만백성 너희는 그를 알라.
21 너희도 묵상하고 기도할 때 너희가 원하는 답을 내가 내릴 것이니라.
22 그러니 내가 내리는 그 답에 따라서 너희가 절대복종하며 반드시 행한다는 것을 약속하고 그리 가는 제자, 그리 가는 백성에게는 반드시 그가 나에게 기도하고 묵상으로써 답을 원할 때 내가 너희에게 가르쳐 줄 것이니라.
23 너희가 그만큼 마음이 비어 있으며

마음의 공간이 있으니,
24 나의 성령으로써 너희에게 임할 수 있는 그만큼 공간이 넓어졌다는 것이니 그리 알라, 사랑하는 나의 아들딸들아!
25 반드시 실천하라.
26 절대로 너희 생각으로 너희 판단으로 하지 말라.
27 눈으로 보면 쉬운 것이 있나, 아무리 눈으로 봐서 금방 역사하고 이룰 것이라 생각해도,
28 내가 주는 묵상의 답은 O(오), X(엑스)요, O, X라는 답이 반드시 거기에 있음이니, 정답이니라.
29 정답을 버린다면, 그다음엔 오답밖에는 무엇이 있느냐?
30 그러니 정답을 찾는 그 길을 가라, 나의 아들딸들아!

6,304 번째 하나님 말씀

2003년 6월 2일 08시 45분

1 사랑하는 나의 아들아!
2 "네, 아버님! 말씀하옵소서."
3 나의 사랑하는 백성을 가르치며 깨우친다는 백성, 그리고 종교 집단이요, 지도자요, 그리고 구원을 받고자 몸부림치며 그저 따라가는 백성, 그들을 인도하는 사람들이요, 그들을 인도하는 나의 백성이 과연 하늘의 이치를 얼마나 알고 그 백성을 구한다는 말을 하는가?
4 하늘의 이치요, 하늘의 뜻을 모르는 그들이 어찌 구원을 할 수 있으며 나의 백성을 하늘에 오르는 길로 가르칠 수 있다 하는가?
5 그들은 나의 뜻이요, 하늘의 뜻을 정녕 얼마나 알고 있는가?
6 하늘의 뜻을 알지 못하며 그것이 하늘의 뜻이라 하여 가르치는 것은 하늘의 뜻을 거역함이 아니던가?
7 그들이 지금 가는 것이 얼마나 나 여호와를 거역하며 내 뜻을 거역하는 것인지 알겠는가?
8 내가 원하는 길과는 전혀 반대의 길을 가고 있는 것이니라.
9 그들은 그저 한 방울의 물을 손 위에 올려놓고 저희가 이 세상 물의 이치에 대한 것을 다 알며, 저희가 물에 대한 것은 박사라 그리 말하며, 물에 대한 것은 저희보다 더 잘 아는 자가 없다 그리 말함이니,
10 바다의 그 깊은 오묘한 삶이요, 그 바닷물의 성질이요, 그 바닷물이 가슴에 안고 있는 그 모든 것을,
11 한 방울의 물을 제 손에 올려놓고 그것을 다 아는 것처럼, 그것을 더 잘 아는 것처럼 그와 같이 어리석은 행위를 하고 있는 것이 지금 나의 피조물 만백성 그들이니라.
12 하늘의 이치를 알며 하늘의 뜻을 안다고 가르치는 자들이니, 이를 보는 나 여호와의 마음이 얼마나 아프겠는가?
13 그 많은 바다의 물을 모르고 한 방울의 물을 갖고 바다의 물이 무엇인가를 안다 말하는 자, 거기에 어떠한 진실이 있으며 거기에 어떠한 겸손함이 있으며 거기에 너희 자신이 무엇인가를 들여다볼 수 있는 깨달음이 있단 말이던가?

14 한 방울의 물이요, 한 주먹의 물을 보
고 제가 그 물을 다 알며 물의 원리를
알며 물의 뜻을 알며 물이 역사하는
것을 다 아는 것처럼, 그리고 그 바닷
물을 다 보는 것처럼,
15 모두를 다 띄울 수 있는 바다의 위대
한 그 힘의 원리요, 그 자연의 순리를
아는 것처럼 그들은 말하고 있음이니
라.
16 그러니 얼마나 어리석은 백성이던가?
17 겸손함을 모르는 자들이며, 하늘의 뜻
의 위대함을 모르는 자들이니라.
18 하나의 떨어지는 빗방울을 손에 받아
놓고 그 바다의 물이요, 이 세상의 모
든 물의 원리를 다 아는 것처럼 그리
말하느니라.
19 네 손 위에 있는 한 방울의 물이 바다
의 물보다 더 많다고 생각하며 더 위
대하다고 생각하며, 그 이상의 물은
세상에 없다 생각하는 것이 그들이니
라.
20 한 주먹의 제 손에 있는 그 물을 보고
세상에는 이보다 더한 물이 없으며,
이보다 더 넓은 바다가 없으며 더 많
은 것이 없다고 말한다면, 그게 얼마
나 어리석은 백성이던가?
21 그러니 너희가 지금 하늘의 이치를
안다 하며 나의 뜻을 안다 하며 만백
성을 가르치고 있는 종교 지도자 너희
가 바로 그와 같이 어리석은 행위를
하고 있다는 것을 알아야 할 것이니
라.
22 그러니 겸손하며 겸허하며 하늘의 위
대함을 너희 스스로 깨우치는 그와
같은 마음 자세가 되어 그와 같은 마
음으로써 나의 성경을 들여다보며 성
경의 의미를 알 때, 너희는 내가 원하
는 참진리의 뜻을 알게 될 것이니라.
23 그러나 너희는 그를 알지 못하며 그저
한 주먹의 네 손에 있는 물이 바다의
물보다도 더 많은 것이며, 바다의 물
은 없다 그리 말하며,
24 오로지 세상에 존재하는 것은 네 손에
있는 그 물만이 물이라 그리 말하며
그것 외에는 물이 없다 말하는 자와
같으니라.
25 그리하여 그와 같은 어리석은 백성에
게 내가 바다를 보여 주며 강을 보여
주며 끊이지 않고 흐르는 냇물의 위대
함을 보여 주고자 하여 나의 법전 160
권을 기록하여 세상에 너희에게 내리
는 것임을 알아야 할 것이니라.
26 너희는 죽음이 무엇이며 사후의 세계
가 무엇인가 하는 것을 그 자체도 알
지 못하는 자들이 하늘의 뜻과 하늘의
역사함을 안다 말하지 말라.
27 감히 너희를 따르는 것이 하늘에 오
르는 길이요, 너희가 가는 길이 꼭 그
길만이 하늘에 오르는 길이요, 축복받
은 백성이요, 남들이 가는 길이요, 남
들이 행하는 것은 하늘에 오르는 길이
아니라 생각하는 자들,
28 그와 같이 어리석은 자 밑에서 구원의
길을 가고자 하는 백성 너희가 이제
너희 스스로 그들의 가르침이 얼마나
어리석은 것인가를 깨달아야 할 것이
니라.
29 그들이 내가 존재하여 만들어 놓은 이
아름다운 지상이요, 이 성전에 살고
있는 미물이요, 식물과 동물이 살아가

는 형태를 다 안다 말하는 자 있거든,
30 과연 그를 다 아는 자가 있다 하면 그
들은 이제는 제 손에 있는 물이 아니
요, 바다의 물도 있다는 것, 한 방울의
물만이 다가 아니요, 그 바다의 물도,
그리고 강물도, 시냇물도 흐르는 그와
같은 물이 이 역사에 흐르고 있다는
것을 겨우 깨닫는 자들이니,
31 그때부터 그들이 하늘의 이치를 알며
하늘의 뜻을 알 수 있는 길이거늘,
32 이 세상의 식물이요, 미물이요, 동물
이 살아가는 특성과 그들의 가짓수요,
그들이 가지고 있는 모두를 위한 그
하나하나를 알지 못하는 너희이니,
33 그를 아는 자가 바로 하늘에 오르는
길을 시작함이요, 반석 위에 일어서서
하늘의 위대함을 아는 깨우침을 얻는
것이라 하였음이니,
34 그 모두를 알지 못하며 그 원리를 알
지 못하며 그 특성을 알지 못하는 자,
너희가 나의 피조물 만백성을 구한다
그리 말하지 말라.
35 그리 그 자격이 없음이니라.
36 그리하여 너희는 그와 같은 이치를
깨닫는 노력이 필요하며 그와 같은 마
음 자세가 필요함이니라.
37 그러니 인간의 노력으로써는 그를 깨
달을 수 없으며 그를 알 수 없기에, 너
희가 하늘의 뜻이요, 하늘의 이치를
알 수 없기에, 내가 성경으로 그 모두
를 다스리는 비유의 뜻을 알려 주었거
늘,
38 그를 알지 못하며 그를 깨닫지 못하고
너희가 지금과 같이 사악한 형국으로
흘러왔기에,
39 그 모든 자연이요, 미물이요, 동물이
요, 이 세상에 내가 만든 성전에 존재
하는 모든 그 생명체들이 어찌 형성되
며 어찌 이루어지며 어찌 그들이 존재
하는 것인가, 그 모든 기초를 내가 깨
우쳐 주는 것이 나의 법전에 다 들어
있음이니라.
40 그리하여 160권의 법전을 읽고 깨우
쳤을 때 너희가 반석 위에 서게 되며,
반석 위에 서서 하늘에 오르는 빛을
보는 것이 무엇인가를 알게 되는 그
기초를 다스려 주고자 하여 내가 나의
아들을 통하여 밤과 낮을 가리지 아니
하고 이 역사가 이루어짐을 잊지 말
라, 사랑하는 나의 아들딸들아!

6,305 번째 하나님 말씀

2003년 6월 2일 08시 59분

1 사랑하는 나의 아들아!
2 "네, 아버님! 말씀하옵소서."
3 너희가 세속에 살아가면서 '구슬이 서
말이라 해도 그를 꿰어 잘 다듬고 만
들지 아니하면 아무런 가치가 없으며
장식으로써 쓸 수 없다.' 그러한 너희
가르침이 있으며 말이 있지 않은가?
4 바로 그러하니라.
5 너희가 이 세상을 살아가며 선이 무엇
인가를 알면서도 그를 행하지 아니한
다면 아무런 가치가 없으며, 선을 알
고 있는 그 의미가 없음을 알아야 할
것이니라.
6 너희는 살아가면서 악이 무엇인가 알
고 있음이니라.
7 그러면서 너희가 악을 행하며 악을

중단하지 아니하는 것은 너희가 악이
무엇인가를 알고 있을 필요가 없음이
니라.
8 너희는 악을 중단할 수 있는 삶을 사
는 것, 선행이라 생각하며 선을 행할
수 있는 그와 같은 행하는 삶을 살도
록 하는 것이 인간의 도리요, 고뇌요,
고통이요, 그 모두에서 벗어날 수 있
는 길이며,
9 하늘에 와 나에게 축복과 영광을 받을
수 있는 그 삶의 길이라는 것을 너희
는 잠시도 잊어서는 아니 될 것이니라.
10 그러나 사랑하는 백성 너희는 인간이
요, 너희가 말하기를, 인간은 죄를 짓
지 아니하고 살 수 없다 그리 말하듯
이 인간의 마음을 바로 다스릴 수 없
다고 그리 말함이니,
11 지금 살아가는 피조물 나의 백성 너희
는 아침에 깨달음이 있어서 아침에 선
을 행하며 네가 어찌 살겠다는 굳은
결의의 마음을 가지나,
12 시간이 지나 저녁이 되면 너희는 그
모두를 잊어버리며 지워 버리고 인간
속성대로 행동하며 인간의 속성대로
살아가며 하루에도 수없이 무너지고
일어섰다 하는 그와 같은 것이니,
13 이를 보는 나 여호와의 마음이 오죽이
나 아프겠는가?
14 선하지 못한 행동을 고치려고, 잘못된
습관을 고치려고 어려서부터 평생을
노력하며 또 노력해도 그를 고치지 못
하는 것이 너희이니,
15 그를 고치지 못하고 나에게 오를 수
있다 하며 오르겠다 생각하는 것은 너
희의 착각임을 알아야 할 것이니라.
16 하물며 너희가 고치려고 노력하고 또
노력해도 고치지 못했을 때 나에게 오
를 수 없다 하였거늘,
17 죄를 짓고 그를 눈물로써 회개하며 용
서해 달라는 말로써 나를 향하여, 하
늘을 향하여 부르짖으면 그게 다 지워
지며 심판에서 제외된다 하니, 너희가
얼마나 어리석은 삶을 살고 있는가?
18 너희가 지금 노력하고 또 고치려고 노
력해도, 최선을 다한다 하는 그와 같
은 삶을 살고자 해도 순간적으로 무너
지는 그것을 다스릴 수 없는 것이니,
19 그 마음 하나 잡기가 그리도 어렵고
힘든 것이니라.
20 그러니 악을 중단하지 못하는 마음을
가지고 있다 하면 악은 악대로 너희도
모르는 체 그저 넘어가고,
21 악이라 해도 너희에게 이해관계에 손
해가 없으며 득이 된다 하면 하늘을
두려워하지 아니하며, 이웃을 두려워
하지 아니하며, 만백성을 두려워하는
마음을 갖지 못하며,
22 너희가 그저 그들이 보지 아니한다 생
각하여 모르는 체하고 넘어가는 그와
같은 행위를 하고 사는 것이니,
23 과연 너희가 바로 설 수 있으며 나에
게 오를 수 있다고 생각하는가?
24 악을 악이라 하면 너희가 중단하는
그와 같은 노력이 필요하며 결단코 그
를 잘라 버리는 용기가 필요하거늘,
25 이해관계에 손해가 없으며 득이 된다
하면 너희가 하늘이 모르며, 사람이
모르며, 인간 세상이 모르며 너희 이
웃이요, 형제의 가장 가까운 사람까지
도 모른다는 그와 같은 자신의 위안의

마음으로 결정을 내려 행하는 것이니,
26 너희가 그리 살고 어찌 나의 자식이라
말할 수 있는가?
27 그리하여 나에게 오르니 얼마나 어렵
고 힘든 길인지를 너희는 알고 있느
니라.
28 그리하여 너희는 그 길로 가야 한다
는 것을 알면서도, 나에게 오르는 길
이 힘들고 어렵기에 너희가 연구하여
만들어 낸 것이 바로 무엇이더냐?
29 너희는 간단한 방법으로써, 가장 편안
한 방법으로써 너희가 죄를 짓고 사
는 것이 두렵고 무섭기에, 그리고 너
희가 그를 감히 감당할 수 없기에, 그
리하여 너희가 육이 사는 세상이라도
편하고자 하는 그 수법이 무엇이던가?
30 너희가 지은 죄를 모르며 너희가 지
은 죄의 대가를 스스로 열배 백배 갚
으려는 것이 아니요,
31 그 갚으려는 노력이, 바로 서려는 것
이 너무도 어렵고 힘들어 그 길을 갈
수 없기에, 그리 갈 수 없어 불안에 떠
는 나의 백성에게 그 길을 가야만 된
다고 가르치는 것이 아니라,
32 너희가 연구한 간단한 방법, 즉 나의
아들 예수가 피를 흘려 죽음으로써 너
희의 모든 악한 행위를 다 나의 아들
이 심판을 받아 너희 죗값을 다 치렀
음이니,
33 예수가 고통스럽게 죽어 갔으며, 나
여호와는 너희를 사랑하기에 나의 아
들을 대신 보내어 너희 죗값을 다 치
렀으며, 너희가 하고자 하는 모든 악
한 것을 다 접어 두었음이니,
34 고통스럽게 죽어 간 나의 아들 예수가
그 고통스럽게 죽어 간 만큼 너희의
죄의 대가를 다 치른 것이라 그리하며,
35 너희가 예수를 찾으며 예수를 부르며
그리고 나의 아들 예수를 경배한다는
교회라는 그 죄의 온상을 지어 놓은
그곳에 가 너희가 마음대로 너희 생
각으로써 울고불고하며 나의 아들을
찾는다 생각하며, 나의 아들을 경배한
다 생각하며, 너희가 나의 아들의 그
고통에 대해서 느낀다 하며, 그 고통
이 너희를 대신하여 죽은 고통에 감사
한다 생각하며,
36 그 은혜에 보답하고자 한다며 말로는
그리하나, 너희가 행동을 그리하지 아
니함이니, 바로 그것이 잘못된 것이라
함이니라.
37 너희가 나의 아들의 그 고통스러움을,
너희를 대신하여 죽어 간 그 속죄한
대속자로서 죽어 간 것을 감사하고 정
녕 그 보답에 의해 살고자 한다 하면,
38 너희가 울고불고 찬송하고 광란의 짓
을 하는 것이 아니라,
39 조용히 앉아 예수의 고통을 음미하며,
그가 무엇을 요구했으며 그가 베푼 것
이 무엇인가 하여 그대로 행하며 그대
로 따라가고자 하는 마음이요, 그를
행하고자 하는 그와 같은 굳은 결의를
하고,
40 하늘을 향하여 한 점의 부끄럼이 없는
삶을 살아가는 그것만이 너희가 하늘
에 오르는 길이요, 나의 아들 예수의
죽음의 고통에 보답하는 길이요, 은혜
에 감사하는 길이라는 것을 너희는
어찌하여 그리 모르는가?
41 그리 가면 되니라.

42 그러니 그와 같은 방법으로 가지 아니
하며 말로써 나의 아들 예수를 믿으며
너희 손으로 지은 그 죄의 온상을 더
크게 짓고 더 화려하게 짓는 것이 나
의 아들 예수의 죽음이요, 고통이요,
은혜에 보답하는 길이라는 엉뚱한 발
상의 착각에서 이제는 깨어나야 할
것이니라.
43 정녕 이를 더 이상 계속한다면 너희는
중단할 수가 없으며 이를 막을 수 없
으며 이를 단죄할 수 없기에 너희 스
스로 변할 수가 없으며,
44 너희 스스로 단죄하여 그것이 잘못되
었음을 깨우치는 백성이 세상에 없기
에,
45 내가 이를 단죄하고 다스리기 위하여
나의 아들을 통하여 지금 160권의 법
전을 세상에 내려보내니, 이것이 너희
를 위한 마지막 기회라는 것을 알라.
46 너희가 나의 마지막 기회를 안다면 그
기회에 감사하며 은혜에 감사하는 마
음으로 살아가지 아니하면 너희는 구
원을 받을 수 없다는 것을 잊지 말라.
47 너희가 힘들고 어려운 길이 구원의 길
이요, 하늘에 오르는 길이라는 것을
알면서도, 그 어렵고 힘든 길을 가자
하면 따라가는 자가 없음이니, 너희를
따라오는 자가 없음이니,
48 그저 너희를 따라오며 경배하며 또한
지도자로서 육의 생활을 편안하며 향
락을 즐기며 나의 백성을 우롱하며 갈
수 있는 길은 바로 무엇인가를 너희가
연구하고 연구한 결과 끝에 무엇이더
냐?
49 나의 아들 예수의 죽음으로써 너희
죄를 다 사해 주었으니 너희는 죄가
없다, 그저 천국에 오를 수 있는 자라
그리하니,
50 천국에 오르는 것은 나 여호와를 대신
하여 지은 그 성전이요, 그리고 또 몇
사람이 늘면 느는 것만큼 때려 부수
고 또 짓고,
51 호화찬란하게 지은 그곳에 와 강론을
들으며 울고불고 나의 아들 예수를 찾
기만 하면 구원을 받는다는 그 악랄한
방법으로써 연구 개발하여 그것을 너
희가 지금 내세우고 써먹고 있음이니,
52 그 모든 믿음의 길의 대표적인 사악한
짓이며 악랄한 짓이며 나의 백성을
지옥으로 이끌어 가는 대표적인 것을
너희가 하늘에 오르는 길이라 그를 믿
고 따라가고 있음이니, 그는 죽음의
길이라는 것을 잊지 말라.

6,306 번째 하나님 말씀

2003년 6월 2일 09시 12분

1 사랑하는 나의 아들아!
2 "네, 아버님! 말씀하옵소서."
3 인간인 너희 머리의 생각이요, 너희
생각에서 나오는 것, 그리고 인간이
연구 개발한 학문이며 지식이요, 그
모든 것을 가지고는 하늘에 오르는 길
을 볼 수 없으며 인간의 한계가 있다
그리 말하였음이니라.
4 인간의 학문이요, 인간의 지식을 가지
고는 하늘에 오르는 길을 볼 수 없다
그리 말하였음이니라.
5 그러나 지금 모든 종교 집단이요, 지
도자 그들은 바로 무엇이던가?

6 인간의 생각이요, 인간의 지식을 가지
고 저희가 하늘에 오르는 길이라, 그
리고 그 길을 가르친다 함이니라.
7 이는 곧 무엇이던가?
8 내가 내린 성경에 쓰여 있는 그 비유
의 뜻을 알지 못하기 때문이니, 그들
이 곧 마음을 비우지 못하였기 때문이
니라.
9 아담과 이브가 욕심 때문에 그 모두를
다 잃었듯이 그 후예인 너희가 그 욕
심을 아직도 버리지 못하고 있기 때문
이니라.
10 그리하여 성경을 깨우칠 수가 없으니,
그는 사탄이요, 뱀의 정신이요, 욕심
이라는 것은 사탄인 뱀의 자세와 마음
에서 나온 것이니, 그 마음을 계승하
여 가르치는 것이 너희이니라.
11 너희가 성서의 비유를 모르며 성경의
가르침을 모르며 욕심을 버리지 못한
자이기에, 그리하여 인간의 생각이요,
인간의 학문이요, 인간의 지식을 가지
고 나의 피조물 만백성을 하늘에 오르
는 길이라 가르치고 깨우치고 있음이
니,
12 하늘에 오르는 길은 하늘에 오르는 그
이정표가 있으며, 그 이정표를 보는
자는 그 길을 따라 하늘에 오를 수 있
음이니,
13 하늘에 오르는 길을 볼 수도 없으며
하늘에 오르는 길의 빛의 그 형태도
찾아볼 수 없는 그와 같은 형국에 있
는 것이 너희이니라.
14 그러니 이정표를 모르는 자가 하늘에
오르는 길을 어찌 인도할 수 있는가?
15 하늘의 이정표를 보고 읽을 수 있는
자가 하늘에 오르는 길을 인도할 수
있는 자이니라.
16 그리하여 내가 너희에게 깨우치고 하
늘에 오르고자 하는 그 길잡이요, 그
길 안내자요, 그 이정표가 바로 무엇
인 줄 알겠는가?
17 내가 나의 아들 예수를 통하여 내려보
낸 나의 아들로서 역사하고자 했던 것
이 그 이정표의 길잡이를 설명해 주며
그 길을 안내하는 것이었으며, 그 이
정표가 바로 성경이었음이니라.
18 그리하여 너희가 그 이정표를 가지고
설명하는 나의 아들 예수의 가르침을
제대로 듣고 배워 지금까지 그대로 역
사했더라면 너희는 이정표를 볼 수 있
는 눈이 뜨였으며,
19 이정표를 볼 수 있는 눈이 뜨임으로
인하여 너희가 하늘에 오르는 길을 볼
수 있거늘,
20 너희는 이정표를 가지고 설명해 주고
가르치는 나의 아들을 죽게 하여 그
입을 막았으니, 너희가 이정표를 설명
하는 자가 없음이니라.
21 그리고 이정표를 보는 그 성경을 너희
가 바로 보지 못하며 바로 듣지 못함
이니,
22 바로 너희가 그 이정표를 보지도 못
하며 길을 모르는 것은 당연한 것이니
라.
23 그리하여 이정표를 보고 오면 되는 너
희 그 깨달음을 위하여 내가 세상에
그와 같이 이정표요, 그 이정표인 나
의 아들 예수에게 성경을 내려보냈으
나, 그를 망가뜨렸으며 다 부숴 버린
자들이니,

24 너희가 길을 찾으려 해도 길을 찾지
못하며 하늘에 오르는 길을 알 수 없
음이니라.
25 그리하여 인간으로서는 그를 볼 수 없
으며 그를 깨우칠 수 없다고 가르치는
것이 종교 지도자 너희이니라.
26 당연히 볼 수 없고 깨우칠 수가 없는
것이 너희이니라.
27 그가 존재하지 아니하기 때문이니라.
28 즉 그를 볼 수 있는 눈이 없으며 그를
들을 수 있는 귀가 없기 때문이니라.
29 그리하여 내가 올 수 없는 자, 암흑에
서 방황하는 너희를 내가 더 이상 방
치하고 버려둘 수가 없기에, 너희가
가련하고 불쌍하여 내가 너희에게 다
시 한 번 기회를 주기 위하여 지금 하
늘의 이정표를 내려보냄이니라.
30 그리고 이정표를 보고 하늘의 길을 오
를 수 있도록 그 길을 볼 수 있는 너희
귀를 열어 주며 눈을 열고자 하는 것
이니라.
31 그리하여 내가 나의 법전을 지금 만들
어 세상에 내려보냄이니, 이게 바로
너희가 하늘에 오르는 길을 찾을 수
있는 이정표요, 바른길을 볼 수 있는
그 이정표요,
32 너희가 그 이정표를 봄으로 인하여 하
늘의 길이 무엇인가를 알게 됨이니,
너희가 그 마음 자세의 변화를 이룰
수 있는 것이 그 역사이니라.
33 너희가 내가 지금 내리는 나의 법전을
보고 너희 마음이 변화되는 것, 그리
고 깨달음의 눈이 뜨이는 것, 그리고
너희 듣는 귀가 열리는 것, 그것이 바
로 이정표를 볼 수 있는 눈이 뜨이는
것이며, 길잡이요, 안내자의 그 설명
을 들을 수 있는 것이니라.
34 그리하여 내가 이를 160권으로 상세
히 기록하여 내려보내니, 너희는 이를
보고 읽고 깨우쳐 하늘에 오르는 길을
알도록 그리하라.
35 그러나 너희는 지금도 내가 내리는 것
을 이단이요, 사탄이요, 사악한 자요,
36 인간으로서는 그 이정표를 볼 수 없기
에 이정표를 볼 수 없다 하며 하늘에
오르는 길을 볼 수 없다 그리 말하느
니라.
37 그리하여 먼저 그 길잡이를 하다 죽어
간 나의 아들 예수를 찾고 매달리면,
그가 다시 와서 너희에게 이정표를
내려보낼 것이며 너희를 안내할 것이
라 그리 몸부림치고 지금 울고불고하
고 있음이니라.
38 그리하여 너희가 광란의 짓을 하며
그 마음을 이용하여 재물을 거둬들이
는 사악한 종교 집단이요, 지도자들이
악마의 자손이 되어 이 세상을 부리고
있음이니,
39 너희가 욕심이라는 것을 버리면 천사
요, 나의 자식이요,
40 너희가 욕심을 버리지 못하고 나의 피
조물 만백성을 이끌어 가면 뱀의 후손
이라는 것을 잊지 말라.
41 그리하여 내가 지금 너희에게 다시
한 번 기회를 주어,
42 너희가 이정표를 볼 수 없으며 하늘의
길을 볼 수 없다, 인간으로선 이 길을
갈 수 없다 그리 가르치는 그 지도자
들을 단죄하며 그 말을 듣고 따라가는
너희에게 내가 새로운 이정표를 내림

이니라.
43 오로지 나의 아들 예수가 다시 내려와 너희에게 이정표를 설명하며 그 길을 안내할 때만이 구원을 받을 것이며 그 때를 기다려야 한다,
44 그리고 그때를 위하여 그를 영접하기 위하여 재물과 금화와 은화를 거둬 더 큰 성전이요, 아름다운 궁궐 같은 성전을 지어 놓는 것이 나의 아들 예수가 감사해 너희에게 제일 먼저 올 것이라는 그 욕심이요,
45 그와 같은 버리지 못하는 사악한 마음을 가지고 너희가 지금 발버둥치는 형국이라는 것을 알아야 할 것이니,
46 그와 같이 가르치는 자가 뱀의 후손이요, 뱀의 자식이라는 것을 잊지 말라.
47 내가 나의 아들로서 다시 내려보내는 것이 아니니라.
48 내가 성령으로써, 나의 법전으로써 이정표를 그려 내려보냈으니, 이를 보고 읽는 자는 이정표를 볼 수 있는 눈이 뜨이며 설명하는 것을 들을 수 있는 귀가 열림이니, 그를 보고 너희가 하늘에 오르는 길을 스스로 찾아올 수 있도록 그리하라.
49 지금 나의 아들을 통하여 너희가 길을 찾을 수 있는 것을 내가 내려보냄이니, 이를 불가능하다 생각하며 사탄이요, 이단이요, 사악한 자라 그리 말하여 찢어 버리고 태운다면,
50 너희가 나의 아들 예수가 이정표를 놓고 설명하려는 것을 그 아들을 죽게 하여 그를 듣지 못한 것처럼 또 그와 같은 우를 범하고자 너희가 그리하는 것이며 그와 같은 행위를 하나,
51 이제는 내가 너희를 용납하지 아니함이니라.
52 내가 글로써 책으로써 세상에 하얀 눈이 덮듯이 내려보내니, 이정표를 태우고 찢어 버리고 부숴도 존재한다는 것을 알라.
53 이제는 나의 아들을 통하여 글로써 만들어 직접 너희에게 전함이니,
54 그리하여 너희는 이 이정표를 찢어 버리고 태워 버려도 이는 존재한다는 것을, 무섭고 두려운 이 엄연한 사실을 알라.

6,307 번째 하나님 말씀

2003년 6월 2일 11시 43분

1 사랑하는 나의 아들아!
2 "네, 아버님! 말씀하옵소서."
3 내가 너에게 깨우쳐 말하기를 뭐라 일렀더냐?
4 사람이 똑같은 수준에서 똑같이 어울려 산다 하면, 그 위의 것을 모르는 자들이 서로 더불어 산다 하면 너희는 깨우침의 단계에 오를 수 없다 하였음이니,
5 그를 내가 극단적으로 표현하여 알이 새 생명이 태어나지 못하고 알로 있다면 새로운 세상을 볼 수 없으며 변화되는 그 역사를 볼 수 없다 그리 말하였느니라.
6 이제 너를 따르는 제자들이요, 나의 법전을 읽고 깨우친 백성 너희가 인간의 세상이요, 인간 세상의 삶의 고리를 놓지 못하며 한 단계 더 높이 서서 세상을 내려다보는 그와 같은 깨우침

을 얻지 못한다면 너희는 결국 변할 수가 없는 것이니라.
7 너희가 붙어 있는 상태에서 떨어질 수 없다면 그게 똑같은 것이 아니던가?
8 지상에 너희가 붙어 있으며 지상에 발을 대고 흙을 밟고 사는 일반 백성과 똑같은 그와 같은 삶의 세계요, 그와 같은 생각에서 벗어나지 못한다면 너희는 누구나 다 똑같은 자이니,
9 이제 너의 제자들과 너를 따르는 백성 너희는 구름이 되어 세상을 내려다보는 그와 같은 삶의 마음 자세로 살라 그리 이르라.
10 너희 경지요, 깨달음이 이제 구름의 높이만큼 올라와 있음이니,
11 너희가 그 위에서 내려다보는 너희 자신이라는 것을 알며, 너희가 그와 같은 삶을 산다는 것을 그리 전하며 행하도록 하라.
12 구름이 되어 세상을 내려다보니 세상에 무슨 인연이 있으며 무엇이 그리 너희가 아쉬움이 있겠는가?
13 너희가 세상에 구름이 되어 떠돌며 구름이 되어 하늘에서 밑을 내려다보니,
14 너희가 이미 구름이 되어 하늘에 올라와 나에게 그만큼 가까이 왔으니,
15 인간의 욕심이 거기에 무엇이 필요하며 인간의 고리가 무엇이 필요하며 인간의 갖고자 하는 것이 무엇이 필요하며 인간이 이루고자 하는 것이 무엇이 필요하던가?
16 인간의 고리 속에서 헤매지 아니하고 위에서 내려다보는 너희가 되었음이니,
17 너희는 그러면서도 인간의 고리요, 인간의 삶이요, 그를 버리지 못하고 그를 내려다보는 자세가 아니 된다면, 너희는 정녕 깨우쳐 하늘에 오르지 못함이니라.
18 그러니 이제 너희 제자들은 구름이 되었음이니라.
19 너희가 그리 높이 와 구름처럼 떠돌아 세상을 다 바라보니,
20 추하고 더러운 모습이요, 잘못된 것이요, 썩어져 가는 그 모두를 다 내려다보는 너희이니,
21 바로 그와 같이 구름이 된 너희 마음이 세상의 고리요, 인연에 아직도 연연한다면 아무것도 될 수 없음이니라.
22 너희는 구름이 되어 내려다보는 자니, 거기에 무슨 색채가 있으며 무슨 맛이 있으며 무슨 즐거움과 괴로움이 있단 말이던가?
23 그 모두가 다 부질없는 것이라 너희가 느끼고 살아갈 수 있는 그 경지에 이미 올라왔으니, 그 마음을 그대로 행하고 살면 되는 것이니라.
24 너희가 변하고자 하는 그 노력이요, 너희가 변하고자 하는 그 깨달음이요, 너희가 나의 법전을 읽고 깨우치며 너희 스스로 다스리는 그 노고에 이제는 구름만큼 올라왔음이니라.
25 그리하여 내가 너희를 사랑하니, 구름이 되었으면 구름과 같은 마음을 갖고 살라.
26 구름이 무엇을 바라는 것이 있으며 무엇을 원하는 것이 있던가?
27 얼마나 가벼우면 하늘에 떠 구름이 되었으며, 얼마나 그 속에 채워진 것이 없으며 그릇이 비어 있으면 그리 두둥

실 떠다닐 수 있단 말이던가?
28 너희 마음을 그리 비우라.
29 악한 마음, 선한 마음, 그리운 마음,
미워하는 마음, 그 모두를 다 버리라.
30 너희는 육신이 없으며 피가 없음이니
라.
31 그와 같은 마음을 가지고 사는 것이
너희가 가야 할 길이며 너희가 이제
역사할 길이니라.
32 아무것도 없느니라.
33 하늘을 향하여 그저 하나의 곧은 대나
무가 뻗어 나가듯이 너희는 곧고 바
른 그것밖에는 아무것도 없음이니라.
34 그 길만이 너희가 나에게 오는 길이
요, 그럼으로 만백성이 너희를 본받
기로 삼아 너희를 바라볼 것이니라.
35 이제 너희는 손에 쥔 것도 없으며, 맛
을 보는 것도 없으며, 먹는 것도 없으
며, 이 세상에 자고 사는 것이 없음이
니, 이 세상의 생활이 없음이니라.
36 비록 너희가 육을 가져 육으로써 그
생애를 마칠 때까지 육은 세상에 존재
하나, 너희 영혼의 세상은 구름이 되
었음이니라.
37 구름이 된 너희 영혼을 추락시켜서는
아니 될 것이니 그와 같은 마음을 갖
고 세상을 보라.
38 구름이 세상을 내려다보는 그 마음이
너희 마음이 되어야 할 것이니, 그 마
음을 갖고 오늘 이후부터 살아가도록
그리하라, 사랑하는 나의 아들딸들아!
39 그것이 너희가 가져야 할 길이며 너
희가 가야 할 길이며, 너희는 구름이
되지 아니하면 아니 됨이니라.
40 속절없이 흐르는 눈물이요, 속절없는
그리움이요, 속절없이 너희가 가지고
있는 욕심이요, 너희가 무엇을 이루고
자 하는 것이 다 허무한 것이며 부질
없는 것이니라.
41 구름이 되라.
42 구름과 같은 너희가 되어서 세상을 내
려다볼 때 그 모두를 다 알 것이니, 그
마음이 되었을 때 너희가 사랑하는
것도 없으며, 대중적으로 모두를 보
며, 이 세상의 모든 만물은 다 너희 발
아래, 너희 마음 아래, 너희 생각에 따
라, 너희가 보는 눈 아래 있음이니, 그
것이 귀엽고 사랑스럽지 않겠느냐?
43 모두를 다 덮어두는 그와 같은 삶을
살라.
44 속절없는 세월 속에 발버둥치지 아니
하며, 머지않아 나에게 와 심판을 받
는 그 삶을 놓고 시간이 없거늘,
45 어찌하여 너희의 마음은 구름이 되어
하늘에 왔으나, 행위가 따르지 못하는
그와 같은 어리석은 삶을 살려 하는가?
46 이제는 모두다 눈을 감으라.
47 그리워하는 사람, 미워하는 사람, 보
고 싶은 사람, 그리고 너희가 즐기고
싶은 것, 맛있는 것, 좋은 것, 입고자
하는 것, 아름다움을 갖고자 하는 것,
남에게 더 잘 보이고자 하는 것, 예쁘
게 보이고자 하는 것, 당당하게 보이
고자 하는 것, 권세를 쥔 사람으로 보
이고자 하는 것, 재물을 가지고 있는
사람으로 보이고자 하는 것, 좋은 집
이요, 좋은 환경이요, 다 그것이 부질
없는 것이니라.
48 거기에 너희가 아직도 마음을 버리지
못하면 아니 됨이니, 너희 마음속에

이 세상의 모든 고리를 놓으며 모든
인연을 놓으며,
49 그 모두를 놓기 위해 너희 마음이 아
프며 가슴에 눈물이 흐를 것이니라.
50 너희 가슴에 흐르는 그 눈물이 모든
마음을 다 씻어 내는 것이니 그 아픔
에 연연하지 말라.
51 그 아픔이 행복이요, 영광이요, 축복
이라는 것을 생각하고 그리 살라.
52 모두를 다 지우라.
53 나의 아들이 가는 길이 그리 지우고
가는 길이며, 나의 아들을 따르는 제
자 너희 또한 그리 다 지우고 가야 하
는 것이니라.
54 나의 아들 또한 구름이 되어 하늘을
나나, 육의 세상에 얽히고설킨 그 고
리를 못 놔 울고불고하고 있음이니,
그는 이미 그 모두를 놨음이니라.
55 그러니 그를 따르는 제자 너희가 그
모두를 다 놓아야 함을 알라.
56 그리하여 너희가 나의 아들과 더불어
가는 자가 되니, 너희 스스로 구름이
된 너희 마음이요, 생각을 육으로 인
해 지상에 떨어트리지 말라.
57 하늘에 오르고자 하는 나의 아들을 잡
지 말라.
58 올라가고자 발버둥치며 눈물을 흘리
며 그 몸부림치며, 구름이 되고자 하
며, 말을 하기 싫어하며, 생각을 하기
싫어하며, 세상사 보기를 싫어하며 세
상의 보는 것을 두려워하는 것이 나
의 아들이니, 너희가 그 마음을 따라
가야 함을 잊지 말라, 사랑하는 나의
아들딸들아!

6,308 번째 하나님 말씀

2003년 6월 2일 11시 52분

1 사랑하는 나의 아들아!
2 "네, 아버님! 말씀하옵소서."
3 너의 제자들이요, 너를 따르는 백성이
요, 나의 법전을 읽고 깨우친 나의 백
성 그들을 정녕 내가 사랑함이니라.
4 그들이 조금의 변화요, 하나의 변화도
이 세상의 어떠한 백성도 그를 따를
수 없음이니,
5 그와 같이 하나가 아니요, 수백 개가
변하며 수많은 시간을 변화 속에 살아
가고자 발버둥치는 너희를 바라보는
나 여호와의 그 기쁨이 이루 말할 수
없음이니,
6 그와 같이 가는 너희에게 내가 상을
내리지 못하며 너희가 더 바르고 곧
게 가라 나의 아들을 통하여 강론을
그리 전하는 내 마음이 아프고 쓰림을
너희는 알겠는가?
7 그러나 너희가 가야 하는 길이요, 너
희가 넘어야 하는 길임을 알아야 할
것이니라.
8 이제 너를 따르는 사랑하는 제자들이
요, 그들을 내가 눈에 넣어도 아프지
않은 자이니라.
9 그리고 나의 법전을 읽고 깨우치는 백
성 너희가 내 눈에 들어온다 하여도
내가 아프지 않을 만큼 너희를 사랑하
느니,
10 너희가 그 마음을 안다면 모든 백성
이 너희를 공격하며 너희를 욕하며
너희를 원수와 같이 하고 살아가는
자, 그 모두를 사랑하며 그들을 깨우

쳐 줘야 하는 것이 너희가 가야 할 길
이며 행하여야 하는 것임을 잊지 말
라.
11 사랑하는 나의 아들딸들아!
12 담 밑에 아름답게 핀 그 봉선화란 꽃
이 있지 않으냐?
13 어린아이가 그 꽃을 따니 그 꽃이 얼
마나 아프겠는가?
14 그러나 그 꽃잎은 그 아프고 저리며
떨어져 나가는 그 슬픔을 안고도 그
봉선화 꽃은 어린아이가 손톱에 분홍
물을 들이고자 하는 그 예쁜 물을 들
여 주지 않더냐?
15 그 아프고 쓰리며, 제 나무로부터 어
머니의 몸체에서 그 꽃이 떨어져 나가
니 그 꽃은 모두 죽음을 이루는 것이
아니더냐?
16 그 죽음을 택하게 하여 그 죽음을 만
든 제 꽃잎을 떨어지게 한 그 어린 소
녀의 손에 분홍 물감을 들여 주는 그
봉선화의 마음이 너희가 가야 하는
마음이요, 너희가 가져야 하는 마음임
을 알아야 할 것이니라.
17 너희가 아름답다 하여 그 꽃 한 송이
를 꺾었음이니라.
18 꺾어질 때 그 꽃은 모체로부터 어머니
에게서 떨어져 나오며 그 꽃이 꺾일
때 얼마나 아프던가?
19 그가 꺾였다 하여 그 꽃이 꺾은 네 손
에 향기로움을 전하지 않던가?
20 그 꺾인 꽃의 향기로움이 변하여 독
소로 변하던가?
21 그는 꺾였을망정 그 꽃을 꺾은 너희
에게 아름다운 향기를 전하며 그 손에
까지 향기를 묻혀 줌이니라.
22 그것이 너희가 가야 할 길이며 너희
가 해야 할 길이니, 이를 어찌하여야
하겠는가?
23 그것만이 너희가 나에게 오르는 길이
요, 천사가 되는 길임을 알아야 할 것
이니라.
24 내가 너희에게 뭐라 말하였느냐?
25 이 세상의 만백성이 다 같이 얽히고
사나, 너희는 나에게 와 천사가 되어
그들을 심판하는 심판관으로서 자리
에 선다 하였음이니,
26 오늘의 그 고통이요, 그 시련이요, 그
역사함이 무엇이 그리 어렵다 말하는
가?
27 담 밑에 곱게 큰 봉선화가 세상에 아
름다움을 피우기도 전에 어린아이의
그 손끝에 그 꽃이 떨어짐이니,
28 그 꽃은 그 아이가 들이고자 하는 손
톱에 아름답고 예쁜 물감으로써 그리
들여 줌이니,
29 원수를 사랑하는 것보다 그들의 마음
이 얼마나 더 아름답고 소중하던가?
30 그것이 너희가 가야 할 길임을 알아
야 할 것이니라.
31 사랑하는 나의 백성 너희는 들으라.
32 내가 뭐라 말하였느냐?
33 말 못하는 두꺼비라는 그 미물은 저희
가 존속하기 위하여 저 자신을 어찌
해야 한다 하더냐?
34 뱀이라는 그 미물에게 약을 올리고 독
을 올리게 하여 그가 먹지 아니하면
아니 되도록 저 자신을 희생하여 그
자신을 보존하며 존재한다 하지 아니
하였던가?
35 이것이 너희가 행하여야 할 길이며

너희가 가야 할 길이며,
36 그 길만이 지금 썩어져 가는 나의 피
조물 만백성을 구할 수 있는 것이니라.
37 저희가 가는 길이 하늘에 오르는 길이
요, 천상에 오르는 길이요, 나에게 오
르는 길이라 하며 아무것도 모르며
생각도 못 하는 그 백성을 깨우치는
것이 너희가 가야 할 길이며 역사할
길이니라.
38 그러니 너희에게 바른길을 가르쳐 주
지 아니할 수도 없는 나 여호와요,
39 너희가 어렵고 예쁘며 소중하고 고통
스럽다 생각하여 너희의 고통스러운
그 시련이요, 그리고 너희가 소중하고
귀하고 아름답고 예쁘다 하여 내가 너
희에게 바른길을 가르쳐 주지 아니한
다면, 너희는 지옥으로 가니 내 품에
올 수 없음이니라.
40 그러하니 그러면서 채찍을 가하는 이
어버이의 마음을 너희는 만분 알아야
할 것이니라.
41 사랑하는 자식을 바로잡기 위하여 그
엉덩이에 따가운 손길을 내리치는 그
부모의 마음보다도 나 여호와의 마음
이 더 아픔을 알라.
42 그 자식은 때려서 가르치고 또 다스리
면 그리 갈 수 있으나, 한 번 변한 너
희 마음은 영원히 지옥으로 가며 나에
게 올 수 없음이니, 다시 다스릴 수 없
음이니,
43 그보다 더 무서운 매를 휘두르며 그보
다 더 무서운 가시 채로 너희를 다스
려야 하는 나 여호와의 마음을 너희
는 알고 있느냐?
44 사랑하는 나의 아들딸들아, 그리고 나
의 아들을 따르는 제자 너희는 수천
년 동안 믿음이요, 그 역사를 가르치
는 백성이 지금 어찌 가르쳤으며 종교
지도자들이 어찌 가르쳤느냐?
45 너희는 더불어 사는 세상이요, 대가족
적으로 살아가도록 내가 만들었음이
니라.
46 그러나 그 모든 종교 지도자요, 집단
들이 지금까지 공동의식을 결렬시켰
으며, 그를 파괴했으며,
47 공동의식으로 살아가는 책임까지도
그들은 느끼지 못하도록 나의 피조물
만백성을 그리 만들어 놓았음이니라.
48 그뿐인가?
49 그들이 옳고 그름에 대한 판단력까지
도 상실하게 하여 식물인간으로 만들
어, 저희가 그저 먹이를 주면 따라오
는 짐승처럼 나의 사랑하는 백성을
그리 만들었음이니,
50 내가 그들에게 내려 준 지혜요, 생각
할 수 있는 능력 그 모두를 다 송두리
째 앗아 간 것이 그 사악한 자들이니
라.
51 그리하여 저희가 지금까지 온 전통과
관습에 따라 그것을 따르지 아니하며
그것을 벗어나는 건 사악한 자요, 이
단이요, 사탄의 자식이라 그리 말하고
있음이니,
52 그리하여 저희가 전통과 관습에만 젖
어서 다람쥐 쳇바퀴 돌듯이 맴돌고 맴
돎이니,
53 미래에 역사하며 다음에 이루어지는
것도 모르는 자들이니라.
54 미래를 모르는 자가 어찌하여 그것이
현명한 자며, 미래를 모르는 자가 진

정한 가르침이요, 깨달음이라 말하느
냐?
55 너희는 미래가 소중함이니라.
56 너희 자식들은 너희 미래를 짊어질 자
들이요, 미래를 역사하고 갈 자들이기
때문에 소중하듯이,
57 미래를 모르며 관습에만 젖어 있는 종
교 집단이요, 지도자는 변화를 모르며
내일을 모르는 어리석은 자들이니,
58 그와 같은 자들의 말에 현혹되어, 너
희가 소중한 새 생명으로 다시 태어남
이요, 영원히 너희 고향인 내 품으로
돌아올 수 있는 그것마저 상실하는 그
들을 너희가 깨우쳐 줘야 할 것이니,
이는 곧 무엇이더냐?
59 꺾인 꽃이 그 꺾은 자에게 그 향기를
그대로 전해 주며 변하지 않는 그와
같은 마음이요,
60 그 마음이 너희가 가야 할 길이며, 그
것만이 만백성을 인도하는 길이라는
것을 알아야 할 것이니라.
61 서로 인정하며 서로 사랑하며 서로
존중하는 그와 같은 기초 도리까지도
말살시킨 것이 그들이니, 기초가 되지
아니한 이 세상에 무엇이 이루어지겠
느냐?
62 너희가 기초가 되지 아니하는 것은 아
무것도 세울 수가 없으며 역사할 수가
없음이니,
63 그 기초를 다지기 시작하는 나 여호와
의 뜻이니, 그 기초를 다지는 것이 너
희라는 것을 잊지 말라.
64 수천 년 동안 흘러온 그 세월이 암흑
의 세상이었음이니라.
65 그리하여 내가 광명의 세상을 만들기
위하여 너희들을 선택했으며 너희에
게 나의 법전을 내려보냈음이니,
66 너희가 모두를 다 깨우치며 모두를
서로 인정하며 존중하며 사랑하는 기
틀을 만드는 것이 너희니,
67 그리했을 때 하늘에서 이루어진 것같
이 이 지상의 낙원이 이루어질 것이
니, 너희가 가야 할 길이라는 걸 잊지
말라.
68 아름답게 핀 봉선화가 그 꽃을 따는
아이의 손톱에 그가 원하는 대로 그저
아름다운 물감을 들여 주는 그 아름다
운 마음이요, 그 희생이요, 봉사가 너
희가 하여야 할 길이며 너희가 가는
길이라는 걸 잊지 말라.
69 내가 너희를 사랑함이니, 내 눈에 넣
어도 아프지 않은 것이 너희라 내가
나의 아들을 통하여 전함이니라, 사랑
하는 나의 아들딸들아!

6,309 번째 하나님 말씀

2003년 6월 2일 12시 02분

1 사랑하는 나의 아들아!
2 "네, 아버님! 말씀하옵소서."
3 나의 사랑하는 피조물 만백성을 구원
의 길로 인도하며 안내하는 자라 하
며, 그들은 참진리를 연구하며 저희만
이 하늘에 오르는 자라 그리하면서 그
들이 뭐라 말하느냐?
4 도적질하지 말라, 거짓 하지 말라, 살
인하지 말라, 아름답게 사는 것이 너
희가 살아가는 길이라 그리 말하느니
라.
5 해서는 안 된다 그리 가르치며 그들이

그 모두를 다 행하도록 말살시키며 지
금 이끌고 살아가는 것이니라.
6 그리하여 그들은 한 가족이 모여 살던
아름다운 그와 같은 것을 다 파괴했으
며,
7 부모 자식 간에, 형제간에, 이웃과 사
회의 그 모두를 사랑하며 나누는 것까
지 다 말살시켰음이니라.
8 오로지 저희 손으로 지은 성전에 와
사는 것, 그리고 거기에 모두를 다 바
치는 것만이 구원의 길이라 그리 가르
쳤으며,
9 부모와 형제, 이웃과 사회, 그 모든 인
간 간에 서로 버팀목이 되며 더불어
살아가라 하여 내가 내린 사랑하는 그
은혜요, 영광을 베풀어 너희에게 내려
준 것을 그들은 송두리째 다 말살시켰
음이니라.
10 너희가 부모가 있고 형제가 있고 이웃
이 있고 사회가 있는 것은 다 내가 너
희에게 내려 준 크나큰 은혜요, 영광
이요, 사랑이니라.
11 그러나 그들이 다 말살시켰음이니라.
12 그리하여 그를 회복시키며 그를 깨우
쳐 주기 위하여 내가 160권이라는 나
의 성령을 태워 나의 아들을 세상에
내려보내거늘, 이를 사탄이요, 이단이
요, 사악한 자요, 말세라 그리 말하는
자들이니, 그들의 말을 어찌 믿겠는가?
13 그리하여 그들의 말을 믿고 나의 법전
을 믿지 못하는 백성, 그리고 나 여호
와가 새로이 내리는 이 성경을 성경이
라 믿지 않는 그들에게 너희가 전해
주라.
14 너희는 그들에게 깨우치라.
15 정녕 이것이 나 여호와의 뜻이 아니며
내가 역사하고자 하는 것이 아니라 하
며, 내가 존재함을 모르는 그 백성에
게 너희는 깨우쳐 줘야 할 것이니라.
16 정녕 그들이 내가 존재함을 믿으며 나
여호와가 존재하여 너희가 나에게 와
심판을 받으며 이 세상의 모두는 나
여호와가 창조했으며 나의 주관하에
이루어지는 것이라는 것을 믿지 못하
는 자들이 바로 나의 믿음을 믿는다는
자요, 하늘에 오르고자 하는 백성이라
함이니, 그들은 진심으로 믿음이 아니
니라.
17 나를 믿지 못하는 자요, 저 자신의 믿
음을 위하여 가는 자들에게 내가 존재
함을 가르쳐 주라.
18 나의 아들을 따르는 백성 너희는 그들
에게 전하라.
19 너희는 마실 수 없으며 입에 댈 수 없
는 짜고 짠 그 바닷물 속에 사는 물고
기들이, 그 짠물을 먹고 사는 물고기
들이 과연 그 몸이 짜던가 물어보라.
20 민물에서 사는 물고기와 그 바닷물을
먹고 사는 물고기와의 그 살점의 차이
가 과연 얼마나 나나?
21 바닷물의 짜고 짠물을 먹고 그 속에서
사는 물고기가 그 몸이 짜던가?
22 그렇지 않으면 바닷물 속에서 그 물을
먹은 그 물고기의 몸은 당연히 짜야
할 것이니라.
23 그러나 몸이 짜지 않은 것은 누가 그
와 같은 역사를 이룰 수 있으며, 그 역
사를 행할 수 있는가?
24 그들이 바닷물처럼 짜면 과연 너희가
그를 먹고 존재하며 그를 관리하고 살

수 있다고 생각하는가?
25 세상 모두를 다 너희가 관리하고 먹
고살 수 있도록 나 여호와가 주었음이
니,
26 그 은혜를 생각하면, 하늘을 보고 매
일 눈물로써 기도하며 감사해도 너희
가 그 은혜를 갚을 수 없거늘, 말로써
는 그리하나 행동은 그리하지 못함이
니라.
27 이제 나의 아들을 따르는 제자 너희는
나 여호와가 존재함을 의심하며 그를
믿지 못하는 자, 그리고 이 세상을 내
가 주관하지 아니하였으며, 이 세상의
모든 것은 다 너희를 위하여 존재한
다는 것을 믿지 않는 자들에게 깨우쳐
주라.
28 바닷물 속에 짜고도 짠 그 물속에서
사는 물고기들의 몸이 과연 짜던가?
29 그것이 짜면 너희가 먹지 못하며 너희
가 취할 수 없을 것이니,
30 그를 그리 만들지 않은 나 여호와의
뜻이 과연 거짓이 어디에 있는가?
31 그렇다면 너희는 나를 믿으라 그리
전하라.
32 그리하여도 믿지 못하는 자는 어찌하
던가?
33 이 세상의 풀을 먹고 사는 초식을 하
는 그 모든 동물이 과연 그 풀 냄새가
나던가?
34 그들이 무엇을 먹고사느냐에 따라서
그 냄새가 그들 몸에서 나더냐?
35 그것이 아니니, 그게 바로 창조주 나
의 뜻이요, 나의 존재함이요, 너희가
모두 취하고 살 수 있게 한 것이니라.
36 그러니 그 모두를 관리하고 사는 너희
는 악을 먹으면 악의 씨가 나며, 악을
뱉게 되어 있으며 악의 냄새가 나는
것이니라.
37 선함을 먹으면 너희 앞에서 선한 것이
나며 선한 향기가 나는 것이니, 그게
바로 너희가 그 동식물과 다른 것이니
라.
38 모두를 지배할 수 있는 너희가 선한
마음을 먹고 선한 것을 행하면 선한
향기가 나오는 것이요, 악한 마음을
먹고 악한 행위를 하면 악한 것이 나
오니, 이게 바로 그들과 너희와의 차
이이니라.
39 그러니 악한 마음을 먹고 악한 냄새를
풍겨 이 세상을 오염시킨 그 주범이
누군 줄 알겠는가?
40 지금 모든 종교 집단이요, 지도자요,
나의 이름을 팔며 나의 아들 예수의
이름을 팔며 그저 쉽고 간단하게 하늘
에 오르는 길이라 하여 나의 피조물
만백성을 유혹한 그 죄인이 바로 그자
들이니라.
41 너를 따르는 제자들이요, 나의 법전을
읽고 깨우치는 백성, 너희가 악습 하
나를 버리며 하늘에 오르는 길이 얼마
나 어렵고 힘들다 하였느냐?
42 구름이 되어 세상에 그립고 아쉬운
것, 눈물이 날 정도로 버릴 수 없는 그
모두를 다 버리고 가는 것이요, 구름
이 되어 이 세상을 다 버리고 떠도는
구름처럼 아무런 감각도, 느낌도, 사
랑하는 사람도, 미워하는 사람도, 그
리워하는 사람도, 갖고 싶은 것도, 이
루고자 하는 것도 마음속에서 다 뽑
아내고 빼내 버린 자가 구름이 되어

그리 뜬다 하였으니, 그 길을 가는 나
의 백성과,
43 그저 너희가 쉽게 쉽게 그저 나의 아
들 예수를 찾음으로써 구원을 받으며
너희는 죄가 없다 가르치는 그 악을
먹으면서 악을 전하는 자, 선악과를
먹으면서 선악과를 뱉으며 선악과를
전하는 자들이니라.
44 이제 나의 아들을 따르는 제자요, 모
든 백성 너희는 선을 먹고 선을 베푸
는 나의 백성이 되어야 함을 잊지 말
라, 사랑하는 나의 아들딸들아!
45 나 여호와의 이 애절한 마음이요, 이
간절한 마음을 다 어찌 글로 표현하
며 내 뜻을 어찌 표현하겠는가?
46 무엇으로써 내가 더 정확히 전하며 더
깊이 전하여야 한단 말이던가?
47 내가 어찌 전하여야 너희가 깨닫겠는
가?
48 내가 어찌 너희에게 기록하여 전하여
야 나의 뜻을 알겠는가?
49 내가 얼마나 더 희생을 강요하여야
너희가 그 뜻을 알겠는가?
50 2천 년 전 나의 아들을 죽게 했던 그
와 같은 고통의 시련으로써 오늘의 나
의 아들을 죽게 하여 그것을 비춰야
너희가 과연 믿겠는가?
51 너희는 아니라 해도 그래도 믿지 아니
할 것이니라.
52 그리하여 나의 아들이 구름이 되는 그
고통스러운 삶으로써 너희에게 거울
을 비추고자 하니,
53 내 아들이 고통 속에서, 나의 아들을
따르는 제자들이 그 고통 속에서 구름
이 되어 너희에게 안내자가 되었을
때, 그때도 너희가 그 구름 기둥을 보
고 따라오지 아니한다면 너희는 나의
분노를 감당치 못할 것이며,
54 나 여호와가 지금 모든 재앙으로 세상
을 다스리고 싶으나, 나의 법전이 있
으며 나의 아들이 있으며 새로운 성경
이 있으며 그를 따르는 사랑하는 백성
이 있기에 내가 오늘의 이 분노를 참
고 있음이니,
55 나 여호와는 사랑이 충만하여 사악한
자, 살인한 자, 간음하는 자, 도둑질하
는 자, 그와 같은 자를 다 용서한다 생
각하지 말라.
56 나 여호와도 분노함이 있음을 알라.
57 그 분노함의 두려움을 알며 나 여호와
의 분노함이 무서운 줄을 너희가 알
아야 할 것이니 그리 알라.

6,310 번째 하나님 말씀

2003년 6월 3일 07시 52분

1 사랑하는 나의 아들아!
2 "네, 아버님! 말씀하옵소서."
3 내가 십계명 중에 제1계명은 '나 외에
다른 신을 네게 있게 하지 말라.' 하였
음이니, 지금의 모든 종교 집단이요,
지도자 그들이 다 제 앞에 제 신을 두
고 있으며, 나 여호와 외에 다른 신이
라 하여 저희가 다른 것을 경배하며
그를 따르는 자라 하면,
4 그들은 오로지 내 뜻을 따르며 나를
부르짖으며 나를 위하여 저희의 모든
것을 다 바쳐 살아가거늘 그와 같은
말을 할 수 있느냐 할 것이니라.
5 그러니 그와 같이 말을 하는 자는 내

가 사탄이요, 이단이요, 사악한 자라
말할 것이며, 나의 법전이요, 새로운
성경에 그 뜻을 기록하여 전함이니,
그를 읽고 깨우치는 자마다 그리 말할
것이니라.
6 그러나 내가 너희에게 다른 신을 두
지 말라 하는 것은 무엇인가?
7 너희가 나 여호와를 경배하는 마음이
요, 하늘에서 내린 은혜에 감사하는
마음이 아니라, 무엇인가를 더 소중히
더 위하여 가고 있는 자가 마음속으로
소중한 것을 간직하고 있는 그것이 다
른 신을 너희에게 있게 한다 하지 않
았던가?
8 그러나 지금의 믿음의 길을 가는 백성
이 과연 어떠한 믿음의 길을 가는가?
9 말로는 '나 외에 다른 신을 네게 있게
하지 말라.' 그리 가르침이니, 제1계명
을 철저히 지키며 저희는 그를 수행
하여 모두를 다 바친다 그리 말할 것
이니라.
10 하물며 나 여호와요, 나의 아들 예수
를 찾지 않는 자를 이단이요, 사탄이
라 하여 저희가 징벌하며 그들을 제
거하기 위하여 저희가 온갖 정성을
다 바치며 오로지 하나님만을 찾으며
창조주 나 여호와만을 찾기 위해 저희
보다 아름다운 마음을 가지고 사는 자
없으며, 믿음의 진실한 길을 가는 자
가 없으며 나 여호와를 경배하는 자가
없다 그리 말할 것이니라.
11 그러나 너희는 그들의 기도 소리를
하나하나 들어 보도록 그리하며, 그들
이 나를 경배한다 하며 그들이 나를
위한다 하며 나의 아들 예수를 부르짖
으며 나의 아들 예수의 보혈로써 구원
을 받았으니 그 은혜에 감사한다는 자
들, 그들이 지금 종교 집단이요, 그 신
도라는 자들의 기도 소리를 들어 보라.
12 그들은 오로지 저희에게 무엇을 이루
어 주라, 달라, 그리고 역사해 달라는
그 기도로써 이 세상을 메아리치며 다
덮고 있음이니라.
13 그러니 저를 위하여, 제 육신의 행복
을 위하여, 제 영광을 위해서 무엇을
달라 하는 것이 무엇이더냐?
14 그들 자신이 저 자신이 신이 되어 있
음을 알아야 할 것이며, 저희의 욕심
이요, 저희만을 위해서 기도하는 것이
나를 위하는 것이 아니요, 나 여호와
의 뜻을 따르는 것이 아니요, 다른 신
을 제 몸속에 제 마음속에 두고 있는
것이니, 근본이 저희 스스로 나 외에
다른 신이 되어 있음을 알아야 할 것
이니라.
15 정녕 너희가 나를 경배하며 나를 위
한 마음이 아니라, 너희가 이루어 달
라, 역사해 달라는 그 애절한 마음이
나를 경배하는 마음보다 앞서고 있음
이니,
16 너희가 너희를 위하여 믿음의 길을
가니 너희 자신이 지금 신이 되어 있
다는 것을 알아야 할 것이며 너희 자
신이 다른 신이 되어 있다는 것을 알
라.
17 그러니 너희가 사탄의 자식이요, 사악
한 자라는 것을 알아야 할 것이니라.
18 저를 위하여, 저의 부귀영화를 위하
여, 저의 힘을 위하여, 저의 재물을 위
하여, 남들보다 앞에 군림하며 살아가

고자 하는 것을 위하여 너희가 나에
게 달라 부르짖고 기도하는 것은 무엇
이더냐?
19 네 마음속에는 너 자신의 부귀와 영
화라는 그 신을 두고 있음이니, 너희
가 채울 수 없는 것, 인간으로서 이룰
수 없는 것을 전지전능한 나 여호와라
하며 창조주인 나의 힘을 빌려 너희
가 원하는 것을 이루고자 함이니, 너
희가 이루고자 하는 그것이 바로 나
외에 다른 신을 너희가 두고 있음이
니, 각자가 제 마음속에 다 신을 두고
있음이니라.
20 그러니 너희가 그와 같은 무서운 의
미의 뜻을 알겠는가?
21 너희가 얼마나 잘못 가고 있으며 얼
마나 잘못되어 있는가?
22 제1계명을 버젓이 어기고 살면서도
우리는 제1계명을 지키며 철저히 그
를 위하여 간다 하니,
23 너희는 내가 내려 준 은혜에 감사하
며 내가 역사한 것에 감사하는 마음으
로 그와 같은 기도를 드려야 할 것이
니라.
24 그리고 하늘을 향하여 한 점의 부끄럼
이 없이 살지 못하는 그 삶에 용서를
빌며 그리 살아가겠다고 하는 것이 나
외에 다른 신을 너희 마음속에 두지
아니한 백성이니라.
25 그러나 네가 무엇을 이루고자, 네가
더 가지고자 하는 것, 네가 진주라는
것을 닦고 소중히 관리하기를 나보다
더 많이 관리하고 생각하고 좋아한다
면 그것이 다른 신이라는 내가 그 기
초적인 것을 가르쳐 주었거늘,
26 너희 마음속에서 부귀와 영화를 더 갖
고 명예를 위하여, 그와 같은 것을 위
해서 기도하고 경배하는 너희의 마음
이 무엇이던가?
27 벌써 그것이 다른 신을 너희 가슴속에
숨겨 놓았으며 그 신을 위해서 나에게
달라 경배하는 것이니, 이것이 얼마나
잘못된 것이며 무서운 것인가를 알라.
28 모든 종교 집단이요, 수천 년 동안 흘
러온 너희의 그 형태요, 그리고 지도
자라 말하는 자들, 그리고 나의 아들
예수로써 구원을 받았다 하는 자들,
그리고 십계명을 지키고 산다고 하는
자들, 나의 뜻에 산다고 하는 자들이
제1번의 무서운 그 계명을 스스로 거
역하고 있으며 그를 위배하고 사는 것
이니,
29 내가 이와 같은 뜻을 나의 아들을 통
하여 새로운 성경이요, 새로운 법전에
기록하여 세상에 전함이니,
30 이를 읽고 너희가 깨우침이 있으며,
이를 읽고 두려움을 알며,
31 그리고 이를 보고 기도하는 방법, 지
금까지 믿어 온 믿음이 너 자신을 위
한 믿음으로 왔으니,
32 너 자신이 신이요, 너 자신이 다른 신
을 너에게 두고 있는 마음의 근본이
그리 똘똘 뭉쳐져 있으며 그리 굳어져
있는 인간이라는 것을 깨닫기를 바라
는 것이 나 여호와의 뜻임을 잊지 말
라.

6,311 번째 하나님 말씀

2003년 6월 3일 07시 58분

1 사랑하는 나의 아들아!
2 "네, 아버님! 말씀하옵소서."
3 나의 법전은 어디에서 출발하여 어디
로 거쳐 어디로 돌아가는 것인가?
4 너희 삶에서 너희가 태어난 과정이요,
너희가 역사하는 모든 것을 거기에 확
실히 내가 제시하여 너희에게 깨우쳐
주는 것이 바로 나의 법전이니라.
5 지금 너희는 살아가면서 과연 어디서
어떻게 세상에 나와 삶을 어찌 살아
야 하는 것이며, 그리하여 너희는 어
디로 가는 것인가, 어느 길로 어떻게
돌아가는 것인가 그것을 모르고 있는
것이니라.
6 그러니 그 기초요, 기본을 모르면서
너희가 과연 하늘의 이치를 어찌 안
다 하겠는가?
7 그러니 너희는 길을 모르는 자요, 이
정표를 보지 아니하고 이정표가 없는
그 길을 찾고자 허덕이는 자와 같은
삶을 사는 것이 바로 너희이니라.
8 갈 곳을 모르며 어디서 온 지를 모르
는 자들이 그렇지 아니하던가?
9 그리하여 나의 법전은 바로 너희가
어디서 왔으며 어디로 가는 것인가를
확실히 그를 안내해 주는 이정표의 역
할을 할 수 있는 것으로써 이 세상에
내가 내려보냄이니, 이는 바로 너희
이정표임을 알라.
10 너희가 세상에 태어난 것을 알게 되
며, 너희가 나에게 와 심판을 받는 길
을 알게 되며 나에게 오르는 길을 모
두 안내하는 그것이 바로 나의 법전이
니,
11 이게 바로 너희가 인생을 살아가는
이정표임을 알라.
12 그리하여 너희가 이 이정표 없이 길을
찾을 수 없으며 이정표 없이 낯선 곳
에서 방향을 알 수 없듯이, 그러니 나
의 법전이 바로 그와 같은 역할을 함
이니라.
13 그리하여 나의 법전을 읽지 않는 자,
나의 법전을 보지 않는 자, 구원이라
는 '구'자도 부르지도 말라 하였음이
니, 곧 이는 너희가 나에게 와 심판을
받는 교본이요, 근본이기 때문이니,
14 이를 읽지 아니하고는 너희가 나에게
심판을 받을 수 없기에 너희가 바로
나에게 올 수 있는 이정표요, 안내판
이라는 것을 내가 너희에게 다시 한
번 강조함이니라.
15 모든 백성이 이정표 없이 그저 나에
게 오른다 부르짖고 기도하고 경배하
고 울고불고 평생 재물을 바치며 저희
의 손으로 지은 교회요, 성당이요, 회
당이요, 이와 같은 곳에 너희의 그 모
두를 다 바치는 것이 천국에 오르는
길이 아니요, 사탄의 길이요, 지옥으
로 가는 길이니,
16 너희가 이정표 없이 암흑의 세상에서
맴돌고 또 거기서 허덕이고 거기서 벗
어나지 못함이니,
17 그리 살다 나에게 심판을 받았을 때
너희는 그리 지옥의 낭떠러지로 떨어
진다는 것이니라.
18 그러니 나의 아들을 따르는 백성, 그
리고 나의 법전을 접하는 백성, 더욱

이 강론을 듣는 나의 아들의 제자 너
희는 바로 무엇이던가?
19 황혼의 길에서 이정표를 찾은 것이니
라.
20 너희가 죽음을 위하여 나에게 와 심판
을 받을 날을 얼마 두지 아니하며 지
옥과 천당이라는 그 심판대에 서서 너
희가 지은 죄에 대한 그 대가를 치르
는 그 시기가 얼마 남지 않은 너희가
하늘에 오르는 이정표를 봐 하늘에 오
르는 길을 위하여 그 길을 따라 나에
게 오르니, 너희가 얼마나 영광된 백
성인지를 알고 있는가?
21 그리고 너희가 그 이정표요, 그리고
나의 법전을 접하여 읽고 깨우침으로
인하여 육의 삶이 얼마나 소중한 것이
며 너희가 어찌 행해야만 나에게 오
는 것인가 그 모두를 다 너희가 알게
되며 깨우침이니, 그게 하늘에 오르는
이정표요, 길잡이라는 것이니라.
22 그리하여 그 삶에 의하여 심판을 받는
다는 그 자체를 아는 것, 그리하여 육
은 한 줌의 흙으로 돌아가며 영혼은
나에게 와 심판을 받는다는 그 자체를
깨닫는 것이 너희가 황혼에 바로 이
정표를 찾은 것이며, 그 이정표를 위
하여 너희가 가고 있는 것이니 그리
알라.
23 누구도 이 절차를 벗어날 수 없음이니
라.
24 너희가 이정표를 보지 아니하고는 나
에게 오를 수 없듯이, 누구도 나의 법
전을 읽고 깨우치는 그 절차를 거치지
아니하고는 절대 나에게 올 수 없으며
지옥이라는 그 길에서 벗어날 수 없다
는 것을 알라, 사랑하는 나의 아들딸
들아!

6,312 번째 하나님 말씀

2003년 6월 3일 08시 05분

1 사랑하는 나의 아들아!
2 "네, 아버님! 말씀하옵소서."
3 너희는 남이 죽어 한 줌의 흙으로 돌
아가 만들어 놓은 그 무덤 앞을 지나
가면서, 그 무덤 속에 죽어 있는 자도
너희처럼 어느 때인가는 인간으로서
이 세상에 존재하였으며 너희와 더불
어 그와 같은 인생의 삶을 살았다는
것을,
4 그리고 너희와 같은 그 역사 속에서
한 시대를 점유하며 지나간 인생이라
는 것을 생각하고 깨닫는 사람이 얼마
나 있는가?
5 그도 이 세상에 너희와 똑같이 존재
했으며 제 삶을 위하여 열심히 산 자
이니라.
6 그리하여 그도 지금 한 줌의 무덤이
요, 한 줌의 흙 속에 있으나, 너희와
똑같은 시대를 점유한 자라는 것을 너
희는 깨달아야 할 것이니라.
7 그러니 그들 또한 너희와 더불어 살
다 그 삶을 마쳐 나에게 불려 온 자이
니, 너희 또한 그 무덤에 한 줌의 흙으
로 들어가 있는 그들처럼, 언젠가 이
세상의 삶이 끝나며 마지막 그 순간에
나에게 불려 와 심판을 받는다는 것을
너희 자신도 그를 알아야 할 것이니
라.
8 그러나 너희는 그것은 남의 일이요,

너희와 관계없는 것이라 생각함이니,
9 그러나 엄연히 그것은 너희가 넘어야
할 길이며 반드시 거쳐야 할 길이라는
것, 그리고 그 누구도 언제 나에게 불
러와 육은 한 줌의 흙으로 돌아가 그
무덤 속에 누워 있는 자가 될 것인가
를 그는 아무도 모르느니라.
10 그러기에 너희는 오늘의 삶이요, 오늘
의 육을 가지고 세상에 사는 이 순간
에 어떻게 살아가야 하며 어찌 살아
야 하는가를 알아야 할 것이니라.
11 그러니 너희가 '죽은 자는 말이 없다.'
말하듯이,
12 이 세상에 육이 존재하는 이 삶에 얼
마나 너희 자신을 다스려 바로 살아
야 하는가를 안다 하면,
13 너희는 육이 존재하는 지금의 삶을 향
락이요, 즐거움이요, 명예요, 금화와
은화요, 부귀와 영화를 위하는 삶을
사는 것이 아니라,
14 이 세상에 육이 존재하는 동안 너 자
신이 어찌 살아가야 하는 것인가, 한
줌의 무덤에 누워 있는 자가 되었을
때 후회하지 않는 삶을 살아야 한다는
그와 같은 것을 너희가 생각한다면,
삶 자체가 두렵고 무서운 것을 알아야
할 것이니라.
15 인간은 육의 삶을 사는 그 속에서 모
든 것이 다 이루어짐이니라.
16 너희가 육의 삶의 생활 속에서 어찌
사느냐에 따라 내 가슴에 오는 것이
요, 그렇지 않으면 지옥 불로 떨어진
다는 것을 너희가 안다면,
17 인간의 생명이 존재함이 얼마나 소중
하고 귀한 것인가를 알아야 할 것이
니,
18 그 귀하고 소중한 것을 두려움과 무서
움으로써 깨달아야 할 것이니라.
19 정녕 육이 존재하는 삶이 얼마나 두렵
고 무서운지 알아야 할 것이니,
20 그를 어찌 유용하게 썼느냐에 따라서
너희는 영원한 삶이요, 영원한 지옥
길로 가고 안 가는 것이 거기에 있음
이니라.
21 그러니 내가 너희에게 인간이 바로 하
늘에 오르는 이정표를 찾는 자가 나에
게 오를 수 있다 하였음이니,
22 너희가 인간 세속에서 살아가면서 지
금 무덤 속에 한 줌의 흙으로 묻힌 자
가 아니요,
23 숨을 쉬며 이 세상의 밝음을 보며 나
여호와가 존재함을 알며 그 은혜에 보
답하는 길을 알며, 그 때가 갖춰져 있
으며 그 시기를 가지고 있는 지금 너
희가 하늘에 오르는 이정표를 찾아 바
로 살아가야 하는 것이니, 그게 바로
내가 뭐라 말하였느냐?
24 나의 법전이라 그리 말하였느니라.
25 나의 법전 160권이 너희 마음속에 어
둡고 그늘진 그 거울을 닦아 주며 보
이지 않는 너희 자신을 닦아 주어 그
거울이 제 역할을 할 수 있도록 한다
하였으며,
26 '진리의 말씀'이요, '하늘에 오르는 길'
이라는 것은 나의 법전밖에 없다는 것
을 명심하여야 할 것이니라.
27 그리하여 지금 나의 법전을 정독하는
자는 마음의 거울을 닦을 것이며, 하
늘에 오르는 이정표를 보게 됨이니라.
28 그리하여 너희가 무심코 지나가는 그

무덤 속에 누워 있는 그와 같은 자들
이 되었을 때,
29 그와 같은 자가 되기 위하여 나에게
와 심판을 받을 때, 후회하지 아니하
며 통곡하지 아니하는 너희가 되어야
할 것을 잊지 말라.
30 그때는 이미 늦음을 알라, 사랑하는
나의 아들딸들아!

6,313 번째 하나님 말씀

2003년 6월 3일 08시 12분

1 사랑하는 나의 아들아!
2 "네, 아버님! 말씀하옵소서."
3 지금 모든 피조물 만백성 중에 나를
믿지 아니하며 내가 존재하는 것을 의
식지 아니하고 사는 백성, 그리고 또
한 믿음의 길을 가고 있는 나의 백성
이 나의 아들 예수가 세상에 태어남을
가지고 왈가왈부하며 시시비비를 하
느니라.
4 과학적으로 인간적인 상식으로써는
나의 성령으로써 태어난 나의 아들이
라 함을 믿지 못하며,
5 동정녀 마리아 한 여인으로 하여금 그
가 잉태하여 세상에 태어난 것을 그들
이 믿지 아니하려 하며 그를 인정하지
아니하려는 나의 백성이 많이 있으며,
6 그를 가지고 시시비비하여 저희가 나
여호와가 존재함을 믿고 안 믿는 그와
같은 기준으로 삼는 백성이 수없이
있음이니,
7 너희는 그들에게 전하여 깨우쳐 주어
야 할 것이니라.
8 너희 인간의 새 생명이 태어남은 나
여호와의 주관이요, 자연적인 인간관
계에서 너희가 또 가정을 이루는 남녀
의 만남으로써 하나의 새 생명이 태어
나는 것은 자연적인 현상이며, 새 생
명이 태어나는 것, 그 모두는 다 누가
주관하여 역사한다고 하는가?
9 자연적인 인간관계에서 너희가 한 생
명이 태어나는 것, 또한 내가 주관하
여 그리 태어남이니라.
10 그러니 동정녀 마리아에게 잉태하여
나의 아들 예수가 태어난 그 자체 또
한 내가 그리 역사할 수 있으며 그 생
명을 그리 태어나게 할 수 있다는 것
을 너희는 여기서 깨우치고 알아야 할
것이니라.
11 인간의 자연적인 남녀의 만남이요, 인
간관계요, 그와 같은 세상의 삶 속에
서 한 생명이 태어나는 것도 결국 내
가 주관하여 생명이 태어나게 되며,
12 동정녀 마리아에게 잉태하여 세상에
태어나게 한 것 또한 내가 역사하며
주관함이니, 이를 가지고 너희가 시시
비비할 것이 아니며 이를 가지고 기
이하게 생각할 것이 없느니라.
13 이 세상에 생명이 태어나는 것은 나의
주관하에 태어나지 않는 것이 없으니,
내가 어떠한 방법으로써 너희 생명이
세상에 태어나는 역사를 이루든 그것
은 나의 뜻이요, 내가 그리 이룰 수 있
으며 내가 주관한다는 것을,
14 그 이치요, 하늘의 뜻을 안다 하면, 그
리고 역사할 수 있다는 것을 안다면,
15 너희는 나의 아들 예수를 대하는 것을
과학적으로 증명할 수 없다 하며 이는
있을 수 없다 하여 나에게 거역하는

백성 그들에게 이 대목을 읽고 깨우치
는 그 눈을 뜨도록 그리하라.
16 하늘의 이치요, 창조주 나의 뜻을 안
다면,
17 이 세상 모든 생물이요, 미물이 살아
갈 수 있는 그 역사함을 안다면,
18 이는 내가 역사할 수 있다는 것을 알
수 있을 것이니라.
19 이것이 바로 너희가 한 계단을 오르
지 못하는 것이며, 깨닫지 못하는 것
이며, 육의 세상에 살면서 벗어나지
못함이니,
20 너희가 육의 생각이요, 육의 삶에서
벗어나는 순간에 그 모두를 알게 됨을
알아야 할 것이니라.
21 어떠한 방법으로 태어나든 그것은 나
의 주관하에 태어나는 것이니, 너희는
그 이치를 깨달아야 할 것이며,
22 그를 가지고 더 이상 시시비비를 해서
는 아니 됨을 알아야 할 것이니라.
23 내가 어떠한 방법으로든 세상에 생명
이 태어나는 것은 생명이 태어나는 것
이니,
24 다만 나 여호와가 어떠한 방법으로 새
생명이 태어나든 그건 내가 주관하에
이루어지는 것이라는 것을, 이 하늘의
이치요, 창조주요, 전지전능한 나 여
호와요, 아버지라 한다면, 내가 어떠
한 방법으로든지 새 생명을 태어나게
하는 그 역사가 이루어질 수 있다는
그 이치를 깨닫고 하늘을 보면 너희는
한 계단 올라서 하늘의 뜻을 알게 됨
이니,
25 이를 가지고 시시비비하는 어리석은
백성에게 창조주 나 여호와가 어떠한
방법으로든지 무엇이든 내가 새 생명
을 태어나게 하는 것이니, 그와 같은
방법으로써 잉태하여 세상에 태어날
수 있다는 것을 잊지 말도록 그리 전
하라.

6,314 번째 하나님 말씀

2003년 6월 3일 11시 55분

(강론을 마치며)

1 사랑하는 나의 아들아!
2 "네, 아버님! 말씀하옵소서."
3 나의 법전이 세상에 준비되어 나가기
를 70권이 넘었으며 이제 80권을 향
하여 지금 네가 가고 있음이니라.
4 그리하여 70권을 넘음으로 인하여 이
제는 내가 너희에게 그 은혜와 영광
을 내리기 시작할 것이며,
5 너희가 나의 법전을 보고 정독하여 바
로 서고자 하며, 어떠한 역사의 힘들
고 어려운 환란이 있다 해도 너희가
이 길을 가겠다고 굳건히 마음먹고 스
스로 다지는 자는 내가 알고 있음이니,
6 그와 같은 제자들로부터 내가 은혜를
내리고자 할 것이며,
7 70권이 넘었을 때 내가 역사하는 빛
을 비추기 시작할 것이며, 너희가 80
권이 넘었을 때 역사는 이루어질 것이
니,
8 80권의 법전이 세상에 나감으로 인하
여 너희는 60점의 인간의 한계를 넘
는 그와 같은 역사의 기적이 이루어지
는 것임을 잊지 말라.
9 그리하여 이제는 머지않았음이니라.
10 걸음마를 시작한 너희가 걷기 시작한

단계에 이르렀음이니 그리 알라.
11 내가 너희에게 이를 깨달으라 하여
나의 아들의 머리가 하얗게 되었을
때, 10년 안에 이 세상을 덮는 그 역사
를 이룬다 하였으나,
12 너희가 오늘에 가고 있는 마음이요,
변하고자 하는 마음이 갸륵하며, 지도
자 반으로서 나의 성령의 뜻을 들으며
변함없는 한 길을 가는 것이니,
13 그게 곧 너희가 하나의 마음이 되어
가고 있음이니라.
14 너희는 하나의 마음이 되어 가는 것
을, 서로 미워하고 예뻐하는 것이요,
존경하고 존경하지 아니함이요, 남의
허물을 보고 허물을 보지 아니하는 것
도 하나의 마음이 되는 것은 육이 하
나의 마음이나,
15 그 육의 마음이 하나가 되는 것보다
더 소중한 마음이 있으니, 내가 오늘
하늘의 뜻이요, 나의 기쁨을 너희에게
전함이니,
16 이 법전을 보고 너희가 나 여호와의
뜻이요, 하늘의 뜻이라는 것을 믿는
마음이 하나가 되는 것이 더 소중함이
니,
17 지도자 반이요, 나의 아들을 따르는
너희는 그와 같은 마음이 이미 하나가
되기 시작하였음이니라.
18 그러니 그 마음이 하나가 되었을 때
너희가 인간 세속에서 생각하는 그 마
음은 아무것도 아님을 알아야 할 것
이니라.
19 너희 육은 죽어 한 줌의 흙으로 돌아
간다 그리 말하였음이니,
20 이제 하나의 나의 법전이요, 나의 성
령이요, '하늘에 오르는 길'이요, '하나
님! 말씀하옵소서', 이 '새로운 성경'
이 나 여호와의 뜻이며 내가 이루어
역사한 것임을 굳건히 믿기 시작함이
니, 그 마음이 이미 너희는 하나가 되
었음이니라.
21 큰 것이 하나가 되었으니 작은 것은
하나하나 이루어질 것이니라.
22 하늘의 뜻을 따른 것이 너희며, 나의
뜻을 따른 것이 너희이니,
23 하늘의 너희 법도는 하나가 되었으며
이제 육의 법도가 하나가 되면 되는
것이니,
24 육의 법도가 되어 하늘의 법도를 따르
기는 힘들고 어려우나, 하늘의 법도로
써 하나가 된 다음에 육의 법도를 다
스리는 것은 아무것도 아님을 알아야
할 것이니라.
25 너희가 저학년이 고학년을 가르치기
는 힘들며 고학년이 저학년을 다스리
고 가르치기가 쉽지 않더냐?
26 그 이치와 같은 것이니라.
27 너희는 이제 하늘의 뜻을 알며 하늘의
고학년의 그것으로써 하나가 되었음
이니,
28 고학년이 가르치면 너희는 그저 웃으
면서 하나가 될 수 있는 것이니라.
29 너희가 '허허!' 웃음으로써 모두는 다
역사하는 것이니,
30 이제는 내가 너희에게 상을 내릴 것이
며, 너희의 역사함이 무섭게 변하는
그 결과를 볼 것이니라.
31 그러니 크게는 너희가 나의 뜻이 하나
라는 것을 너희 마음이 하나가 되었
으며, 너희도 모르는 사이에 그 모든

마음이 다 하나가 되었음이니라.
32 이제 나의 아들의 강론을 듣는 선택된
제자들이 너희처럼 또 하나의 믿음이
하나가 될 날이 머지않았음이니,
33 80권이라는 나의 법전이 세상에 나오
게 될 때, 그들도 또한 하나가 될 것이
며 너희를 보고 그들이 따라오게 될
것이니라.
34 물이 위에서 아래로 흐르듯이 그 단계
가 있음이니라.
35 그러니 지금 밑에서부터 다스려 길을
닦는 것이 아니요, 위에서부터 닦아서
내려오는 그와 같은 방법으로 나의 법
전이 세상에 전해짐이니, 이게 나의
뜻이라는 것이니라.
36 성서의 가르침이요, 성경을 가지고 종
교 지도자 그들이 가르치는 것은 밑에
서부터 다스려 그 길을 닦아 하늘에
오른다 함이니, 인간이 그 길을 닦아
놓는 것이 얼마나 힘들고 어려운 일이
던가?
37 그것이 아님을 그들은 모르느니라.
38 하늘의 뜻이요, 나 여호와의 뜻은 위
에서부터 밑으로 다스려 나감이니라.
39 모두는 내가 주관하며 모두를 알기 때
문에 그를 알기에 아는 자가 지시하는
대로 모든 역사를 이루는 것이 아니더
냐?
40 너희가 하나의 아름다운 건축물을 역
사한다 해도 모르는 자가 가르치는 것
은 백날을 가도 안 되나, 그것을 아는
자는 쉽게 가르치며 쉽게 역사할 수
있는 것이니라.
41 너희가 하나의 문제를 풀더라도 모르
는 자가 그를 갖고 아무리 발버둥을
쳐도 소용없느니라.
42 아는 자가 가르쳐 줄 때 그보다 쉽고
간단한 것은 없지 않으냐?
43 너희가 지나가는 자에게 길을 물었을
때 길을 모르는 자에게 물었다면 어떠
한 결과가 생기느냐?
44 그러나 아는 자가 있으면 간단함이니
라.
45 더욱이 아는 자가 그 앞에서 인도해
준다면 너희는 얼마나 편안한 길로써
그 길을 가느냐?
46 바로 그와 같이 역사가 이루어짐이니
라.
47 내가 나의 아들을 통하여 내려보낸 너
희가 먼저 변함이니, 그다음에 나의
아들의 강론을 들은 그 제자들이 변할
것이며, 그 제자들이 변함으로 인하여
많은 백성이 변하게 되는 것이 하늘의
뜻임을 알라.
48 지금 모든 종교 집단이요, 지도자 그
들이 가는 것은 저희가 이루고 간다
그리 말함이니,
49 그리하여 궁궐처럼 교회를 지으며 그
속에서 바치고 경배하는 것이 하늘에
오르는 길이요, 나의 피조물 만백성의
피나는 재물을 긁어모아 궁궐처럼 지
은 교회를 화려하게 꾸미는 곳에 임하
며 즐거운 길이라 하여 그것이 하늘에
오르는 기초라 그리 말하나 그것이 아
니니라.
50 그리해서는 올라올 수 없는 것이니라.
51 그 무거운 짐이요, 그 죄만 더 짐이니
너희는 날 수도 없으며 걸을 수도 없
으니,
52 하늘의 역사하는 것은 아는 자가 가르

치듯이 이 세상을 창조한, 만물을 창
조한 나 여호와가 그저 간단하게 가르
쳐 주면 되게 됨이니라.
53 너희는 말하지 않더냐, 이 세상의 사
악한 자들을 일시에 나 여호와가 버리
면 이 세상은 천사가 산다고.
54 내가 역사해야 한다는 것을 알며 내가
이룬다는 것을 알면서 어찌하여 모든
종교 집단이요, 지도자들은 역으로 행
하며 역행을 하는가?
55 그리하여 재물과 금화를 거둬들이며
나의 피조물 만백성을 지옥으로 이끌
어 가고 있음이니라.
56 바로 내가 사악한 자들을 버리고 선한
자들만을 이루는 그 역사를 시작함이
니, 그게 위에서부터 다스려짐이니 그
리 알라, 사랑하는 나의 아들딸들아!

6,315 번째 하나님 말씀

2003년 6월 3일 12시 20분

1 사랑하는 나의 아들아!
2 "네, 아버님! 말씀하옵소서."
3 서로 죽고 죽이는 밀림의 그 험악한
속에서 나약한 한 동물이 그 새끼와
어미가 떨어졌다 하자.
4 서로 떨어졌을 때 어미는 그 새끼를
얼마나 목 놓아 기다리며 그 어미의
마음은 얼마나 애절하겠는가?
5 또한, 어미를 찾는 그 새끼의 마음은
얼마나 불안하고 두렵겠느냐?
6 그리하다 그들이 천만다행으로 서로
만났다 하면, 어미가 새끼를 만난 그
기쁨과 새끼가 어미를 만난 그 마음의
비중이 어느 쪽이 더 하겠는가?
7 아마도 새끼가 어미를 만난 마음보다
도 어미가 새끼를 만난 그 어미의 안
도의 기쁨이라는 것은 이루 말할 수
없지 않겠는가?
8 인간 세상에서도 너희가 그러하니라.
9 자식과 부모 간에 서로 생사를 모르다
그들이 서로 만나게 되었을 때 그 기
쁨은 과연 누가 더 하는가?
10 자식이 부모를 생각했던 마음이 더하
겠는가, 부모가 자식을 사랑했던 마음
이 더하겠는가?
11 생사를 모르는 자식을 만나는 그 부모
의 마음의 기쁨은 이루 형용할 수가
없을 것이니라.
12 바로 그러하니라.
13 지금 이 세상이 다 사악한 자들이 우
글거리며 사탄의 자식들이 우글거리
는 이 세상이요, 내가 하늘에서 이루
어진 것같이 지상의 낙원을 만들고자
했던 세상에 나의 아들 예수를 던져
너희에게 희생시켜 너희가 바로 살아
하늘에 오르는 백성으로서 인도하여
깨우치고자 했으나,
14 너희는 나를 능멸하며 내 뜻을 거역하
여 지금은 이 세상이 사탄의 무리로
물들어져 있음이니, 이게 바로 썩어
있는 형국이니라.
15 그러니 썩어 있는 이 형국이 무엇이던
가?
16 맹수가 우글거리는 속에서 어린 새끼
가 길을 잃고 헤매는 그와 같은 형국
이 되어 있는 것이 지금 너희가 가고
있는 길이니라.
17 그러니 맹수가 우글거리는 그 속에서
새끼가 살아왔을 때 그 어미의 기쁨이

어떠하겠는가?
18 지금 다 썩어 가는 이 지상의 낙원이
그러함이니라.
19 그러니 이 지상의 낙원에서 너희가
나의 성령을 들으며 나의 법전을 공부
하며 내가 내리는 나의 아들의 강론을
들어 너희가 변하는 삶을 살고자 함
이니,
20 내가 이 세상에 수천 년 동안 수많은
나의 피조물 만백성을 내보냈으나, 내
가 아들딸이라 하여 그들을 세상에 창
조해 내보냈으나 그들이 나의 아들딸
로서 산 자가 없으며 내 품에 온 자가
없음이니라.
21 그와 같은 2천 년의 역사가 흐르는 속
에 내 마음이 과연 어떠했겠는가?
22 그러니 그와 같이 조이고 아픈 마음속
에서 너희가 나의 아들딸이 되어 내
품에 찾아드는 그와 같은 자식이니,
23 짐승의 새끼가 어미를 찾는 것과 같으
며 행방을 몰랐던 자식이 제 부모를
찾아오는 것, 그 기쁨과 그 역사함에
비하겠는가?
24 수천 년 동안 그 많은 나의 아들딸이
세상에 나왔으나 내 품에 돌아온 자가
없음이니,
25 너희는 나의 아들을 따르는 제자들이
요, 나의 법전을 읽고 깨우친 백성이
요, '하늘에 오르는 길'이요, '하나님!
말씀하옵소서'라는 이 새로운 성경이
나의 뜻이라는 것을 깨달아 이를 보고
행하여 살고자 함은 너희가 내 품에
돌아오는 자식과 같음이니,
26 살아서 돌아오는 내 자식들을 맞이하
는 나 여호와의 마음이 얼마나 기쁘
겠는가?
27 행방을 몰라 죽었다 생각하는 자식이
살아왔을 때의 그 부모의 마음보다 열
배 백배 더 기쁨이니라.
28 맹수들 속에서 새끼를 잃어버리고 울
부짖는 그 어미에게 새끼가 찾아왔을
때보다도 천배 만배 더 기쁜 것이 나
여호와의 뜻이니, 너희가 어미를 기쁘
게 하는 마음이니라.
29 너희가 구원의 길을 보며 구원을 받는
그 기쁨보다도 나 여호와에게 주는 그
기쁨이 더 큼이니, 너희가 바로 효녀
요, 효자이니 나에게 기쁨을 그리 안
겨준 자이니라.
30 그러하니 너희는 그와 같은 자식이라
는 것을 잊지 말며 그리 소중한 자라
는 것을 잊지 말라.
31 그러니 이제는 너희가 부모를 찾아왔
으며 부모의 품에 돌아왔으니 길 잃은
자가 되어서는 아니 되며 떨어져 나가
는 자식이 되어서는 아니 되며, 이제
는 너희와 내가 잊히는 자식과 부모
가 되어서도 아니 됨을 알아야 할 것
이니라.
32 길 잃었던 새끼가 어미를 찾으면 떨어
지지 아니하듯이 그보다 더 열배 백배
천배 만배 강한 마음으로 나의 법전을
공부하며 그 이치를 깨달아 너희가 나
의 품에서 떠나는 자식이 되어서는 아
니 됨이니라.
33 너희가 다시 내 품을 떠났을 때 나 여
호와의 슬픔이 얼마나 크겠는가?
34 지금의 기쁨이 어떠한 상태로 변하겠
는가, 얼마나 아픈 상처가 되겠는가?
35 내 품에 왔던 자식이 떠나는 것을 보

는 나 여호와의 아픈 마음을, 더 이상 나에게 슬픔과 고통을 주지 말도록 그리하라.
36 서로 몰랐던 인간 세상의 부모와 자식의 만남도 서로 얼싸안고 눈물을 흘리며 다시는 헤어지지 말자고 손을 굳게 잡으며 못다 한 사랑을, 못다 한 정을 다 나누고 살아가는 것이 너희이니,
37 나 여호와는 구약의 수천 년이요, 신약의 수천 년 동안 흘러오면서 나의 피조물 만백성을 내가 가장 아름다운 모습으로써 세상에 나의 아들딸로 보냈음이니,
38 그들이 육신이라는 그 고리를 벗지 못하며 그 고리를 끊지 못하여 내 품에 돌아오지 못하나, 너희는 그 속에서 내 품에 돌아와 나를 기쁘게 하며 나를 영광되게 하며 나에게 이 행복함을 안겨 준 나의 아들딸이니라.
39 그러니 너희는 두 번 다시 나 여호와에게 슬픔을 안겨 주는 그와 같은 길을 가지 말라, 사랑하는 나의 아들딸들아!
40 너희가 나의 법전을 읽고 나의 길을 오고자 하는 것이 어떠한 것이며 어떠한 자식으로서 나에게 돌아오는 것인가?
41 짐승이 어미와 새끼 간에 헤어진 것보다, 인간이 헤어졌다 만나는 것보다도 천배 만배 더 소중한 기쁨을 내가 얻고 있다는 것을 잊지 말라.
42 수천 년 동안에 그 수십억의 인구요, 수십억의 백성이 나에게 등지고 떠났다 돌아오는 그 역사에 다시 만난 이 기쁨이 정녕 지워지도록 그리하지 말라, 사랑하는 나의 아들딸들아!

6,316 번째 하나님 말씀

2003년 6월 3일 13시

1 사랑하는 나의 아들아!
2 "네, 아버님! 말씀하옵소서."
3 지금 너희가 살아가는 이 지상이요, 아름다운 이 지구요, 내가 성전이라 말하는 너희에게 내린 이 지상이 지금 어찌 이루어져 가고 있는가?
4 나 여호와가 이 세상에 지상을 만든 것은 하늘의 천국처럼 이 땅에 이루고자 하여 내가 이 세상에 아름다운 그 모든 것을 역사하였음이니라.
5 그리하여 미물이요, 식물이요, 동물이요, 그 모두가 세상에 존재하도록 하였으며, 내가 가장 아름다운 형태로 만든 사랑하는 나의 피조물 만백성 너희가 그들을 관리하며 다스려 살아가도록 그리 만들어 주어 이것이 곧 내가 만든 성전이요, 너희가 말하는 교회요, 성당이요, 회당이 바로 지구인 것이니라.
6 이 지구의 형태보다 아름다운 것이 과연 어디에 있는가?
7 너희가 손으로 지은 성전이요, 교회라는 것이 내가 만든 이 지구의 자연의 아름다움만큼 아름답더냐?
8 그러니 아름다운 내가 만든 세상의 이 자연에 교회요, 성당이요, 성전이요, 회당이라는 너희가 구원을 받는 길이요, 구원의 집이라 하여 두꺼비집 같은 것을 지어 놓고 그곳에 와 재물을 바치며 기도하고 경배하는 자들이 하

늘에 오르는 길을 올 수 있는 백성이
요, 선택된 백성이라 그리 말하고 있
음이니,
9 그리하여 너희가 수천 년 동안 흘러온
지금이 바로 이 세상이 폭발 직전에
가는 그와 같은 형국이며 지진이 일어
나 갈라지는 그와 같은 형국이니라.
10 그리고 도대체 이 세상을 지금 응급처
치하지 아니하고는 바랄 수 없으며 모
든 응급처치를 바라는 환자들의 형태
가 지금 지상에 이루어졌음이니, 이게
곧 무엇이더냐?
11 너희가 나의 뜻을 모르며 진리를 모르
며 자연의 성전이라는 것을 모르며 자
연 속에 흘러가는 구름을 보며 나 여
호와에게 기도하며,
12 '저의 죄를 용서하여 주옵소서.' 하고
기도하고 경배하는 마음은 내가 그를
다 듣는다 하였거늘,
13 지금 이 지상에 죄의 온상을 지어 놓
고 그곳이 성전이라 하여 재물과 금화
를 거둬들이며 죄의 온상의 형태를 이
루고 있는 것이요,
14 그곳에 가 구원을 받겠다 하는 신도라
는 백성 그들로 하여금 온 세상이 다
썩어 가고 병들어 갔으며 폭발 직전의
그와 같은 형태가 되어 있음이니라.
15 그러니 너희가 지진이 나서 폭발하며
세상이 변화된다 하면 너희가 과연
그 얼마나 무서운 형태가 이루어지며
그로 인하여 얼마나 많은 피해를 입겠
는가?
16 지금 병들어진 자들을 수술하기 위해
서 응급처치가 필요한 그와 같은 형국
이라면 그 환자들로 하여금 이 세상에
전해지는 그 병균으로 하여금 쓰러져
가고 병들어 가는 나의 백성은 과연
어떠하겠는가?
17 일순간에 이 세상을 덮어 버릴 것이니
라.
18 그러니 지금 있는 모든 종교 집단이
요, 지도자들이 이 세상을 지진이 터
지기 직전처럼 사악하게 만들었으며,
다 중환자가 되어 응급처치의 수술을
하지 아니하면 살 수 없는 환자들처럼
나의 사랑하는 백성을 그리 만들어
놓았음이니,
19 그리하여 지금 예방하지 아니하면, 그
를 수술하지 아니하면, 이 고비를 다
스려 넘기지 아니한다면 너희는 더
이상 볼 수 없는 처참한 형국이 이루
어질 수 있는 그때가 지금이니라.
20 그리하여 내가 이를 다스리기 위하여,
내가 그와 같은 처참한 형국을 보지
아니하기 위하여 그를 볼 수 없기에
내가 너희에게 나의 법전이라 하여
160권의 법전을 세상에 내려보내 너
희가 읽고 깨우쳐 마음을 다스리고자
하는 것이 나 여호와의 뜻임을 알아야
할 것이니라.
21 모든 식물 속에서 그 뿌리가 강하며
식물과 너희에게 보탬이 되지 않는 것
이 어떠한 나무이더냐?
22 그저 산과 들에 틈만 있으면 뿌리를
내리는 가시나무라는 것이 있음이니
라.
23 그 가시나무의 뿌리는 인정사정없이
뻗어 나가 모든 식물을 괴롭히며 모든
자리를 역사하고 차지하는 것이니,
24 모든 종교 집단이 가시나무의 그 사악

한 뿌리가 뻗어 나가듯이 곳곳에 뿌
리박히지 아니한 곳이 없으며 전해지
지 아니한 곳이 없음이니, 그들을 수
술하고 단죄할 수 있는 것은 나 여호
와의 역사함이 아니면 그를 단죄할 수
없음이니라.
25 그저 어느 곳에서나 뿌리를 깊이 내려
가며 생존해 살아가는 그 가시나무의
뿌리처럼 뻗어 있는 지금 모든 잘못된
믿음이요, 잘못 가르치고 있는 그것이
요, 병든 자들이 지금 응급실에 있는
것처럼 응급치료를 기다리고 있는 그
와 같은 형국이 되어 있음이니,
26 그리하여 그 뿌리를 자르며 응급환자
를 수술하고 치료하기 위하여 내가 세
상에 내려보낸 나의 법전이요, 새로운
성경이요, 이를 위하여 나의 아들을
다스려 역사하고자 하는 것을 너희는
알아야 할 것이니라.
27 이제 잘못 뻗어 나간 그 사악한 가시
나무를 자르기 위하여 내가 너희에게
명하였으니, 나의 법전이 도끼날이요,
나의 법전이 톱날이요, 나의 법전이
그를 자르는 길이니라.
28 그러니 그 자루를 잡아 그를 정리하며
자르는 것은 나의 법전을 읽고 깨우친
백성 너희가 행하는 길이며 너희만이
역사할 수 있는 것임을 잊지 말라.
29 그리하여 나의 법전을 읽고 깨우친 백
성 너희야말로 나로부터 선택된 백성
이요, 그와 같이 한도 끝도 없이 뻗어
나가는 그 가시나무의 뿌리를 자르듯
이,
30 지금의 잘못 가는 믿음이요, 그것을
단죄하고 다스리는 것이요, 그리고 지
옥으로 가는 길인 줄도 모르고 천국의
길을 가리라 하늘에 오르는 길이라 하
여 달려가는 그들에게 나의 법전을 손
에 쥐여 주어,
31 그들이 가던 발길을 멈춰 나의 법전을
읽고 깨우치는 그 역사를 이루도록 하
는 것이 너희가 해야 할 대명임을 알
아야 할 것이니라.
32 모두를 자를 수 있는 그 기계를 주었
음이니, 그 자루를 잡고 실제로 자르
고 역사하는 것은 선택된 백성 너희가
해야 할 일이라는 것을 잊지 말라.
33 그리하여 너희가 나에게 소중한 백성
이요, 나의 아들딸임이니, 너희가 거
듭나는 백성이니라.
34 그러니 너희의 구원이요, 너희가 하늘
에 오르는 길이요, 나의 나라에 오는
것을 생각하지 말며 의식지 말라.
35 너 자신이 나에게 오르고자 하며 먼저
천국이라는 나의 문을 들어서고자 하
며 나에게 영광을 받고자 한다면, 너
희는 남을 볼 수 없으며 남을 인도할
수 없으며 그 뻗어 나가는 사악한 뿌
리를 제거할 수 없음이니,
36 너희의 구원을 생각하지 말며, 너희는
구원받을 것을 생각하지 말며, 너희는
나에게 영광과 축복의 기도를 드리지
말며, 은혜 받고자 하는 기도를 드리
지 말며, 천국에 오고자 하는 기도를
드리지 말라.
37 너희가 구원을 받지 아니하며, 천국에
올 수 있는 마지막 한 장의 표가 있을
때 그것을 다른 백성에게 주고 너희
는 지옥으로 갈 수 있는 마음을 갖지
아니하면 아니 될 것이며,

38 그리고 너희는 지옥에 가 있는 자를 구원하려고 들어갈 수 있는 용기요, 그와 같은 마음이 아니면 아니 됨이니라.

39 나의 법전을 읽고 깨우친 백성 너희는 마지막 한 장의 천국에 올 수 있는 표를 네 손에 들었다 해도 다른 사람에게 들려주고 너희는 지옥으로 가는 그와 같은 마음 자세가 아니면 만백성을 구할 수 없음이니 그리 알라.

40 저를 생각하며 제가 존재함 속에서 무엇을 구하겠는가?

41 너희는 나 여호와를 위하는 믿음이요, 하늘의 뜻을 공부하고 깨우치는 것이 아니라,

42 너희를 위한 기복 신앙의 욕심인 것이 지금 종교 집단이요, 모든 종교 지도자라 그리하지 아니하였더냐?

43 그들이 기도하고 경배하는 것이 무엇이더냐?

44 가진 자가 더 가지려고, 명예를 가진 자가 더 얻기 위하여 저 자신을 위해 소원하는 기도를 함이니 그게 무엇이더냐?

45 저희가 다른 신을 제 마음속에 두고 있음이니라.

46 저희가 역사하고자, 저희가 이루고자, 저희가 무엇을 갖고자 하는 그 욕심이 바로 무엇이던가?

47 다른 신을 저희에게 둚이니라.

48 그것이 저희가 다른 신을 가지고 있게 함이니라.

49 아담과 이브가 욕심으로 인해서 모두를 다 이리 만들었듯이 그리 욕심의 뿌리를 버리지 못했으니 그 욕심이 바로 저희가 다른 신을 두고 있는 자라는 것을 명심하여 그리 깨우쳐 주라.

50 구름이 되라.

51 구름과 같이 마음을 다 비우고 위에서 내려다보는 세상사라 할 수 있다 하지 아니하였더냐?

52 그리되어야 함을 잊지 말라.

53 너희는 없음이니라.

54 너희 자신은 존재함이 없음이니라.

55 너희는 비바람이 부는 것을 알아서도 아니 되며 춥고 더운 것을 알아서도 아니 되며 고통스럽다 해서 그것을 알아서도 아니 되는 것이니라.

56 오로지 남을 위한 삶을 살아가는 것, 그것이 너희가 가야 할 길이라는 것을 잊지 말라.

57 그와 같이 마음을 갖지 아니하는 자는 마음을 비울 수 없으며 욕심을 비울 수 없음이니라.

58 저를 의식하며 제가 존재함을 알며 남에게 어찌 줄 수 있단 말이던가?

59 제 소중함을 알며 제가 귀한 것을 안다면 너희는 남을 위하여 줄 수가 없으며 남을 위하여 베풀 수가 없음이니,

60 남을 위하여 줄 수 없고 베풀 수 없는 것은 사랑을 모르는 자들이니라.

61 하늘에 오르는 길이요, 나 여호와의 뜻이 무엇이라 말하였느냐?

62 사랑이라 하였음이니라.

63 그 근본의 사랑을 모르는 자가 어찌하여 나에게 오를 수 있다고 말할 수 있으며 하늘에 오를 수 있다고 말하는가?

64 그것이 나 여호와의 뜻임을 알라.

6,317 번째 하나님 말씀

2003년 6월 3일 13시 08분

1 사랑하는 나의 아들아!
2 "네, 아버님! 말씀하옵소서."
3 나의 법전을 읽고 깨우친 백성이요, 너를 따르는 제자들은 깊이 알고 깨우쳐야 할 것이 있음이니라.
4 너희는 이 세상 모든 것을 사랑으로 다스리라 그리하였음이니라.
5 그리하여 너희가 가장 사랑으로 다스릴 수 있는 것은 어린아이이며, 아직 이 세상살이에 적응하지 못하는 아이들을 너희가 사랑으로 다스리며 그들을 보듬어 주며 그들을 위해 기도하며 그들을 위한 삶을 살아야 하는 것이 너희의 도리이니라.
6 그들이야말로 미래의 희망이니라.
7 그러나 지금 수천 년 동안 흘러오는 종교 집단이요, 지도자들이요, 구원을 받았다는 백성이 과연 어린아이들을 어찌 생각하고 대우하는가?
8 너희 희망인 그 아이들은 뒷전으로 밀려나 있느니라.
9 아이들 문제에 신경을 쓰는 종교 집단이요, 지도자들이 과연 얼마나 있는가?
10 헌금을 바치는 그 백성보다도 아이들을 얼마나 더 사랑하고 아끼는가?
11 아이들에 대한 것은 뒷전으로 밀려나 있음이니라.
12 너희는 어린아이들을 뒷전으로 밀며, 그들을 사랑으로 보듬지 못하며,
13 나이 먹어 헌금을 많이 내는 자보다도 더 소중한 미래의 꿈을 키우는 데 너희가 정열을 다 바치지 아니하는 것은 종교 지도자 너희가 잘못된 자이니라.
14 그것은 무엇이더냐?
15 헌금의 양이 없기 때문이니라.
16 어린아이들은 헌금의 양이 없으며 헌금을 바치는 것이 적으니,
17 너희가 어린아이보다도 어른에게 더 신경을 쓰며 많이 바치는 자에게 신경을 더 쓰고 있음이니라.
18 더욱이 얼마나 너희가 사악하고 간악한 자이던가?
19 너희는 나의 성전이요, 하늘에 오르는 길이라 하여 교회라는 것을 지으며 성당이라는 것을 지으며 성막을 짓고 역사함이니라.
20 그러나 너희는 그것을 형편에 따라 사고파는 그와 같은 행위가 이루어지는 것이니,
21 너희가 손으로 지은 교회라는 것을 사고팔 때 아이들은 교인 숫자로 따지지 아니함이니,
22 돈을 더 받고 못 받는 데 아이들은 관계없어 아이들에게 신경을 쓰지 않는다 하여 나 여호와가 나의 법전에 기록하여 너희에게 말하면, 너희는 고개를 흔들며,
23 '이건 사탄이 하는 말이요, 사탄의 행위이며, 너희는 절대 그렇지 않다.' 그리 말할 것이니라.
24 그러나 이것이 너희의 현실이니, 여기에 거역할 자 있으면 죽어 내 앞에 와 고개 흔들어 그때 대답하라.
25 너희가 지옥과 천국으로 갈 수 있는 그 앞에 서 있을 때, 불바다를 건너야 할 그 앞에 서 있을 때 그때 말하라.
26 지금 너희는 어린아이가 미래의 꿈이

요, 모든 희망이니라.
27 그러나 그 아이들을 뒷전으로 밀며 그
아이들을 보듬지 아니하며 사랑하지
아니하며, 그 아이들에게 강론하는 것
을 소홀히 하는 것이 너희이니라.
28 종교 지도자들은 어린아이들을 위해
서 강론을 해야 할 것이며,
29 선생이요, 지도자 너희가 한 수 아래
인 자들에게 그를 가르친다 말함이니,
어린아이들이 헌금을 많이 내며 재물
을 많이 바친다면 지금 가르치는 제자
들로 하여금 어린아이들을 가르치도
록 그리하겠는가?
30 남들이 가르친다 해도 그 장소에 뛰어
들어 가 너희가 하늘로부터 명받은
자요, 구원의 길을 안내하는 자요, 사
명을 받은 자라 하여 어린아이들 앞에
서 가르치는 것에 더 최선을 다할 것
이며,
31 헌금이 적게 나오면 바라보지 아니할
것이며 헌금을 적게 내는 사람들은 바
라보지 아니할 것이니라.
32 너희는 헌금이 많이 나오는 것, 재물
이 많이 나오는 데 신경을 쓰고 가는
자가 아니던가?
33 그러니 너희는 나에 대한 믿음이 아
니요, 재물을 따라서 믿음의 길을 가
는 자요, 재물을 따라가는 종교 지도
자요, 가르치는 자라는 것을 너희가
그리해도 거절할 수 있으며 거역할 수
있단 말이던가?
34 너희가 아이들을 위하여 신경 쓰지 않
는 것은 헌금이 나오지 않기 때문이
요, 너희가 교회를 팔 때 아이들은 교
인의 숫자로 따지지 않는 그 계약서의
내용 때문에, 너희가 더 많은 재물을
거둬들일 수 없기 때문에 신경을 안
쓰는 사악한 자라면 너희는 과연 이
말을 거역할 수 있겠는가?
35 미래의 주역인 그 어린아이들을 위하
여 그들에게 관심이 없음이니라.
36 그러나 너희가 그 순수한 아이들에게
아름다운 믿음이요, 하늘에 오르는 길
이요, 나의 참진리를 깊게 심어 주었
을 때 그들이 바로 설 수 있는 것이니
라.
37 너희가 어려서부터 '거짓 하지 말라,
도둑질하지 말라.' 하고 아이들에게
가르쳐도 그들이 죽을 때까지 지키지
못하고 사는 것은, 확실히 심어 주지
못했으며 잘못 가르쳐 주었기 때문이
라 내가 그리 말하였음이니라.
38 너희는 60이요, 70의 인생을 살아서
굽을 때로 굽은 그 노송을 바로잡는
것이 편하겠는가?
39 아직 휘어잡아서 바로 세울 수 있는
어린 소나무요, 그 나무를 바로잡을
수 있겠는가?
40 너희가 나의 참진리요, 나의 뜻을 가
르친다면 어렸을 때 바로잡아 주며 나
여호와가 존재함을 확실히 심어 줘야
그들이 성장하면서 바르게 살아갈 것
이며,
41 그들이 세상의 혼탁함에 넘어지지 아
니하며 사악한 자의 말에 넘어지지 아
니할 것이거늘,
42 너희는 미래의 꿈이요, 미래에 역사할
수 있는 어린아이에 관심을 갖지 아니
하는 자이니라.
43 그것은 왜 그러는지 아느냐?

44 너희 손에 들어오는 재물이 없기 때
문이요, 그들에게 아무리 정성을 쏟아
도 그들이 헌금을 내는 것은 몇 푼 안
되는 그것 때문에 관심을 두지 아니
함이니, 과연 너희가 미래에 나의 뜻
을 위하여 살아가는 자들이던가?
45 그와 같이 사악한 자들이 만백성을 구
한다 하며 종교 집단이요, 지도자가
설교와 강론하는 것을 바라보는 나 여
호와의 찢어지는 아픈 가슴을 알겠는
가?
46 가장 어리석은 자요, 사악한 자가 지
금 종교 집단이요, 지도자요,
47 더욱이 저희가 나의 아들 예수로써
구원을 받으며 보혈로써 은혜를 받았
다 하며 저만을 아는 자는 부모 형제
의 사랑을 모르느니라.
48 십계명에 '네 부모를 공경하라.' 기록
하였거늘, 십계명을 지키는 것이 영혼
의 양식이요, 하늘에 오르는 길이거늘,
49 그를 거역하여 가르쳤기 때문에 모든
백성이 황폐한 마음이 되었으며 사랑
이 없으며 메말라졌음이니라.
50 그러니 너희는 어찌하는가?
51 지금 어린아이들을 뒷전으로 밀어붙
이며 그들에게 관심이 없음이니라.
52 그러니 그 아이들이 너희에게 뭐라
말하는지 알겠는가?
53 너희가 그 아이들을 버리는 자가 되었
음이나, 그들이 너희를 버리는 자임을
알아야 할 것이니라.
54 모든 종교 집단이요, 지도자들이 미래
의 꿈인 어린아이들에게 재물이 적다
하여 관심을 안 두기에, 그 아이들이
너희에게 뭐라 말하느냐?
55 그 아이들이 너희에게 전하느니라.
56 세대 차이가 나니 어른들과 대화할 수
없으며 세대 차이로 격의 없이 어른들
과 상대할 수 없으며 아무것도 같이할
수 없다 하니,
57 너희가 뒷전으로 밀렸으며 너희가 버
림을 받은 자들이니라.
58 사랑하는 나의 어린 아들딸들을 너희
가 사랑하지 아니하며 그들에게 관심
이 없기에, 그들이 성장하면서 너희에
게 뒷전으로 물러나라 그리 말을 하느
니라.
59 세대 차이가 나며 감각이 다르며 말하
는 것을 알아듣지도 못한다 하여 너희
가 바로 뒷전으로 버림을 받는다는
것을 잊지 말라.
60 이것이 지금의 세상이니, 너무나 무서
운 형국으로써 가장 큰 집단이요, 가
장 큰 힘을 가진 종교 집단들이 행하
고 역사한 것이 오늘의 바로 그 현실
임을 알라.

6,318 번째 하나님 말씀

2003년 6월 3일 13시 14분

1 사랑하는 나의 아들아!
2 나의 성령이 너희에게 임하는 것, 그
것이 나 여호와로부터 만백성이 받는
가장 큰 은혜 중의 은혜며, 가장 큰 은
혜의 핵심이며, 영광된 것임을 너희는
알아야 할 것이니라.
3 그리고 너희가 나로부터 받는 가장 큰
사랑의 근본임이니라.
4 나의 성령이 너희에게 임하는 것이니
라.

5 다만, 너희에게 나의 성령이 임할 수
있도록 모든 준비를 하는 것은 너희
가 해야 할 일이라는 것을 잊어서는
아니 될 것이니라.
6 너희는 나 여호와가 존재함을 아는 것
으로써 회개와 눈물로써 기도하면 구
원받았다 그리 생각하느니라.
7 그리하여 나의 가장 소중한 성령이 너
희에게 임할 수 없음을 너희는 알아
야 할 것이니라.
8 너희의 가장 못된 악습이요, 너희가
고칠 수 없는 것이요, 너희가 버릴 수
없는 것을 나에게 버리고 고치겠다 수
없이 약속한 것으로써는 나의 성령이
너희에게 임할 수 없음이니라.
9 너희가 작은 것, 단 하나라도 고치겠
다 하여 그것을 고쳤을 때,
10 너희가 술이라는 알코올을 마시지 않
겠다 나에게 수백 번 약속하면서 또
그를 마심이니,
11 오늘날 너희가 그 약속을 지켜 절대
마시지 아니하였을 때 나는 너희에게
사랑의 은혜요, 사랑의 기적을 내린다
는 것을 알라.
12 그와 같이 역사하지 아니하면 나를 볼
수 없으며 나로부터 은혜를 받을 수
없으며 나의 아들딸로서 거듭나지 못
함이니라.
13 너희가 거듭나는 것이 하늘에 오르는
길이요, 하늘의 이치를 안다 하였으니,
14 거듭나는 것은 버릴 수 없는 악습이
요, 버릴 수 없는 잘못된 습관을 버리
는 것이며,
15 남에게 부끄러운 짓을 하지 않는 작은
하나라도 고치고 살아갈 때, 그것이
거듭나는 백성이요, 나에게 오를 수
있는 백성이라는 것을 너희는 알아야
할 것이니 그를 잊지 말라.
16 이를 믿지 못하는 자, 이를 역사하지
못하는 자, 너희는 나에게 아무것도
받을 수 없으며, 나로부터 은혜를 받
을 수 없으며, 나로부터 아무것도 기
억되지 않는다는 것을 알아야 할 것
이니라.
17 그와 같이 사는 자는 나와 먼 곳에 있
는 백성이요, 나와는 정반대의 길을
가는 백성이라는 것을 너희는 알아야
할 것이니 그리 알라.
18 성령이 너희에게 임하는 것이 나로부
터 가장 큰 은혜요, 영광이라 내가 그
리 말하였음이니,
19 바로 나의 성령이 너희에게 임할 수
있는 것은 너희가 하나하나 고쳐 나
가는 것, 그리고 너희가 마음의 욕심
의 뿌리를 하나씩 뽑아낼 때마다 나의
성령으로써 그 자리가 채워진다는 것,
20 그리하여 나의 성령이 너희 마음에 채
워졌을 때 너희는 모두를 역사할 것이
니라.
21 나의 음성을 들을 것이며 나를 볼 것
이며 내가 역사하는 그 모두를 볼 수
있음이니라.
22 그리하여 너희가 성령으로 채워지는
그 역사를 지금까지 잘못 가르치는 종
교 집단이요, 지도자들이 가르쳤기에
너희가 캄캄한 밤길을 헤매고 있으며
그 길을 모름이니라.
23 그리하여 하늘에 오르는 길이요, 나
여호와의 말씀이라 하여 법전을 정독
하고 깨우치도록 내가 너희에게 지금

내려보냄이니,
24 지금 160권의 법전을 세상에 내려보
내는 것이 너희에게 최상의 은혜요,
은사라는 것을 너희는 잊지 말아야
할 것이니라.
25 나 여호와가 너희에게 내리는 것 중
에 최상의 상과 선물이요, 은혜요, 은
사는 바로 나의 법전을 깨우쳐 너희가
성령으로써 충만되는 그것을 선택하
며 선택을 받는 것이 너희에게 이루
는 것이 가장 큰 은혜라는 것을 알라.
26 그리하여 내가 사랑하는 나의 아들을
통하여 나의 모두를 태워 마지막 너
희에게 나의 법전을 내려보냄이니, 이
는 바로 무엇이더냐?
27 너희가 나의 법전을 읽고 깨우쳐 행하
는 그 속에서 너희 마음이 천사와 같
이 변함이니,
28 곧 성령이 너희에게 임하는 그 역사
를 이루고자 하는 것이 나 여호와의
뜻임을 너희는 알아야 할 것이니라,
사랑하는 나의 아들딸들아!

6,319 번째 하나님 말씀

2003년 6월 3일 13시 20분

1 사랑하는 나의 아들아!
2 "네, 아버님! 말씀하옵소서."
3 인간이 살아가며 질서를 지키며 양심
을 지키며 저 나름대로 노력하여 상식
을 갖추며 제가 지식을 갖추어 남들에
게 부끄럽지 않은 삶을 살아가는 그
와 같은 모습이야말로 인간의 살아가
는 모습이 아니던가?
4 그러나 저희가 외형으로써 치장하며
외형을 아름답게 꾸미는 것으로써 많
은 사람을 제압하고자 하며 제 단점을
감추고자 하며 저의 부족한 점을 감추
고자 한다면,
5 그 외형을 꾸미는 것은 얼마나 형식적
이며, 저 자신이 불행한 것이며, 남을
속이는 것이 아니던가?
6 남을 속이기 전에 저 자신을 먼저 속
이는 그 슬픔을 알아야 할 것이니라.
7 외형의 아름다움을 보석으로써, 화장
으로써, 그리고 걸친 옷으로써, 그 모
든 것으로써 감추고자 한다면, 너희의
본질을 감추고 살고자 한다면,
8 그것은 바로 자신을 속이는 것이며 남
을 속이는 것이며 자신이 가장 불행한
자이니라.
9 그러니 지금 모든 종교 집단이요, 지
도자들이 가고 있는 형국이 과연 너는
무엇이라 말하느냐?
10 나의 사랑하는 백성, 어려운 자들에게
그 고혈을 빨아들여 궁궐 같은 성전을
지으며 왕궁보다도 더 화려하게 더 좋
게 꾸미는 것이니,
11 나 여호와가 그곳에 와 임하며 그곳
에서 기도하는 것을 내가 들으며 그
역사하는 것을 내가 사랑한다 하여 저
희가 치장하고 또 치장하는 모습이 바
로 무엇인 줄 알겠느냐?
12 속은 다 비어 있으며 가진 것이 없으
며 그저 밀면 바로 넘어질 수 있는 그
와 같은 자, 외형을 꾸밈으로써 사람
을 속이고자 하는 자와 똑같은 행위를
하고 있는 것이 그것이니라.
13 인간이 외형을 꾸미고자 갖추는 것은
허황된 것이며 부질없는 것이며 불쌍

한 것임을 알면서,
14 종교 집단이 외형에 치중하며 외형에
모두를 다 바치는 그와 같은 것은 너
희가 속이고자 하는 그와 같은 형식적
인 면에서 온다는 것을 어찌하여 모르
는가?
15 나의 아들 예수가 그와 같은 교회요,
성전을 지으라 말하였으며 나의 아들
이 그와 같은 데서 나의 피조물 만백
성을 가르치고 깨우쳤던가?
16 나의 아들이 너희처럼 호의호식하며
종교 지도자들처럼 호의호식하고 살
았으며 그가 배불리 배 두드려 가면서
만백성을 구하며 깨우쳤던가?
17 그가 간 길을 보지 않고 가는 자, 그
행한 것을 보지 않고 가는 자, 나의 아
들 예수가 역사한 것을 거역하는 자
는 사탄의 자식이요, 예수가 간 길의
고난의 고통을 가고자 하는 자, 그 고
난 속에서 만백성을 깨우쳐 이끄는 자,
18 그는 곧 나의 아들이요, 나로부터 선
택된 백성이며, 나에게 올 수 있는 자
라는 것을 너희는 알아야 할 것이니
라.
19 바로 그것이 무엇인 줄 알겠느냐?
20 내가 나의 아들 예수를 세상에 내려보
내는 것은 너희가 살아가는 정답을
내려보낸 것이니라.
21 그 정답을 살아가는 모습으로써 본보
기로 세상에 내려보냈으니,
22 그 예수가 사는 본보기대로 살지 않는
것은 너희가 정답을 거역하는 것이니,
바로 그가 사탄이요, 사악한 자라는
것을 알라.
23 이제 모든 것을 치장하며, 외형에 치
중하며, 집단의 수에 의존하며, 궁궐
과 대궐보다도 더 아름답게 꾸미는 것
으로써 모두의 마음을 제압하며 억누
르려는 것이요,
24 나의 진정한 진리요, 나의 참뜻을 너
희 가슴에 심어 줘 너희가 선한 백성
이요, 천사와 같이 변하는 그 역사를
이루지 못하는 것,
25 그것이 다 몸치장으로써 제 단점을 감
추려 하며 제 부족함을 감추려는 그와
같은 자들이니,
26 그가 얼마나 감출 수 있으며 얼마나
견딜 수 있겠는가?
27 잠시 시간이 지난 다음에 그의 상식
을 알 것이며 그의 지식을 알 것이며
그가 가지고 있는 인간의 본성을 알게
됨이니라.
28 아무리 늑대와 이리가 양 속에 들어가
가죽을 쓰고 발톱을 감춘다 해도, 결
국 그는 더 이상 견디지 못하며 그 근
성을 드러내지 아니하고는 견딜 수 없
음이니,
29 바로 너희에게 재물과 금화와 은화를
거둬들이는 것은 저희가 궁궐을 짓는
그와 같은 행위를 함이니,
30 양 속에 양의 탈을 쓰고서 발톱을 감
추었던 자가 드러냄이니,
31 바로 큰 성전이요, 호화로운 성전을
지어 그를 유지하기 위하여 나의 피조
물 만백성에게 있는 자, 없는 자 할 것
없이 무조건 거둬들이며,
32 가난한 자, 불쌍한 자 돌아다보지 아
니하며, 그들을 뒤에서 도와주지 아니
하며, 그들을 일어설 수 있도록 역사
하지 아니하며,

33 저만 그 성전을 관리하여 거둬들이는
자들이니, 그게 양 떼 속에 발톱을 감
추고 있는 이리의 형국이 시작되는 것
임을 알아야 할 것이니라.

6,320 번째 하나님 말씀

2003년 6월 4일 06시 49분

1 사랑하는 나의 아들아!
2 "네, 아버님! 말씀하옵소서."
3 이 세상에 말 못 하는 동물도 너희가
훈련을 시키며 또 교육을 해서 그들
에게 명하는 묘기를 보이며,
4 그들이 아무리 배가 고파도 그 음식
앞에 입을 대지 아니하며 참는 인내를
보이며,
5 그리고 생각할 수 있는 지혜가 떨어지
는 동물이라 해도 훈련을 시키고 또
훈련을 시켜 그 묘기를 보이는 것이니
라.
6 그러니 반복 훈련을 하는 것이 얼마나
무섭고 무서운 것인가?
7 그러나 인간인 너희는 평생 어찌 고
치며 어찌 살라 해도 그를 고치지 못
함이니,
8 그러니 지금 나의 십계명을 지킬 수
없으며 율법을 지킬 수 없으며 나의
법전대로 살 수 없다 그리 말하는 것
은 너희가 얼마나 노력하지 아니하며,
그걸 이루려 하지 않으려는 생각에서
그와 같은 삶이 이루어진 것인지 알겠
는가?
9 말 못 하는 짐승도 훈련을 시키면 그
어렵고 힘든 훈련을 하며,
10 아무리 배가 고파도 아무 때나 먹지
못하도록 하면 입도 대지 아니하며 먹
지 아니함이니라.
11 말 못하는 물고기까지도 훈련을 시켜
서 묘기를 보이며 기상천외한 쇼를 다
하듯이, 그와 같이 짐승이요, 동물이
요, 물고기들까지도 그 역사를 다 이
루며, 너희가 그와 같이 훈련함으로써
인간의 뜻에 따라 움직여 주는 것이
그들이 아니던가?
12 하물며 인간인 너희가 나 여호와가
160권의 법전을 세상에 내려보내며
내가 너를 통하여 너의 제자들에게 강
론하며 어찌 가야 할 것을 다 가르쳐
주거늘, 그를 행하지 못한다면 과연
너희를 뭐라 취급하며 뭐라 내가 평
가해야 하겠는가?
13 이제는 나의 아들 네가 바로 가고 있
으며 바로 서 감이니,
14 내가 지금 법전이 70권이 넘게 너에
게 교육을 하며 그 가르침 속에서 네
가 반복되는 훈련 속에서 오늘의 그와
같은 자세를 가고 있으니,
15 너의 제자들이 그 많은 훈련이요, 많
은 교육을 받으면서도 바로 설 수 없
으며 나의 법전을 읽은 만백성이 바로
설 수 없다는 것은,
16 너희의 정신 자세요, 마음 자세요, 너
희가 훈련을 받고 안 받고는 그 의도
에 따라서 그리됨이니,
17 이제 너의 제자들과 나의 법전을 읽는
만백성 너희는 알아야 할 것이니라.
18 동물도, 말 못 하는 물고기도, 모든 미
물까지도 훈련을 시키고 그리 반복하
면 그 인간의 명에 따라 움직이는 것
이니,

19 인간인 너희가 창조주 나의 뜻을 듣
고 또 듣고 배우고 또 배우며 강론을
직접 들으면서 너희가 변할 수 없으
며 바로 설 수 없으며 나의 십계명대
로 지키고 살 수 없다는 것은 너희의
마음 자세에 달렸음이니라.
20 그 마음이 굳어지지 아니하였으며, 그
마음이 훈련되지 아니하였으며, 나 여
호와가 존재하는 그 두려움을 모르며
그 역사함을 모르기 때문에 너희가
그 모두를 지워 버릴 수 있으며, 그대
로 행할 수 없으며,
21 십계명대로 살 수 없으며 나의 법전
대로 살 수 없다고 말하는 것이니라.
22 어떠한 이유도 여기는 통할 수 없으며
변명도 너희가 할 수 없음이니라.
23 인간이 짐승을 훈련시켜 그 짐승은 먹
이 앞에 저희 목숨을 걸고 대드는 것
이나,
24 아무리 배고파 그 맛있는 먹을 수 있
는 것을 놓는다 해도, 인간이 먹으라
는 명령이 떨어지지 아니할 때는 절대
먹지 못하게 훈련을 시키면 짐승은 그
를 먹지 않고 인내하는 것이니,
25 내가 너희에게 하늘의 뜻을 그리 주
입시키며 그리 심어 주며 그리 가르쳐
도 너희가 나의 뜻에 따라 바로 서지
못한다는 것은,
26 짐승을 훈련을 시키고 교육해 너희에
게 묘기를 보이며 쇼를 하며 무대 위
에서 만백성에게 짐승의 능력과 훈련
의 묘기를 보여 주는 그 짐승만도 못
한 자가 너희이니라.
27 그러니 그들만도 못한 자가 되고자 하
거든 너희가 바로 서지 말며, 반복하
고 반복 훈련을 해도, 너희는 말로써
만 반복하며 나의 법전을 읽으며 강론
을 듣고 끝내는 그와 같은 자로 살다
지옥 불로 갈 것이며,
28 그 짐승보다도 더 굳은 결의요, 그와
같은 마음 자세로써 나의 법전을 읽고
깨우쳐, 그들보다 너희가 천배 만배
더 위대하게 인내하고 참아 나의 모든
뜻대로 행하는 백성이 될 수 있고 없
다는 것은 너희의 선택의 길에 달렸
음이니 그리 알라.

6,321 번째 하나님 말씀

2003년 6월 4일 11시 32분

1 사랑하는 나의 아들아!
2 "네, 아버님! 말씀하옵소서."
3 지금의 모든 종교 집단이요, 지도자
요, 그 모두가 믿음의 그 길을 온 것은
말로써 믿음이요, 말로써 그 모든 믿
음을 역사하며 그와 같이 흘러온 믿
음이었음이니라.
4 그러니 너희가 행하는 믿음이 아니요,
말로써 전하는 믿음이요, 말로써만 그
믿음을 믿어 왔음이니, 거기에 이루어
진 것이 없으며 하나도 역사한 것이
없다 내가 그리 너희에게 말함이니라.
5 그러니 이제는 너희가 말로써 믿는
그 믿음이 아니요, 행하는 믿음을 믿
을 시대가 왔다는 것을 너희는 알아
야 할 것이니라.
6 행함의 믿음이 아니면 정녕 믿음이 아
니며, 나의 뜻에 따라 역사할 수 없다
는 것을 알아야 할 것이니라.
7 수천 년 동안 흘러오는 종교 집단이

요, 지도자요, 그 모든 백성이 행함이
아니요, 행함의 믿음이 아니요, 말로
써 하는 말로써 믿는 그 믿음 속에서
왔기에, 너희는 그 누구도 구원받은
자 없으며 하늘에 오르는 그 천국의
문을 두드린 자가 없다 내가 그리 말
하지 아니하였던가?
8 말로써 믿는 것은 아무것도 이루어지
지 못함이니라.
9 너희가 나에게 구원을 받으며 하늘에
오를 수 있는 그것은 행하는 믿음이라
는 것,
10 그리하여 행하는 믿음이 어떤 것이며,
행하는 절차가 무엇이며 행하는 자의
자세가 무엇인가를 내가 160권의 법
전에 기록하여 상세히 세상에 내려보
냄이니라.
11 그러하니 너희가 나의 법전을 읽고
정독하지 아니하는 자, 나의 아들의
강론을 듣지 않는 자는 하늘에 오르는
길을 모르며 심판을 받을 수 없다는
뜻이 거기에 있음이니라.
12 지금까지 너희가 말로써 온 그 믿음
으로써는 심판을 받을 가치가 없으며,
심판을 받을 어떠한 자격이 아무것도
없음이니라.
13 그러니 너희가 심판을 받고 심판에
대한 역사의 벌을 받고 못 받는 것 또
한 너희의 행함에 달렸음을 알아야
할 것이니라.
14 너희는 수많은 죄요, 수많은 악덕을
행하며 살아오면서도 말로써 모두를
다 이루고 말로써 다 역사하였음이니,
15 너희는 선함의 행함 그 자체가 비교도
되지 아니한다는 뜻임을 알아야 할
것이니라.
16 이제는 행함이 중요하며, 그 행함에
의하여 너희가 악과 선의 그 무게를
나에게 와 심판을 받는다는 것을 잊
지 말라.
17 그리하여 내가 나의 법전을 내리는 것
은 행함을 가르치며 행함의 끝이 무엇
이며 그 길이 무엇인가를 너희에게 가
르침이니,
18 바로 심판을 받는 자는 나의 법전을
읽고 깨우쳐 그리 행하지 아니하면 그
자격이 없다 함이 여기에 있음을 알라.
19 너희는 이제 말로써 믿던 시대의 믿음
이요, 그 잘못된 것을 바로잡아 행하
는 믿음의 시대로 역사하며 내가 가고
자 하는 그 뜻을 너희가 알아야 할 것
이니 그리 알라.

6,322 번째 하나님 말씀

2003년 6월 4일 11시 39분

1 사랑하는 나의 아들아!
2 "네, 아버님! 말씀하옵소서."
3 수천 년 동안 흘러오는 그 모든 종교
집단이요, 그 헤아릴 수 없는 그 종교
집단 속에서 헤아릴 수 없는 그 많은
종교 지도자들, 그리고 그곳에서 구원
을 받았다 울고불고하는 그 백성, 신
도라는 자들,
4 너희는 구원을 받고 못 받는 것이 너
희 자신의 육의 삶에 달린 것이 아니
요, 믿음이라는 길을 선택하는 것에
구원을 받고 못 받는 것이 달렸다 그
리 말함이니라.
5 그러나 너희는 인간 세속에서 하는 말

이 있느니라.
6 너희는 '뿌린 대로 거둬들이며 심은
대로 거둬들인다.' 하니, 너희는 심은
그대로 거둬들이며 심고 가꾼 만큼 거
둬들인다는 그 말이 있듯이,
7 바로 믿음의 길이요, 하늘의 오르는
것도 그러하니라.
8 너희가 어찌 행하고 어찌 살았느냐에
따라서, 그 행함에 의하여 너희가 행
한 역사대로 그 모든 대가를 나로부터
받는다는 것을 잊어서는 아니 될 것이
니라.
9 지금 모든 종교 집단이요, 지도자들은
하늘에 오르는 길이 그 어렵고 힘든
과정을 거쳐 나에게 구원을 받는 것이
아니요, 그저 말로 쉽게 구원을 받았
다 그리 말하느니라.
10 너희는 나의 계명과 법대로 어떻게 사
느냐에 따라서 심판을 받는다는 것을
의식지 아니하며,
11 오로지 너희는 믿음이라는 것, 나의
아들 예수를 찾음으로써 구원을 받는
다 그리 말함이니,
12 그와 같은 것으로는 구원의 '구'자도
찾지 말라 하는 나의 무서운 뜻을 너
희는 알아야 할 것이니라.
13 너희가 역사한 대로 그 대가를 치른다
는 그 엄연한 사실을 내가 나의 법전
에 수없이 기록하여 전함이니,
14 너희가 지금 구원을 받았다고 하는 그
믿음의 종교 집단이요, 지도자요, 그
신도들, 너희가 하는 그 모습이 나 여
호와에게 어찌 보이는지 아는가?
15 밤하늘에 반짝이는 그 별을 땄다 생각
하며 따올 수 있다고 말하는 자가 너
희들이니라.
16 너희가 밤하늘에 반짝이는 별을 따오
는 것이 과연 믿을 수 있으며 너희가
역사할 수 있는 것인가?
17 그러나 지금의 종교 집단이요, 지도자
요, 신도라며 구원을 받았다 하는 자
들, 너희는 밤하늘에 반짝이는 별을
따오는 것보다도 더 어렵고 힘든 그
길을 따온 자라 그리 말하며 그리 역
사한 것이라 말함이니,
18 너희가 과연 밤하늘의 별을 딸 수 있
겠는가?
19 그리고 너희가 그를 네 가슴에 안을
수 있다고 말하는가?
20 너희가 밤하늘에 반짝이는 별을 딸 수
있는 것은 사랑하는 남녀가 서로 주고
받는 그 대화 속에서 그 별을 따줄 수
있으며 따올 수 있는 것으로, 말로써
끝나는 것이지,
21 정녕 행할 수 있는 자가 이 세상에 누
가 있단 말이던가?
22 또한, 어린아이들이 밤하늘에 별을 딸
수 있는 것처럼 생각하는 것, 그 아이
들만도 못한 것이 너희들이니라.
23 그 마음만큼도 깨우치지 못하는 것이
너희이니,
24 어린아이들이 별을 따올 수 있으며 딸
수 있다고 생각하는 그 아이들의 마음
만도 못한 것이 너희가 그 별을 딴다
생각하는 것이니라.
25 그리하여 너희가 구원을 받았다, 하늘
에 오른다는 것이 별을 따는 것보다
더 어렵고 힘든 것이니,
26 그를 땄다 생각하며, 딸 수 있으며 네
가슴에 안을 수 있다 하는 것이 지금

의 종교 집단이요, 너희가 가고 있는
형국이니,
27 그것이 얼마나 어리석은 행위고 불쌍
한 짓인가를 아는가?
28 내가 내려다보는 너희는 그러니라.
29 누구도 그 찬란한 별을 딸 수 없음이
니, 그보다 더 어려운 것이 믿음의 길
이요, 너희가 천국의 문을 열고 나에
게 들어오는 것이거늘,
30 감히 구원을 받았다 말하는 자, 하늘
의 별을 따 제가 챙길 수 있으며 따줄
수 있으며 따올 수 있다, 그리고 저희
를 따르면 그 별을 딸 수 있다고 말하
는 자들이니,
31 그 별을 딸 수 있다는 자의 말을 듣고
설마 설마 하다 너희는 죽음의 길을
감이니,
32 그리하여 죽음의 문턱을 넘는 그 순간
에 너희는 나에게 오르는 천국의 문
이 아니요, 지옥의 벼랑으로 떨어진다
는 것,
33 너희는 그리하여 그곳에 가서 평생
영원히 후회하며 발버둥치며 통곡하
며 사는 그 길을 가고 있다는 것,
34 지금의 그와 같이 무모한 짓이며 어리
석은 짓을 하고 있는 것이 종교 집단
이요, 지도자들이 하고 있는 짓이라는
것을 알라.
35 이제 너희는 깨우쳐야 할 것이니라.
36 인간 세속에 너희가 말하듯이 심은
대로 거둬들이며 가꾼 대로 거둬들인
다는 그 뜻을 잊지 말라.
37 너희가 어찌 살았으며 어찌 행하느냐
의 그 뜻에 따라 나에게 와 심판을 받
는다는 그 엄연한 사실을 부정하며,
38 너희는 그 두려움 속에서 너희의 그
죄요, 속된 마음이요, 욕심이요, 그 근
원의 뿌리를 뽑지 못하며 악습을 버리
지 못하고 살아가는 자,
39 그리고 너희가 눈물 흘리고 콧물 흘리
며 기도하고 또 반성하고 회개하며,
너희가 회개한 그 죄를 지우지 못하고
그 다음 날, 그 다음 날 또 짓는 그 모
습이 무섭고 두려워,
40 그 마음의 위안을 스스로 얻기 위하여
나의 아들 예수의 보혈로써 구원을 받
을 수 있다는 믿음을 시작하면, 너희
가 만든 죄의 온상인 교회라는 곳에
입문하는 그 순간에 모든 죄를 용서받
는다는 그것으로써 위안하고자 하나,
41 그 위안이 과연 얼마나 간다 생각하는
가?
42 너희는 그리 오래 가지 못함이니라.
43 결국, 너희는 그 대가를 치를 때 그때
가서 후회한다는 것을 알아야 할 것
이니,
44 이제 너희가 불안한 마음이요, 공포의
마음에서 벗어난 그와 같은 정녕 아름
다운 삶을 살도록 하기 위하여 내가
나의 아들을 통하여 160권의 법전을
세상에 내려보내며,
45 너희가 그리도 갈망하는 구원의 길,
너희가 하늘에 오르는 이정표의 그 모
두를 상세히 그려 내려보냄이니,
46 이를 보고 깨우쳐 하늘에 오르는 선택
된 백성의 길을 가도록 그리하라.
47 그렇지 아니하는 자는 영원히 나와 남
남이라는 것을 잊지 말라, 사랑하는
나의 아들딸들아!

6,323 번째 하나님 말씀

2003년 6월 4일 11시 48분

1 사랑하는 나의 아들아!
2 "네, 아버님! 말씀하옵소서."
3 모든 나의 피조물 만백성 너희가 수
천 년 동안 살아오며 그 수많은 백성
이 지상에 살다 갔음이니라.
4 너희는 삶이 무엇이며, 너희 생명이
끝나면 과연 무엇이라 생각하는가?
5 모든 종교 집단이요, 지도자요, 지금
의 백성, 나 여호와로부터 세상에 나
온 나의 피조물 만백성, 너희는 어찌
생각하는가?
6 너희가 지금 가지고 있는 육이 존재하
는 그 생명이 끝나는 것이 너희의 생
명이 끝나는 것이라 알며 그리 가르치
고 깨우침이니,
7 그것이 아님을 너희는 알아야 할 것
이니라.
8 육의 생명이 끝나는 것이 너희 삶의
생명이 끝나는 것이 아님을 알라.
9 나의 피조물 만백성이 육의 생명이 끝
나는 것이 인생의 삶이 끝나는 것으로
알기에, 너희는 그 생명을 지탱하기
위하여, 그 생명을 위하여 지금 삶을
살고 있음을 알아야 할 것이니라.
10 너희는 그 육이 끝나는 생명을 위한
삶을 살지 말라.
11 그것이 너희의 생명이 끝남이 아님을
알아야 할 것이니라.
12 나로부터 받아 나간 영혼이 끝나는 것
이요, 그 영혼이 죽고 사는 그 자체가
너희의 생명이 끝남과 끝나지 아니함
임을 너희는 여기서 알아야 할 것이
니라.
13 너희가 육으로써는 한 줌의 흙으로 돌
아감이요, 나머지 영혼은 나에게 와
심판을 받음이니,
14 너희의 그 영혼이 어찌 가느냐에 따라
너희의 생명이 끝나는 것이요,
15 육의 삶이요, 한 줌의 흙으로 돌아가
는 육체 그 자체가 끝나는 것이 너희
가 생명이 끝나는 것이라 그리 생각하
지 말라.
16 이와 같은 뜻을 너희는 깨달아야 할
것이며 이 이치를 깨달아야 함을 잊
지 말라.
17 내가 너희에게 일찍이 가르쳐 뭐라 말
하였느냐?
18 너희가 기거하는 집이 바로 너희의
육신이라 내가 그리하지 아니하였던
가?
19 그 영혼을 지켜 주는 집이요, 그 영혼
은 그 집안에서 살아감이니,
20 그 집은 너희의 영혼을 지켜 주는 역
할로써 다하는 것이며 직무를 다한다
그리하였음이니라.
21 그러니 그 집이 쓰러지고 무너진다 하
여 너희의 생명이 끝나는 것이요, 모
두가 끝나는 것이라 생각지 말라 함
이 거기에 있음이니라.
22 그 속에 기거하는 너희를 지탱하는
그 영혼의 생명의 끝남이니,
23 지금 영혼이 끝나는 것이 너희가 끝남
이요, 그리고 내가 너희에게 거듭남이
라 말함도 너희가 죽음으로써 그 영
혼이 거듭나는 것이며,
24 그 영혼이 나 여호와의 뜻에 의해 새
로 태어나는 그와 같은 역사를 이루는

자, 그자만이 나에게 구원을 받을 수
있으며 하늘에 오르는 길이라는 것을
너희는 알아야 할 것이니라.
25 그리하여 거듭나는 백성이 나의 아들
딸로서 나의 나라에 올 수 있으며 내
품에 올 수 있다 내가 그리 말하지 아
니하였던가?
26 그리하여 거듭난 백성은 과연 무엇인
줄 알겠는가?
27 나의 법전을 읽고 깨우치며 나의 강론
을 듣는 백성, 그리고 너희의 영혼이
다시 거듭나는 나의 아들딸, 너희는
죄가 없으며 죄가 될 수 없으며 너희
에게는 그 죄가 존재하지 아니함을
알아야 할 것이니라.
28 거듭난 나의 아들딸들은 죄를 모르며,
죄가 너희에게 존재하지 않는 그와
같은 삶을 사는 것이니라.
29 그러니 너희는 지옥이 또한 없음이니
라.
30 그리고 지옥이라는 것이 너희와 관계
없으며 죽음이라는 그 자체가 너희에
게는 없음이니라.
31 내가 너희에게는 운명이 없다 한 그
의미를 너희는 이제 깊이 깨달아야 할
것이니라.
32 그리하여 너희는 남을 위한 삶을 사는
것이니라.
33 나로부터 선택받은 자요, 거듭난 백성
은 저 자신을 위해서 사는 것이 아니
라, 남을 구원하기 위하여 남을 위한
삶을 살게 됨이니라.
34 나의 법전을 읽고 깨우쳐 변화된 백
성, 거듭난 나의 아들딸 너희가 나의
법전을 전하며 그를 만들어 만백성에
게 전하는 것은 너희가 남의 죄를 사
해 주는 그 역사를 이루는 것이며,
35 죄지은 자에게 용서받는 길을 안내하
며, 그들이 용서받아 하늘에 오르는
길이요, 구원의 길을 볼 수 있게 하여
그 길을 올 수 있도록 깨우쳐 주고 그
들을 안내하는 것이니라.
36 그러니 너희가 그 모든 백성의 생명을
구원해 주는 것이며 그들이 축복이요,
영광의 다시 태어나는 그 역사를 위함
이니,
37 나로부터 거듭난 백성은 남을 위해
사는 삶이라는 것을 잊지 말라.
38 너희야말로 하늘나라를 볼 수 있으며
나를 볼 수 있으며 그 모든 은혜와 영
광을 받을 수 있다는 것을 잊지 말라.
39 그러나 지금 모든 종교 집단이요, 지
도자라는 백성, 그리고 나의 아들 예
수의 보혈로써 구원을 받았다며 자만
하는 백성, 그들은 거듭나지 못한 자
들이며, 거듭나는 그 자체가 무엇인
줄 모르는 자들이니라.
40 거듭나지 아니한 자는 나의 뜻을 알
수 없으며 나의 진리를 알 수 없느니
라.
41 그리하여 저희가 거듭나지 못했기에
나의 뜻을 모르며 하늘의 천기를 모르
니,
42 그들이 하는 소리가 무엇이던가?
43 예수를 믿기만 하면 구원을 받으며,
저희가 손으로 지은 성전에 재물을 바
치면 그것으로 구원을 받는 것이요,
거듭나는 것이라 그리 가르치고 있음
이니라.
44 그들이 거듭나지 못한 자이니라.

45 모든 종교 집단이요, 지도자요, 그리
고 믿음의 길을 가는 백성이라 하는
자, 그리고 재물을 줘 직급을 쌓아 높
은 자리에 앉아 나를 찾으며 경배한다
는 자, 그들은 거듭나지 못한 백성이
니,
46 그들은 남을 가르칠 자격이 없으며 남
을 인도할 자격이 없는 자라는 것을
잊지 말라.
47 그 모두는 거듭나는 자가 없음이니,
거듭나지 못한 자는 만백성을 구할 수
가 없음이니 그리 알라.
48 나의 아들딸로서 거듭난 것처럼 그와
같이 너희가 지금 가고 있는 것이 거
듭남이요,
49 너희가 가는 그 믿음이야말로 바로
거듭나는 그 믿음의 길임을 알아야 할
것이니라.
50 거듭나지 못한 백성이 가르치는 것은
사악한 행위를 하게 되며, 사탄의 뜻
을 가르치게 되는 것이며,
51 나의 성령이요, 성경이요, 나의 뜻이
요, 나의 새로운 법전 그 모두를 거역
하는 것임을 너희는 알아야 할 것이
니라.
52 그러니 모든 종교 지도자는 거듭난 자
만이 지도자가 될 수 있다는 것, 거듭
나는 길은 나의 법전을 읽고 깨우치며
그대로 행하고자 하는 것, 나의 아들
의 강론을 듣는 것,
53 이 세상의 모든 진리의 뜻은 하나의
빛으로 오로지 한 사람을 통하여, 나
의 아들 하나를 통하여 모두가 꿰여
너희에게 전한다 하였음이니,
54 그 새로 내려가는, 너희 몸에 흐르는
동맥이요, 피처럼 흘러내리는 그 모든
역사가 바로 내가 이루고자 하는 것이
니,
55 그 계통에 서 있지 않은 자, 그를 같이
받아 흘러내리지 아니하는 자, 그 피
가 흐르는 그 동맥의 통로에 같이 있
지 않은 자, 그 통로의 역할을 하지 못
하는 자, 그 누구도 구원을 받을 수 없
음이니라.
56 내가 2천 년 전에 나의 아들 예수를
보내어 그를 통하여 그 통로로써 모두
를 역사하고자 했으나 너희가 그리
사악한 짓을 했음이니,
57 내가 오늘 나의 성령이요, 하늘에 오
르는 길이요, 나의 법전을 나의 아들
을 통하여 흘러내림이니,
58 그 통로에 같이 겸하는 자, 같이 흘러
내리는 역사를 하는 자, 그들이 바로
거듭난 백성이라는 것을 잊지 말라,
사랑하는 나의 아들딸들아!
59 자신을 가지며 희망을 가지며 용기를
갖고 살아가라.
60 내가 너희에게 했던 모든 약속이 이루
어지기 시작함을 잊지 말라.

6,324 번째 하나님 말씀

2003년 6월 4일 11시 57분

1 사랑하는 나의 아들아!
2 "네, 아버님! 말씀하옵소서."
3 내가 너에게 일러 전하기를, 말씀의
시대요, 말로써 전하는 시대가 아니
요, 이제는 실천하는 시대라 하였음이
니라.
4 많이 알면 무엇하며 많이 깨달아 알면

무엇하는가?
5 행하지 않고 행동하지 아니하면 그게
다 무가치한 것이 아니더냐?
6 그러니 바로 말로써 믿던 그 시대가
실천의 시대로 지금 내가 역사하며,
그리 변화되지 않는 자는 구원을 받
을 수 없다 함이니라.
7 아무리 많이 알고 지식을 많이 안다
해도 써먹지 아니하며 그를 행하지 아
니하며 그를 악한 쪽으로 쓴다면 알지
못하는 자만 못함이니,
8 그리하여 지금의 모든 믿음이요, 지금
까지 온 모든 종파 그들이 역사한 것
은 말로써만 행함이니라.
9 그리하여 내가 그들을 단죄하며,
10 행동하는 자, 행하는 자를 선별하고자
하는 것이 나의 뜻이라 그리 말하지
아니하였던가?
11 이제는 나 여호와가 선택하여 내려보
낸 나의 아들을 통하여 내리는 성령이
요, 나의 새로운 성경으로써 '하늘에
오르는 길'이요, '하나님! 말씀하옵소
서'라는 이 법전을 믿고 따르지 아니
하면 너희는 구원을 받을 수 없다는
엄연한 사실을 알라.
12 지금까지 모든 종교 집단이요, 수천
년 동안 흘러온 자들이 바로 무엇인
줄 아는가?
13 거짓 선지자요, 거짓 종교 지도자였음
을 너희는 알아야 할 것이니라.
14 그들은 나의 진리를 가르치는 것이 아
니요, 생계 수단으로써 했으며 품삯을
챙기기 위하여 목자로서 그 자리에서
나의 피조물 만백성을 이리 우롱하며
지금까지 왔음이니,
15 거기에 어떠한 진리가 있고 참뜻이 있
다 할 수 있겠는가?
16 그리하여 지금 이 세상이 이렇게 험악
해졌으며 인간이 인간을 보기를 두려
워하며 무서운 세상으로 되었음이니
라.
17 지금의 이 험악한 세상을 만든 자가
그들이니,
18 그들이 아직도 이 세상에 존재하며 회
개하지 아니하며 반성하지 아니하며
그들이 지금까지 흘러왔던 그 방법이
요, 관습대로 천년만년 그 형태를 영
원히 지속하고 유지하려는 것이며,
19 오로지 그것만이 구원의 길이요, 하늘
에 오르는 길이라 하여 저희 후손까지
도 지옥의 낭떠러지로 떨어지는 그 습
관이요, 버릇이요, 전통을 그대로 넘
겨주고자 하는 것이 그들임을 너희는
알아야 할 것이니라.
20 너희는 여기서 알아야 할 것이니라.
21 내가 직접 친필로 써 내린 계명이요,
지금 내가 나의 아들을 통하여 내 모
두를 태워 내려보내는 나의 법전 그대
로 행하고 살지 아니하면 아니 됨을
알라.
22 너희가 아무리 고통스럽고 어렵다 해
도 내가 내린 십계명이요, 나의 법전
의 그 고통스럽고 힘든 그 길을 넘지
않고 그 과정을 거치지 아니하고는 절
대 구원을 받을 수 없다는 것을 알라.
23 힘들고 어려운 그 과정을 넘는 자, 그
들만이 나에게 오를 수 있음이니라.
24 무쇠라는 것도 달구고 달궈서 그것을
하나의 도구로 쓸 수 있으며 너희가
쓰고자 하는 기구로 만들어 쓸 수 있

듯이,
25 그 무쇠를 녹이는 과정이 없이는 너희
는 무쇠를 가지고 못도 만들 수 없음
이니라.
26 그 아름다운 황금이라는 것은 무엇이
더냐?
27 그 또한 달구지 않고는 어떠한 형태의
모형으로도 너희가 그 장식품을 만들
수 없음이니,
28 그를 만들기 위해 그 금을 녹이는 과
정이 얼마나 힘들고 어려운 과정이던
가?
29 그와 마찬가지이니라.
30 너희가 어렵고 힘든 하늘에 오르는 그
과정의 길을 거치지 아니하고 말로써
나에게 오를 수 있다는 것은 절대 있
을 수 없음을 알아야 할 것이니라.
31 정녕 하늘에 오르는 길이 내가 뭐라
말하였느냐?
32 밤하늘에 반짝이는 별을 딸 수 없듯
이, 그를 따는 것보다도 더 힘들고 어
려운 것이 하늘에 오르는 길이요, 영
광을 얻는 길이요, 축복의 길이라 내
가 그리 말하지 아니하였던가?
33 그러니 딸 수 없는 그 별을 딸 수 있다
며 따준다 말하는 것이 지금의 종교
집단이요, 지금 이 세상을 험악하게
만든 장본인이요, 근본인 자임을 알아
야 할 것이니라.
34 그들보다도 큰 죄, 그들보다 더 무서
운 죄를 이 세상에서 지고 가는 자가
없다는 것을 너희는 알아야 할 것이
니라.
35 나에게 오르는 것, 구원의 길에 오르
는 것, 너희가 하늘에 오르는 길이 얼
마나 어렵고 힘든 고통과 시련의 과정
을 역사하여 그를 통과해야만 너희가
구원을 받는지를 알아야 할 것이니,
36 내가 나의 아들을 통하여 성경에 미리
기록하여 전하기를 뭐라 말하였더냐?
37 나의 아들을 따르는 자요, 나에게 오
르는 자는 너희 자신을 부인하라 하
였음이니, 너희 자신을 모두 다 버려
야 한다 하지 않았던가?
38 너희 자신을 다 버리는 것이 지금 나
의 아들을 따르는 제자들이요,
39 나의 법전을 읽고 가는 백성 너희가
너희 자신을 버리기가 얼마나 힘들고
어렵겠는가?
40 그리하여 내가 일찍이 성경에 기록하
여 말하기를, 나의 아들을 따르며 나
에게 오르고자 하는 백성은 너 자신
을 부인하라 하였으며 너 자신을 버려
야 한다는 그 뜻을 기록하여 전했음이
니라.
41 그리고 정녕 너희가 오르고자 한다면
자기의 그 고통스러운 십자가를 네가
스스로 지고 와야 할 것이며, 네 것은
네가 책임지고 지고 오는 그와 같은
역경의 시련과 고통을 겪지 아니하면
너희는 하늘에 오를 수 없다고 일찍이
성경에 기록하여 전하였건만, 종교 지
도자 너희는 이 뜻을 어찌 알며 어찌
생각하며 어찌 가르치는가?
42 그 뜻 하나를 너희가 생각해도 행함
이 얼마나 중요한 것인가를 알 것이니
라.
43 쇠를 달궈서 도구를 만들듯이, 금을
달궈서 장식품을 만들듯이, 녹이기는
어렵고 힘든 그 과정을 겪지 아니하

면 너희는 역사할 수 없다는 것, 그것
이 바로 무엇이냐?
44 너희 마음을 다스리는 것이며, 자신을
다스리는 것이며, 자신을 버리는 것이
며,
45 자신을 버리지 아니하고 자신을 부인
하지 않고 자신이 제 십자가를 스스로
짊어지는 고통의 길을 가지 아니하고
는 결코 너희는 나에게 오를 수 없다
는 것을 내가 일찍 성경에 기록하여
전했음이니,
46 지금 내가 나의 아들을 통하여 내리는
그 과정의 길이 얼마나 힘든가?
47 그 과정의 길을 걷지 않고는 하늘에
오를 수 없다는 그 의미를 너희가 가
슴 깊이 새겨 이를 알아들어야 할 것
이니라.
48 성경에 기록된 내용도 너희가 제대로
인식하지 못하며 깨우치지 못하기에,
내가 그를 하나하나 깨우쳐 너희에게
전함이니 그리 알라.
49 구약에서 명한 것이 신약에 기록되어
있으며, 신약과 구약의 내용의 그 골
자가 같이 간다는 것도 모르고 너희는
구약은 지났으며 신약이라 그리 말하
는 자들이니,
50 지금 신약 성경에서 가르친 것을 내가
새로운 제3의 시대에 하늘에 오르는
길이요, 나 여호와의 뜻을 내리는 이
것이 다 그 줄기요, 그 근본은 다 같이
흘러감을 알아야 할 것이니라.
51 표현이 다르며 전하는 방법이 다를 뿐
이요,
52 나의 법전은 지금 마지막 시대에 나의
백성을 완벽히 깨우치고자 하여 쉽고
간단하게 풀어서 내림이니,
53 그 뜻이 다 거기에 있으며 그 뜻이 같
음을, 어찌하여 그를 모르는가, 이 어
리석은 백성들아!
54 너희의 아집과 고집이요, 욕심 때문이
니라.
55 그 욕심 하나를 버리지 못하여 너희
가 지옥으로 간다는 것을 잊지 말라.

6,325 번째 하나님 말씀

2003년 6월 4일 12시 06분

1 사랑하는 나의 아들아!
2 "네, 아버님! 말씀하옵소서."
3 너희가 허구한 날 부르짖느니라.
4 '일용할 양식을 주옵소서.' 하늘에서
이루어진 것같이 너희에게 일용할 양
식을 이루어 달라, 그리고 그를 달라
말하는 것이 무슨 뜻인 줄 알겠는가?
5 그는 나의 참진리요, 나의 성령의 뜻
이요, 하늘의 뜻을 너희에게 내려 달
라는 것이니라.
6 그게 참진리의 양식이요, 나의 성령의
양식을 너희가 원함이니, 일용할 양식
을 너희에게 이 땅에서 이루어지도록
달라 그리 말함이니,
7 이제 내가 너희 뜻을 들어 내가 나의
아들을 선택하여 나의 아들을 통하여
내리는 나 여호와의 이 성령을 너희가
아는 창조주 아버지 말씀이라는 160
권의 새로운 성경이요, 법전이 바로
너희에게 일용할 양식이라는 것을 잊
지 말라.
8 너희가 일용할 양식을 달라 부르짖으
며 그 역사함을 바라는 것은 바로 나

의 참진리요, 나의 뜻이요, 나의 말씀
을 내려 달라는 것이며 그것이 양식이
라는 것을 너희는 알고 있는가?
9 그리하여 내가 지금 선택된 나의 아들
을 통하여 너희에게 하늘의 진리요,
하늘의 모든 뜻이요, 하늘에 오르는
나의 성령을 하나하나 풀어 너희에게
내려보내니,
10 내가 지금 너희에게 바로 일용할 양
식을 내려보냄을 너희는 알아야 할
것이니라.
11 진정한 나의 성령이 아니요, 지금 썩
어 가는 냄새로써 다 썩어져 가는 것
을 가지고 일용할 양식이라 하여 수천
년 동안 종교 집단이 전하고 지금 그
리 깨우쳐 왔음이니라.
12 그 썩은 것을 받으면서 너희는 재물
을 바치며 시간을 바치며 울고불고 찬
양하며 너희의 모든 것을 다 바치며
구원을 받았다 말하는 자들,
13 이제 너희가 바라고 원하는 일용할
양식이 지금 내려감을 알아야 할 것
이니라.
14 너희가 나의 성경을 제대로 이해했으
며 그 비유의 뜻을 알았다면 너희는
일용할 양식을 충분히 받았을 것이며,
15 그 일용할 양식을 충분히 소화시켜 너
희를 만들었을 때, 너희는 고통 없는
그 삶을 살아갈 수 있으나,
16 너희는 그것을 이해하지 못하며 그대
로 행하지 못함이니,
17 그를 가르치는 자가 없으며 그 뜻을
아는 자가 없음이니라.
18 그리하여 너희가 그리 부르짖고 그리
애원하는 일용할 양식을 내가 나의 아
들을 통하여 지금 하나하나 풀어 너희
에게 참진리요, 하늘의 뜻을 내려보내
니,
19 이제 일용할 양식이 너희에게 전달되
며 내려감을 알라, 사랑하는 나의 아
들딸들아!
20 너희가 나 여호와의 뜻에 따르는 것과
나 여호와의 뜻에 따르지 아니하는
것, 이것은 너희에게 어떠한 길이며
어떠한 형국으로 돌아오는가?
21 이것을 너희가 깊이 깨우쳐 깨달아야
함을 알아야 할 것이니라.
22 지금까지 오는 나의 피조물 만백성 너
희는 내가 원하는 내 뜻이요, 나 여호
와가 원하는 그 방향의 믿음이 아니
라, 자기 자신의 욕심에 대해 믿음의
생활을 하고 있는 것이니라.
23 자기 욕심이요, 그 욕심을 충족하기
위하여 너희는 믿음 생활을 지금 계속
하고 있으며,
24 너희가 그 욕심을 버리지 못하고 욕심
을 부린 만큼 그 대가를 받으며 허무
하게 무너져 가고 있음이니,
25 너희가 욕심을 부린 만큼 나에게 와
심판을 받을 때, 그 대가만큼 너희 자
신이 지금 허무하게 무너져 지옥의 낭
떠러지로 떨어지는 것이 너희라는 것
을 잊지 말라.
26 이것이 엄연한 사실임이니라.
27 너희가 욕심을 부린 만큼 그 대가를
받음이니, 너희가 지금까지 살아온 그
모두가 허무한 삶이요, 허무한 욕심에
치우친 인간의 헛된 삶이라는 것을 너
희가 알게 되니, 그때는 이미 지옥에
서 돌이킬 수 없는 것이니라.

28 지금 너희를 구원하는 것이요, 하늘에
오르는 길이라는 그 백성, 종교 집단
과 지도자들의 가르침에서 벗어나지
못한다면 너희는 정녕 구원의 길에
올 수 없음이니라.
29 내가 나의 법전에 기록하여 뭐라 말하
였느냐?
30 지옥 불로 달려가는 발길을 멈춰 나의
법전을 읽고 깨달아 너희가 구원의
길을 얻으라 내가 그리 애절하게 기록
하였건만,
31 너희는 과연 그와 같은 뜻을 얼마나
음미하며 그 의미를 얼마나 감사하는
가?
32 내가 너희에게 나의 법전이 하늘에
오르는 길이요, 십계명이 너희 영혼의
양식이라 수없이 기록하여 전하고 전
했건만, 너희가 그를 따르지 아니하며
그를 깨우쳐 읽지 아니하며,
33 지금의 종교 집단이요, 지도자의 믿음
의 그 길이 하늘에 오르는 길이라 그
리 가고 있음이니,
34 너희는 머지않아 지옥의 문 앞에 서게
됨이니라.
35 너희가 그 무서운 지옥의 문 앞에 섰
을 때 통곡과 그 고통의 눈물, 그 공포
속에서 너희 몸이 스스로 녹는 그 무
서움 앞에서 너희는 어찌할지 아는가?
36 지금까지 너희가 진정한 하늘에 오르
는 길이요, 너희에게 구원의 길이라
인도했던 그 거짓 종교 지도자들을 갈
기갈기 찢어 죽이고 싶은 그 분통한
마음을 거기서 어찌할 바를 모르며
그를 삭이지 못하는 너희의 그 고통의
시련을 지옥문 앞에 설 때 그때야 알
게 될 것이니라.
37 그러나 너희는 거기서 벗어날 수 없으
며 헤어날 길이 없음이니, 너희는 지
옥으로 떨어지게 됨이니라.
38 그리하여 너희는 영원히 지옥 불에서
그 죄의 대가를 치를 때 너희는 영원
히 존재할 때까지 그 종교 지도자들이
거짓 하며 잘못 가르치며 너희가 어
리석게 그들을 따르고 하늘에 오르는
길이라 했던 그 지난날의 피맺힌 서러
움이요, 그 분함을 삭이지 못하며,
39 지옥에서 받는 고통보다도 그것이 더
고통스럽고 더 괴로운 후회만이 너희
에게 남는다는 것이니라.
40 내가 하늘의 뜻이요, 지옥과 천국의
그 모두를 그림처럼 훤히 글로 기록하
여 너희가 들어 알 수 있도록 상세히
기록하여 전하건만, 이를 보지 못하고
이를 듣지 아니하며 지금 오만한 자,
41 이 세상에 존재하는 모두는 나 여호와
가 필요하여 세상에 내보냈다 하거늘,
42 어찌하여 하늘에 오르는 길이라 하였
으며 하늘에 오르는 길이 이 책 속에
있다 하였으나,
43 '하나님! 말씀하옵소서'라고 기록된
책표지를 감히 보지 아니하며, 그 책
내용을 읽으려 하지 않으며,
44 하늘에 오르는 길에 나를 따르는 백성
이라는 자들이,
45 '하나님! 말씀하옵소서'요, 하나님 창
조주 내가 하는 말이요, 하늘에 오르
는 길이 이 책 속에 있으며 하늘에 오
르는 길이라 내가 그리 전하거늘,
46 그 제목이요, 그 명칭만 본다 해도 얼
마나 이 책이 소중하며 두려운 것인가

를 알겠거늘,
47 나 여호와를 따라 나를 경배하며 하늘
에 오르는 자들이 '하나님! 말씀하옵
소서', 하늘에 오르는 길이 이 책 속에
있다는 그 내용을 감히 두려움을 모르
며 감히 소중함을 모르며 그 위대함을
모르며, 그것까지도 읽지 아니하며 들
여다보지 아니하며 열지 아니하며 사
탄이요, 이단이라 말하니,
48 내가 직접 내려가 너희를 구원한다
해도 나에게 침을 뱉으며 나의 가슴에
못을 꽂을 사악한 자들이니, 그러니
바로 너희가 무엇이더냐?
49 아담과 이브에게 욕심으로써 그 선악
과를 따먹게 한 그 뱀의 사악한 독이
세월이 흐르는 만큼 더 독해졌음이니
라.
50 2천 년이 흐르는 동안에 선악과를 따
먹게 했던 그 뱀의 독이 더 강하고 강
해져 그 독소가 너희 가슴속에 흐르
는 무서운 형국이라, 그리하여 그를
돌리지 못하며 그를 제거하지 못하는
그와 같은 형국이 되어 있다는 것을
알라.
51 이제는 더 이상 내가 너희에게 뭐라
말하지 아니할 것이니라.
52 너희가 나의 법전을 읽고 깨우치고 깨
우치지 않는 것은 오로지 너희의 선
택에 달렸음이니,
53 지옥문 앞에서 종교 지도자를 원망하
며 통곡하며 공포 속에 떨며, 그리고
지옥에 가서 영원히 후회하며, 그들에
게 맺힌 한을 풀지 못하며,
54 그들에게 복수하지 못함을, 그리고 너
희를 그 지옥 불에 집어넣은 그 원한
을 되씹는 것이 너희가 나에게 받는
그 고통보다도 무섭다는 그 엄연한 사
실을 잊지 말라.
55 나는 너희에게 다 전하여 깨우쳐 주었
노라.

6,326 번째 하나님 말씀

2003년 6월 4일 12시 11분

1 사랑하는 나의 아들아!
2 "네, 아버님! 말씀하옵소서."
3 나로부터 명을 받아 역사하는 나의 아
들이 전함을 너희가 감사하며 그 은
혜라 생각하지 아니하며,
4 '하늘에 오르는 길'이요, '하나님! 말
씀하옵소서'라는 '새로운 성경'이요,
새로운 법전이 동양의 작은 나라 너희
의 언어와 습관으로 세상에 내려보냄
이니,
5 목숨을 바쳐 너희가 그 소중함을 가
슴에 안고 정독하여 내 뜻이 무엇인가
를 깨우쳐 지옥에서 구원의 길로 돌아
서라 내가 그리 애절하게 원하건만,
너희는 뭐라 말하는가?
6 이는 사탄이요, 이단이요, 거짓된 자
라 말하나니,
7 그와 같이 가르치는 자 밑에서 배우는
백성 너희야말로 지옥으로 가는 자이
니라.
8 너희는 지금 나의 아들을 따르는 그
제자들이요, 이를 보고 깨우치는 백성
이 어리석고 불쌍한 자요,
9 '내가 너를 구원하여 너를 인도하고자
왔노라.' 하여 '그 사탄의 소굴에 가지
말며 사악한 자에게 속지 말라. 어찌

하여 지옥으로 가는 그 무서운 짓을
하고 있는가?' 그리 말할 것이니라.
10 그러나 나의 아들을 따르는 자들은 진
정 나로부터 선택된 자요, 거듭난 자
들이니, 그들은 죄가 없으며, 그들은
남을 위해 사는 자요, 그들은 영원히
죽지 않는다는 것을 알라.
11 그와 같이 가는 나의 아들딸들이요,
선택된 자들 앞에 거짓된 자들이 감히
그들을 사탄이요, 이단이라 말하니,
12 그리고 그리 가르치는 종교 지도자요,
집단 밑에서 그를 따라가는 자, 그리
고 그리 가르치는 자,
13 나의 법전을 이단이요, 사탄이요, 사
악한 자요, 세상을 뒤흔들어 놓기 위
해 나온 것이라 그리 말하는 자,
14 그들이 바로 거짓 선지자들이요, 잘못
된 자들이니라.
15 그들이야말로 나의 백성을 우롱하며
그들을 이용해 먹는 것이니,
16 모든 신도라는 자, 구원을 받았다는
자, 너희 자신의 살을 꼬집어 정신을
바로 차리도록 하라.
17 네 살에 못을 꽂아서라도 정신을 차리
는 그와 같은 변화되는 삶으로 되돌리
지 아니한다면, 너희야말로 정녕 지옥
에서 헤어나지 못한다는 것을 알아야
할 것이니라.
18 지금 모든 종교 집단이요, 지도자들이
나의 백성 너희를 이용해 먹기만 하
며 너희를 이용하다 지옥으로 던져
버리는 그와 같은 형국이라는 것을 알
라.
19 그들이 무엇을 알며 무엇을 깨달으며
하늘의 뜻을 아는 자가 있는가?
20 아무것도 모르기 때문이니라.
21 모르는 자가 어찌 가르칠 수 있고 어
찌 선생이라 말할 수 있단 말이던가?
22 지금의 종교 집단에서 진정한 지도자
를 찾으려야 찾을 수 없음이니라.
23 나로부터 선택된 목자가 없으며 나로
부터 선택되어 명을 받아 만백성을
구하는 자가 없음이니,
24 나로부터 명받은 지도자가 없으며 나
로부터 명받은 목자가 없다면 그들이
거짓된 자요, 거짓 선지자가 아니던가?
25 너희가 한번 눈을 크게 뜨고 찾아보도
록 하라.
26 그리고 너희가 세상을 보고 한번 뒤져
보라.
27 그들이 살아가는 모습이 어찌 되는가?
28 참진리를 가르치는 자를 찾지 못하며,
참진리를 모르니 그들이 진정한 목자
가 아니요,
29 그 생계 수단으로써 품삯을 받는 종교
지도자들이 아무것도 모르면서 나의
피조물 만백성 너희를 우롱한다는 것
을 알아야 할 것이니라.
30 이제 거짓 지도자요, 잘못된 자들이
참진리요, 참목자라 그리하여 그들이
그 자리를 차지해 행세하고 있음이니,
31 진정한 나의 뜻을 따르는, 나의 명을
받은 나의 아들이요, 나의 아들을 따
르는 제자들이요, 또 나의 법전을 읽
고 깨우친 지도자 너희가 앉을 자리
가 없으며 설 자리가 없느니라.
32 지금 모든 거짓된 자들이 그 자리를
차지하고 있으며 그들이 행세하고 있
으며 그들이 세상을 지배하고 있는 이
와 같은 형국이니,

33 진정한 나의 법전이 뿌리를 내릴 곳이
없으며, 나의 아들이 서서 강론할 곳
이 없으며, 그 제자들 또한 서서 강론
할 자리가 없음이니라.
34 그러니 진정한 목자는 찾아볼 수가 없
으며, 진정한 목자는 이단으로 몰리며
사탄이요, 사악한 자라 몰리며,
35 사탄이요, 거짓 선지자요, 사악한 자
들이 그 자리를 차지해 이 세상을 통
제하고 또 통제함이니, 이 세상은 썩
어지고 썩어져 가는 것뿐이니라.
36 그리하여 하늘에서 보는 나 여호와가
그 썩어져 가는 냄새를 맡을 수 없다
함이 여기에 있음이니라.
37 그리하여 내가 이를 불 칼로써 털어
내기 위하여 160권의 불 칼을 세상에
내려보냄이니, 이를 잡고 달려 나갈
자, 이를 갖고 헤쳐 나갈 자들은 너희
라는 것을 잊지 말라.

6,327 번째 하나님 말씀

2003년 6월 5일 06시 18분

1 사랑하는 나의 아들아!
2 "네, 아버님! 말씀하옵소서."
3 2천 년 전 나의 아들이 세상에 나와
모든 나의 뜻을 전하며 만백성을 깨우
치고자 하였음이니,
4 오늘에 있어 그를 따르며 그가 나의
아들이요, 그 역사함을 믿는 너희는
바로 무엇이던가?
5 그는 남이 보든 안 보든 그 행동이 같
았으며 말이 같았으며, 그는 오로지
진리 속에서 살아갔기 때문이니라.
6 그러니 진정한 지도자요, 참지도자요,
나로부터 선택되어 만백성을 나를 대
신하여 구하는 자는 남이 보든 안 보
든 그와 같은 곳에서 행동이 같으며
말이 같으며, 그 모든 것에 차이가 있
지 아니함을 알아야 할 것이니라.
7 오로지 진리를 말하며 오로지 진리만
을 전함이니,
8 그리하여 그가 하는 말은 그 누구든
들어 약이 되며 생활의 기본이요, 근
본이 되는 것이니라.
9 그러니 진정한 종교 지도자라는 것은
권력 앞에 흔들리며, 재물 앞에 흔들
리며, 재물을 거둬들이고자 하는 그
욕심 속에서 모든 것이 이루어지는 그
와 같은 행위를 하며 마음의 욕심을
버리지 못하면, 지도자가 될 수 없다
는 것이 바로 나 여호와의 가르침이
거기에 있느니라.
10 사랑하는 나의 아들아!
11 "네, 아버님! 말씀하옵소서."
12 네가 그리 가야 하느니라.
13 작고 큰 일에서 정의로운 말을 해야
하며,
14 이 사람 앞에서 저 말을 하고 저 사람
앞에서 이 말을 하는 그와 같은 사람
의 성격으로써, 그리고 제 앞에 있는
욕심의 뿌리를 버리지 못하여 저를 먼
저 생각하는 이와 같은 것은 작은 집
단의 책임자도 될 수 없음이니,
15 만백성을 구하는 나의 성령을 받아 기
록하며 나의 뜻을 전하는 너는 한 점
의 부끄럼이 없는 진정한 그 삶을 살
아야 함이니라.
16 지금 네가 변해 가고 있으며 네가 행
동하고 있으며 네가 살아가는 것이 인

간으로서는 감히 할 수 없는 그 길을
가고자 하는 것을 남들은 모르나 나
여호와는 앎이니,
17 너는 남이 보지 않는 곳에서 행동이
더 밝고 곧아야 하며,
18 남이 보는 앞에서 네 행동의 자세가
고쳐지며 언어가 달라지며 네 행동이
달라지는 그와 같은 삶을 살아서는 아
니 되는 것이 네가 가야 할 길이며,
19 너를 따르는 제자들이요, 나의 법전을
읽고 깨우친 만백성 너희가 다 그리
가야 함을 잊어서는 아니 될 것이니라.
20 남들이 보는 앞에서 하는 행동과 보지
않는다 해서 행동이 달라서는 아니 됨
이니,
21 남들이 보지 않는 곳에서 아름다운 행
동이요, 정의로우며 진실이 있어야 함
이니,
22 이제 그와 같은 훈련에 돌입하여 너희
마음을 그리 다스려 나가도록 그리하
라.
23 내가 너를 내려다보는 것이 마음이 아
프며 그 가련한 뜻을 아나니,
24 네가 이제 조금만 더 가면 전진할 수
있으며 나에게 오를 수 있음이니라.
25 네가 크나큰 죄요, 보이지 않는 죄는
절대 행하지 아니하며 알고는 부끄러
운 짓을 하지 아니하는 것을 내가 알
고 있음이니, 천사도 놀라고 있으며
사탄도 감히 네 앞에 고개를 못 듦이
니,
26 모든 지상의 사탄이요, 사악한 무리를
잠재우는 것은, 너희가 남이 보지 않
는 곳에서 하는 행동과 말이 더 아름
답고 정의로우며 한 점의 부끄럼이
없는 그와 같은 삶을 살며,
27 네 앞에 쌓아 놓고자 하는 그 욕심이
요, 무엇인가를 이루고자 하는 그 욕
심의 뿌리요, 근본을 다 버려야 하며,
28 지금처럼 그리 가야 하며, 변화되어서
는 아니 됨이니,
29 너의 제자들과 나를 따르는 백성이요,
나로부터 선택된 백성이요, 나의 법전
을 읽은 백성이 그와 같은 삶을 살도
록 네가 깊이 깨우쳐 전하도록 하라,
사랑하는 나의 아들아!

6,328 번째 하나님 말씀

2003년 6월 5일 06시 30분

1 사랑하는 나의 아들아!
2 "네, 아버님! 말씀하옵소서."
3 너희는 그저 성경의 한 획도, 한 자도
더 빼고 더해서도 안 되며 고쳐서도
안 되며, 절대적으로 그리 믿어야 하
며, 그것만이 너희가 행하는 길이요,
하늘에 오르는 길이라 그리 가르치고
행하고 있음이니,
4 너희가 가르치고 있는 그 자세가 얼마
나 어리석은 것인가?
5 그리하여 너희는 성경의 그 비유의
뜻을 하나도 알지 못하며 참진리의 뜻
을 알지 못하는 자들이 지도자라 하여
가장 어리석은 자들이 설교하며 단상
에 서 있어 그와 같은 행위를 함을 알
아야 할 것이니라.
6 지금 내가 나의 아들을 통하여 나의
법전의 뜻을 세상에 전하며 새로운 성
경을 내림이니,
7 하나를 가지고 내가 여러 가지를 비유

하여 그 뜻을 전하여 깨우쳐 너희가
세상의 이치요, 하늘의 뜻을 알도록
하니,
8 나 여호와가 하나의 진리를 내렸을 때
여러 가지 뜻으로써 비유하여 그를 설
명하고 또 가르치느니라.
9 그러니 너희가 한 가지를 가지고 한
가지 뜻이라 그리 강조하는 것은 어리
석은 백성이니라.
10 2천 년 전 나의 아들 예수의 그 제자
들이 기록한 복음서란 무엇이던가?
11 수많은 강론을 하며 수없이 이곳저곳
을 옮겨 다니며 나의 아들 예수가 강
론함이니,
12 그는 한 가지를 가지고 설명했을 때
그 뜻에 따라, 또 그 장소에 따라 여러
가지 의미의 방법으로써 변하여 그리
가르쳤음이니,
13 그 가르친 것을 어찌 너희가 하나로
써 모두를 표현할 수 있단 말이던가?
14 그러하니 한 획도, 한 자도 고치고 빼
고 더해서는 안 된다고 너희가 지금
억지를 부리는 것은 어리석은 짓의 행
위이니, 너희는 세상의 이치를 알아야
할 것이니라.
15 하나의 진리 속에서 파생되는 진리요,
그 가르침을 너희는 모르느니라.
16 너희의 교통 수단이요, 타고 달리는
데 쓰는 동물인 말이라는 것이 있음
이니,
17 나의 아들 예수가 말이라는 것을 표현
할 때 A라는 지역에서는 검정말이 존
재하며 검정말이 잘 달린다 그리 말했
을 때,
18 너희는 오로지 사람이 타는 동물인 말
은 검정말만 있다 그리 말하며, 검정
말이 아닌 것은 절대로 말이 아니라고
억지를 쓰는 자들과 같으니,
19 나의 아들 예수가 B지역에 가고 C지
역에 가서 또 나의 백성을 가르칠 때,
20 그는 흰말도 있으며 또 점박이 말도
있으며 붉은색의 말도 있다 그리 가르
치니,
21 거기에서 그것을 들은 자들은 그것만
이 말이라 그리 억지를 쓰는 것이 지
금 너희가 한 획도, 한 자도 더 빼고
더할 수 없으며, 새로운 뜻이 내려올
수 없으며, 새로운 성경이 역사할 수
없으며,
22 나 여호와의 참진리가 성경 속에 기록
된 것 외에는 다시 내려올 수 없다고
그리 억지를 쓰며 그와 같이 가는 형
태이니라.
23 그것은 너희의 기득권을 위해서 너희
만 위대하다는 것으로 너희를 보호하
고 지키기 위한 너희 욕심에서 한 획
을 고쳐도 안 되며 다른 뜻이 있어도
안 되며 다른 진리의 가르침이 있어도
안 된다는 그와 같은 너희의 욕심에서
이루어짐이니,
24 다른 곳에서 흰말이 있다 가르쳤으며
점박이 말도 있다 가르쳤음이니, 예수
는 너희가 타고 움직이는 그 교통 수
단을 말이라는 한 가지 동물을 가지
고도 여러 가지 방법으로 표현했으며
예를 들어 가르칠 수 있는 것이 그 가
르침이요, 진리이니라.
25 말이라는 동물은 여러 가지 색의 형태
가 있으니 검정말이라 하여, 흰말이라
하여, 붉은말이라 하여, 점박이 말이

라 하여 그 장소에서 들은 사람들이
저희가 들은 것만이 위대한 것이며 진
리며,
26 다른 것은 사람의 교통 수단으로 쓰는
말이 아니요, 또는 다른 짐승이라 억
지를 쓴다면, 그게 과연 말이 되겠는
가?
27 그러니 바로 너희가 지금 가고 있는
형태가 그러하니라.
28 그래서 나 여호와가 너희에게 가르치
는 것은 비유의 뜻으로써 모두가 전해
짐이니, 그 비유의 뜻은 여러 가지로
수없이 너희를 깨우쳐 이끌어 가도록
되어 있는 것이 진리임을 알아야 할
것이니라.
29 그러니 어찌하여 검정말이라는 소리
를 들은 자는 흰말이라 말하는 자를
사탄이요, 이단이요, 사악한 자라 하
여 죽기 살기로 흰말이라는 것은 존재
하지 아니한다며 싸움을 하고 정적보
다도 더 무섭게 그를 무너트리려 함이
니,
30 엄연히 흰말이라 말했으며 또 흰말을
본 자들은 과연 어떠하겠는가?
31 그러니 너희는 지금 서로 물고 뜯고
싸우고 있음이니, 그리하여 너희가 가
지고 있는 성경이요, 그 진리 외에는
어떠한 것도 하나님의 말씀이 아니요,
창조주 나 여호와의 뜻이 아니라 하며,
32 너희가 그리 갈구하는 하나님의 말씀
이라는 그 자체를 인정하지 않으려 함
이니,
33 지금 내가 나의 아들을 통하여 세상의
이치요, 하늘의 이치를 너희가 알 수
있도록 깊이 깨우쳐 가르치는 그와 같
은 뜻마저도 사탄이요, 이단이라 너희
가 그리 말하고 있음이니, 너희가 얼
마나 어리석은 자인가?
34 너희는 그와 같은 자들을 깨우쳐야 할
것이며, 그와 같은 자들을 구원해야
할 것이며,
35 이와 같은 이치를 그들에게 가르쳐 하
늘에 오르는 길이요, 그 진리가 한둘
이 아님을 깨우치도록 그리하라.
36 그러니 너희가 얼마나 어리석은가?
37 고인 물은 썩는다 하였음이니, 고인
물을 가지고 오로지 이 물 외에는 먹
을 수 없다고 생각하나, 생수가 있음
이니,
38 하늘에서 내려오는 생수가 있으며, 산
에서 내려오는 생수가 있으며, 높은
곳에서 낮은 곳으로 내려오는 새로운
생수가 수없이 있다는 것, 그리하여
물이 수없이 흘러들어 올 수 있으며
물의 역사는 수없이 이루어진다는 것,
39 그리고 물의 역사가 하나만을 이루는
것이 아니요, 수천수만 가지 일을 역
사한다는 것, 동식물의 생명수가 되며
때로는 교통수단이 되며 때로는 수마
가 되어 너희에게 가슴 아픈 일을 이
루며 이와 같은 형태와 형국에 따라
수없이 변하는 것을 한 가지 일만 한
다 그리 생각하는 너희이니라.
40 물은 먹는 것 외에는 다른 곳에 쓸 수
없다고 억지를 쓰는 불쌍한 것이 지금
의 종교 집단이요, 지도자 너희가 하
고 있는 행위라는 것을 잊지 말라.
41 너희가 알고 있는 것, 너희가 깨우친
것은 한 길이며 하나를 아나, 지금 내
가 나의 아들을 통하여 나의 새로운

성경이요, 나의 법전이요, 구원의 심
판의 기본인 나의 이 법전을 세상에
내려보내는 것은 하나의 진리 속에
많은 것들을 가지고 있으며 그 많은
것을 비유하여 너희에게 깨우쳐 줌이
니, 너희는 이를 보고 깨우쳐야 할 것
이니라.
42 그러니 하나만 가지고 고집하는 자,
한 가지만이 하늘에 오르는 길이라 하
는 것은 나무의 가지를 붙잡고 매달리
며 그 몸통을 보지 못하는 어리석은
지금의 종교 집단이요, 지도자 너희가
행하는 것임을 알라.

6,329 번째 하나님 말씀

2003년 6월 5일 11시 39분

(강론을 마치며)

1 사랑하는 나의 아들아!
2 "네, 아버님! 말씀하옵소서."
3 이 세상 부귀영화가 무엇이던가?
4 너희가 존재하며 살아 있는 그것으로
써 너희는 그 이상의 부귀영화요, 행
복함이 없음이니라.
5 더욱이 네가 이 세상에서 무엇을 얻고
자 이루고자 한다면 그건 다 부질없는
것이 아니던가?
6 물론 나의 아들로서 나의 명을 받아
만백성을 구하는 나의 법전을 만들어
세상에 전하는 그 역사보다 더 위대하
고 큰 것이 없음이니라.
7 그보다 더 위대한 것이 어디에 있겠는
가?
8 또한, 너의 제자들도 그러니라.
9 너희가 부귀와 영화를 누리면 몇천 년
을 얼마나 누리며 무엇을 더 얻는다
그리 말할 수 있는가?
10 너희가 정녕 나 여호와의 뜻이요, 하
늘에 오르는 길이 무엇인 줄 모르며,
지금까지 살아오면서 죄가 무엇인 줄
모르며, 지은 죄를 너희가 어찌 갚아
야 하는 것인지를 모르며, 너희가 나
에게 회개하고 눈물로써 기도하면 그
모든 죄가 씻어진다 생각했을 때,
11 너희가 그리 살다 나에게 와 심판을
받으니 그 죄가 하나도 없어진 것이
없음이요, 그것을 다 무게로써 단다
할 때 너희는 과연 어디로 간다 생각
하는가?
12 그것을 깨달아 오늘 너희가 지은 죄
를 짓지 아니하고자 함이요, 너희가
앞으로 삶을 바르고 곧게 살아가고자
하는 그 사함의 길을 얻은 것이요, 나
여호와에게 오르는 길이 무엇이오, 나
에게 향한 길이 무엇이며 나의 법전을
읽고 깨우쳐 가는 것이 너희가 부귀
와 영화보다 그 어디에 무엇을 견주어
말할 수 있는가?
13 그보다 더 귀하고 소중한 것이 너희에
게 없음이니, 이것을 너희가 알아야
할 것이니라.
14 나의 아들도 알아야 할 것이며 나의
아들을 따르는 제자 너희도 알아야
할 것이니라.
15 내가 너희에게 뭐라 말하였느냐?
16 자기를 버리며 모두를 다 버리고 따르
는 길이 너희가 나에게 오르는 길이
라 그리 말하였음이니라.
17 그러면 너희가 나에게 모두를 다 버리
고 오는 것도 너희가 모두를 버리고

나에게 오르는 것만이 나에게 오르는
길이요, 축복받은 영광의 길이 아니라,
18 너희가 죽어 가야 하는 그 십자가를
너희 자신이 지고 가야 한다 그리 말
하였음이니라.
19 네 인생의 모두를 다 버리고 나 여호
와의 길을 감이요, 하늘에 오르는 길
을 역사함이요, 만백성을 깨우치고자
하는 너희는 과연 어떠하겠는가?
20 그저 저 혼자만이 구원을 받아 하늘에
오르는 그 백성도 제 모두를 다 버리
며 스스로 제 십자가를 짊어지고 오는
것이 하늘에 오르는 길이요, 나에게
오르는 길을 볼 수 있다 내가 성경에
기록하여 그리 전했음이니,
21 온 백성을 구하는 너희는 과연 어떠
하겠는가?
22 나로부터 성령을 받아 160권의 법전
을 세상에 만든 선택된 나의 아들 너
는 과연 어떠하겠는가?
23 내가 모든 백성에게 전하기를 나에게
오르는 길이요, 하늘에 오르는 길의
빛을 보기 위해서는 너희 모두를 다
빈손으로써 네 십자가를 네가 짊어지
고 와야만 나에게 오를 수 있다 하였
음이니,
24 나의 아들 너는 인간관계의 고리와 인
간의 만남의 그 세상에 얽히고설킨 것
을 과연 얼마나 비웠으며 얼마나 놓
았는가?
25 네가 먼저 놓으며 네가 먼저 비워야
할 것이니, 이를 이제 점검하고 두드
려 보도록 그리해야 할 것이니라.
26 그리고 만백성을 구하는 전사요, 지도
자로서 선택된 너를 따르는 제자 너
희 자신은 과연 어떠한가 돌아다보아
야 함을 잊어서는 아니 될 것이니라.
27 너희 자신을 구원을 받는 자도 모두를
다 놓으며 십자가를 스스로 짊어진다
하였음이니,
28 만백성을 가르치는 자, 너희는 어찌
되겠는가?
29 가르치는 자가 그 제자만큼 못한다면
과연 누가 따르며 그를 존경하며 따라
오겠는가?
30 가르치는 선생은 그보다 더 높아야 하
며 더 알아야 하며 더 어렵고 힘든 것
을 인내하고 가는 그와 같은 한 줄기
의 삶을 역사한 자만이 그들의 스승으
로서 설 수 있다고 말할 수 있지 않겠
는가?
31 오늘의 너희가 고통이요, 시련을 겪어
나의 법전을 만들어 세상에 전하며 나
의 강론을 들어 이웃에게 전하는 너희
는 고통과 시련을 겪고 겪은 만큼 내
가 너희를 사랑함이요, 내가 너희를
기억함이요,
32 너희가 나에게 한 발짝 한 발짝 다가
오는 그 역사의 길이라는 것, 고통과
시련의 그 통로를 거치지 아니하고는
절대 너희가 올 수 없으며 알 수 없다
는 것을 알아야 할 것이니라.
33 이제 구원을 받는 자가 어떻게 해야만
구원을 받는다 하였으며, 나의 아들
예수를 따르는 자의 자세요, 나에게
오르고자 하는 자요, 나의 아들을 따
르는 그 제자들이 가야 할 길이 무엇
인가를 너희가 알지 않았는가?
34 모두를 다 놓으며 너희 십자가를 스스
로 지고 간다 했으나, 너희는 나로부

터 선택된 백성이요, 나의 피조물 만
백성을 구원하는 지도자요, 선생이니
라.
35 너 자신을 구원한다는 것을 내가 지우
라 하지 않았던가?
36 너희가 구원받기 위하여 기도하지 말
라 하였으며 너희가 축복받기 위해
기도하지 말라.
37 너희는 이미 다 그를 벗어났다 하지
아니하였는가?
38 너희는 너희 자신을 위해서 십자가를
지고 가는 자가 아니요, 만백성을 구
하는 지도자이기에 너희는 네 십자가
를 각자가 지고 가는 것보다도 열배
백배 무거운 십자가를 지고 가야 한다
는 것을 잊지 말라.
39 그것이 너희가 지도자로서 서야 한다
는 것이니, 이 세상에 부귀영화를 누
리고 얻으면 과연 무엇하는가?
40 지금 나의 아들의 강론을 들으며 나의
법전을 보며 하늘에 오르는 이치를 깨
닫는 그것보다 부귀영화요, 이 세상의
무엇과도 바꿀 수 없는 축복과 영광을
받은 자라는 것을 먼저 알며,
41 너희는 지도자이기에 얼마나 힘들고
어려운 길을 가서 바로 서야 하는가,
너희 자신의 마음속에 흐르는 그 욕심
을 다 뿌리칠 수 있는가, 그를 먼저 깨
달아야 할 것이니라.
42 욕심이 없는 자는 남에게 사기를 당하
지 아니하며 욕심이 없는 자는 남에게
속지 아니함이니라.
43 지금 잘못 가르치는 종교 지도자를 탓
하지 말라.
44 그들이 욕심을 버리지 못하며 욕심으
로써 너희를 가르치니, 그들의 말을
듣고 쉽고 간단하게 하늘에 오르겠다
하여 재물을 바치며 울고불고하는 것
이 너희 욕심이니라.
45 욕심이 있기에 너희가 남에게 사기를
당하며 남에게 속음이니, 욕심이 없는
자는 남에게 이용당하지 아니함을 알
라, 사랑하는 나의 아들딸들아!

6,330 번째 하나님 말씀

2003년 6월 5일 11시 51분

1 사랑하는 나의 아들아!
2 "네, 아버님! 말씀하옵소서."
3 수천 년 동안 나의 피조물 그 많은 백
성이 세상에 나와 죽어 가면서 그들이
이루고 역사했던 것은 무엇이던가?
4 저희가 무엇을 달라, 무엇을 이루고자
하였음이니,
5 받을 자격이 없는 자가 그를 달라 함
이니, 누가 그를 내려 줄 수 있단 말이
던가?
6 그들은 스스로 받을 자격이 되어 있는
가 아니 되었는가 하여, 받을 자격의
기준을 갖춘다면, 창조주 나 여호와가
너희에게 스스로 내릴 것이니라.
7 받을 자격을 갖추지 못한 자가 복을
달라, 축복을 달라, 부귀와 영화를 달
라 그리 나에게 기도하며 울고불고함
이니,
8 그는 바로 기복 신앙의 원천이요, 원
조가 그리되었다 함이니라.
9 수천 년의 많은 세월동안 흘러오는 그
백성이요, 그를 가르치는 지도자들이
하늘의 뜻이 무엇이며 내가 역사하는

것을 알지 못함이니,
10 그 백성이 정녕 하늘에 오르는 길이
요, 나에게 축복을 받으며 영광의 은
혜를 받는 길이 무엇인가 그 방향조차
도 제대로 가르치지 못하며 인도하지
못하였음이니,
11 그저 모르는 백성이 자격을 갖추지도
못한 자들이 무엇을 달라, 이루어 달
라, 그리 울고불고하다 죽어 간 백성
이라면 너희는 과연 믿겠는가?
12 그들은 그 근본을 모르기 때문에 그러
하니라.
13 너희는 알지 못하는 선생으로부터 배
우는 그 제자가 무엇을 배우며 어떠한
것을 알겠는가?
14 그는 정녕 그 이치도 모름이니, 그 정
답과 오답을 그가 만들어 내는 것이
아니요, 그는 아는 것도 구분하는 능
력도 없다는 것을 너희는 알아야 할
것이니라.
15 이와 같이 지금 수천 년 동안 흘러오
는 나의 피조물 만백성이 믿음이요,
하늘에 오르는 길이요, 축복받은 영광
의 길이라 지금 가고 또 가는 그 길이
나에게 오는 길이 아니요, 지옥의 낭
떠러지로 떨어지는 그와 같은 길을 가
고 있다면 과연 너희는 그를 믿겠는
가?
16 그를 너희는 믿지 않으려 하며 그를
인정하지 않으려 할 것이니라.
17 오로지 지금의 종교 집단이요, 지도자
들의 그 방대한 조직이요, 그 방대한
능력이요, 너희가 상상할 수 없는 그
말재주요, 그 화술에 너희가 속아 넘
어감이니,
18 너희 자신이 구분하지 못하여 너희
자신이 어디에 있으며 무엇을 하고 있
으며 자신이 무엇을 역사하고 있는 것
인가 그를 모름이니,
19 그저 달라, 내려 달라, 영광과 축복을
달라, 남보다 더 아름답게, 더 행복하
게 살 수 있으며 더 많은 것을 가지며
더 높은 자리를 가질 수 있도록 나 여
호와의 전지전능하다는 그 능력을 빌
어 이루고자 하는 것이 너희가 지금
까지 온 믿음의 근본이며 기초가 거기
에서도 시작되었음이니라.
20 너희가 사랑이요, 믿음으로써 시작된
것이 아니요, 욕심이라는 그 근본에서
기초를 넘어오듯 슬며시 다 이루어졌
음이니,
21 그 욕심의 뿌리는 서서히 뿌리를 내려
이 지상의 곳곳에 동맥이 흐르듯이 그
사악한 욕심의 뿌리가 내려졌으며,
22 하늘에는 아름다운 가지가 세상을 덮
어 모든 새요, 들짐승이 그곳에 와 쉬
고 노는 것이 아니라,
23 사악한 이파리요, 사악한 줄기가 세상
을 덮었음이니라.
24 그리하여 내가 하늘에서 이루어진 것
같이 이 땅에서 이루고자 하는 나의
아름다운 성전을 너희가 밑으로는 이
세상을 악한 뿌리가 다 관장하고 쥐고
있으며, 하늘에는 또 지상의 그 뿌리
에서 뻗은 그 줄기와 이파리들이 지금
세상을 다 덮고 있음이니,
25 땅 아래와 땅 위가 지금 이와 같이 되
어 있는 형국이니라.
26 그 모두를 뽑으며 그 모두를 잘라 내
는 것은 그 누구도 역사할 수 없음이

니라.
27 그 뿌리는 뿌리를 계속 내며 줄기는
줄기를 계속 뻗어 나감이니, 아무리
하늘에 오르는 길을 알며 심판을 받
는 것이 두려우며 살다 나에게 와 그
벌을 받아 지옥에 떨어져 치르는 그
대가가 아무리 무섭다 해도,
28 그 뿌리를 단죄하지 아니하면 그 뿌리
는 뿌리를 또 낳고 그 뿌리가 또 악의
뿌리를 계속 낳게 됨이니, 이를 막을
수 없는 것이 지금의 형국이니라.
29 그리하여 그를 다스릴 수 있는 것은
내가 증거로써 내려보내며 내가 글로
써 문서로써 작성하여 너희에게 내려
보낸 약정서,
30 바로 새로운 성경이요, 나의 하늘에
오르는 길이요, '하나님! 말씀하옵소
서'라는 이 책밖에 존재할 수 없으며,
그를 다스릴 수가 없기에 오늘의 그
역사를 이룸을 너희는 알아야 할 것
이니 그리 알라.

6,331 번째 하나님 말씀

2003년 6월 5일 12시

1 사랑하는 나의 아들아!
2 "네, 아버님! 말씀하옵소서."
3 너희가 나를 볼 수 있으며 나를 접할
수 있으며 나의 음성을 들을 수 있으
며 하늘의 이치를 깨달으며 하늘의 뜻
을 알아 너희가 역사하는 것은 바로
무엇이라 내가 말하였느냐?
4 내가 내린 성령뿐이니라.
5 내 가슴에서 내가 나의 아들을 통하여
내리는 그 성령이요, 내가 '하늘에 오
르는 길'이요, '하나님! 말씀하옵소서'
라 내리는 이 법전만이 너희가 나를
접할 수 있으며 하늘의 이치를 알 수
있으며 내가 역사하는 것을 알 수 있
다는 것을 너희는 알아야 할 것이니
라.
6 그러니 나의 참진리요, 나의 뜻이요,
내가 내리는 너희가 말하는 창조주의
말씀이요, 그 모두를 너희가 그대로
행하고 실천하는 것밖에는 하늘에 오
르는 길을 볼 수 없다는 것을 알아야
할 것이며,
7 지금 내가 나의 법전에 기록하여 내리
는 것이 나 여호와의 진리요, 뜻이라
는 것은, 거기에 기록되어 있는 내용
이요, 내가 내리는 그 모두는 세월이
지나면 그 역사 속에서 하나하나 빠짐
없이 이루어지며 그 결과의 역사가 있
다는 것,
8 그리하여 그것이 창조주인 나 여호와
의 뜻이요, 그렇기에 그것은 반드시
다 이루어진다는 것을 너희는 알아야
할 것이니라.
9 사탄이요, 사악한 자가 법전이라 만들
며 하늘에 오르는 길이라 하여 책으로
근거하여 만든다 해도, 그것은 그대로
이루어질 수 없으며 그 역사가 행해질
수가 없음이니라.
10 잠깐 비추다 시들어가는 것이 사탄이
니라.
11 지금의 사탄들이 어찌하는지 알고 있
는가?
12 나의 법전이 세상에 내려오니 그들은
머지않아 다 시들어질 것이며 존재하
지 못한다는 것을 알고 있음이니라.

13 그리하여 모든 사탄이요, 사악한 자들
이 지금 발악을 하고 있으며 최후의
힘을 모아 이 세상에 존재하고자 하는
것이 그들이니,
14 그리하여 모든 종교 집단이요, 지도자
들이 지금 여름에 가장 무성한 나무줄
기같이 그리 왕성했음이니,
15 이제 나의 법전으로 인하여 가을에
떨어지는 낙엽처럼 그 이파리가 시들
어질 날을 사탄들은 알고 있으며, 그
리고 겨울에 앙상한 가지만 남는 그와
같은 형국이 된다는 것을 알고 있기에
지금이 가장 극성일 때이니라.
16 가장 극성을 부리며 가장 독기를 품고
있는 이때에 나의 법전으로 그들을
들이 받아치면 그들의 그 독에 의하여
나의 법전이 존재하지 못하며 뿌리를
내리지 못하기에,
17 서서히 그들이 최고의 고비를 넘어 최
고의 절정을 넘어 스스로 잎이 마르는
그와 같은 시대에 나의 법전으로써 그
를 내가 단죄하고자 하는 것이 나의
뜻임을 너희는 알아야 할 것이니라.
18 이 모두는 다 나의 뜻이며 내가 역사
함이니라.
19 너희는 나의 뜻을 가르친다며 나의
백성을 하늘에 오르게 한다 그리 말하
나, 나의 뜻대로 가르치지 아니하며,
20 내가 역사하는 것을 모르고 가르치고
단상에서 설교하며 만백성을 이끈다
는 것은 내 뜻이 아니요, 창조주 나의
뜻이 아니라, 사탄의 자식으로서 사탄
의 뜻에 따라 역사한다는 것을 너희
는 잊지 말아야 할 것이니라.
21 지금의 수천 년 동안 종교 집단이요,
지도자들이 흘러오면서 나 여호와의
진리요, 나의 뜻을 그대로 전하지 못
하고 있기에 지금의 인간 너희가 이
와 같이 되었으며 험악한 세상이 되었
음이니라.
22 너희가 사탄이라 증거함은 무엇이던
가?
23 너희가 교회라는 것을 지으며 성전이
라는 것을 지으며 그것을 짓기 위하여
가난하고 불쌍한 자의 어렵고 힘든 것
을 들여다보지 아니하고 그저 거둬들
이며,
24 그것을 인간 지도자 너희 자신이 유
익한 방법으로만 모두를 이끌어 가며
나의 피조물 백성을 이용하고 활용했
기 때문이니라.
25 너희가 유익한 점이요, 너희가 편안한
점이요, 인간 세상에 지도자라 말하는
너희가 편안하게 살아가는 그 길에 나
의 피조물 만백성을 동원하며 그리 이
용하지 아니했다면 이는 나의 뜻이라
말할 수 있음이니라.
26 그러나 지금까지 모든 종교 집단이요,
지도자요, 또 배우는 자들까지 욕심이
라는 것이 그득히 차 너희가 유익한
대로 모든 성서요, 모든 설교요, 가르
침을 마음대로 가감했으며 그 부분적
인 것을 고쳐 너희가 필요한 대로 그
리하였으니,
27 본래 나의 뜻과 내가 전하고자 하는
것은 전혀 관계없이 흘러갔음이니라.
28 너희 말대로 한 획을 고쳐도 아니 되
며 한 글자를 빼고 더해도 안 된다 하
면서, 너희는 수없이 너희 마음대로
원뿌리까지도 흔들어 놓는 가감의 행

동을 했으며, 너희에게 유익한 점이
요, 너희 취향에 맞도록 모든 이해관
계에 맞도록 고쳐 나갔으니,
29 이 얼마나 무섭게 변질되었으며 변화
되었는지 알겠는가?
30 그러니 지금 지도자 너희가 그 변질
된 것을 가르치면서 또 너희 취향에
맞도록 변질함이니,
31 이게 바로 나의 법전이요, 나의 성령
이 만백성을 구하는 참진리가 다 무너
졌으며, 그리하여 지상이 썩고 또 썩
어 너희에게서 풍기는 그 냄새를 말
을 수 없는 지경에 이르렀다 그리 전
함이니,
32 이 뜻을 나의 피조물 만백성 너희는
깊이 깨우치며 나의 법전을 읽어 하늘
에 오르는 길의 이치를 터득해야 함을
잊지 말아야 할 것이니라.
33 참진리를 그대로 가르치지 아니하며
사탄의 짓을 하는 종교 지도자요, 집
단이요, 그리고 구원을 받는다는 백성
너희는 가슴에 손을 얹고,
34 너희 육의 삶을 위하여, 너희의 구원
을 위하여 기도하는 소리가 욕심을 하
나도 갖지 아니하며 욕심을 다 버린
자세에서 기도하고 경배하는 것인가
를 보라.
35 욕심을 두고 기도하는 자는 뱀의 후손
이요, 아담과 이브를 무너뜨린 그 사
탄의 후손이요, 그 욕심을 심어 주었
던 그 뱀이요, 사탄이 가지고 있는 그
욕심을 그대로 너희 가슴에 심고 있
음이니, 너희가 누구의 후손이고 누구
의 뿌리인가를 그 두렵고 무서움을 알
라.
36 그러니 너희가 정녕 나의 법전이 잘못
되었으며 이를 내리는 것이 사탄이 하
는 짓이요, 악마가 하는 짓이라 그리
말하기 전에, 너희 가슴속에 욕심이라
는 것을 버리라.
37 욕심이 있음으로 사랑을 모르며 베풂
을 모르니, 욕심을 버리고 가는 그 지
도자요, 욕심을 버리고 믿음의 길을
가는 그 백성까지도 잘못되었으며 그
들이 가는 것이 지옥 불로 가는 길이
라면 나의 법전이 잘못된 것이며 나의
아들의 가르침이 잘못된 것이니라.
38 그러나 나의 법전이 너희에게 전함이
요, 나의 아들이 너희에게 전하는 것
이 가슴속의 욕심을 버리며 내가 아닌
남을 위해 살아가는 그 마음을 가지고
있는 자, 그것이 나 여호와의 뜻이요,
그와 같은 자만이 하늘에 오를 수 있
다고 가르침이니,
39 그 욕심을 버린 백성이면 너희는 사탄
과 이단이 아니요, 너희가 욕심을 버
리지 못한 자는 사탄이요, 이단이요,
뱀의 자식으로서 나의 아들을 뱀의
자식이라 하며 거짓 선지자라 하며 이
법전이 나의 뜻이 아니라 너희가 뒤집
어씌우는 그와 같은 형국을 하고 있음
이니, 너희 말에 있지 않으냐?
40 너희가 '닭 잡아먹고 오리발을 내미는
격'이니, 그보다 너희가 더 사악한 자
임을 알라.
41 너희는 정녕 가슴에 손을 얹고 깨우치
라.
42 구원을 받았다는 모든 신도 너희가
재물을 바치며 기도하며 너희를 낳아
주고 길러 준 부모의 은혜요, 형제의

사랑을 모르며, 오로지 성전이요, 교
회에 바치며 거기에 봉사하는 것이 구
원을 받는다는 그와 같은 백성이 기
도하는 그 내용이 너희 스스로 입으
로 나오는, 그리고 소원하는 기도가
과연 욕심이라는 것이 없는가?
43 거기에 네 욕심에서 단 한마디라도 나
온다면 너는 뱀의 자식이요, 나의 자
식이 아니니, 이리 가르치는 나의 아
들이 과연 사탄이요, 이단인가 보라.
44 너희가 욕심이 하나도 없이 기도하면
천사요, 사탄과 이단이 아니며 나의
아들이 잘못되었음이니라.
45 그러나 너희가 조금이라도 욕심을 가
지고 있다면 나의 아들이 하는 말이
맞으며 나의 법전이요, 나의 새로운
성경에 기록된 것, '하늘에 오르는 길'
이요, '하나님! 말씀하옵소서'라 내린
것이 내 성령을 태워 내리는 참진리
요, 하늘에 오르는 길이라는 것을 알
라.
46 너희가 이것을 보고 깨우쳐 깨달아서
너희가 가지고 있는 그 점수를 받았을
때, 너희의 깨달음이 내가 너희에게
요구하는 각자의 점수를 맞았을 때,
47 그 점수를 가지고 너희가 천국의 문
에 와서 그를 댔을 때 그게 열쇠이니,
그 천국의 문이 찬란히 열리니, 너희
는 비단길을 걸어 나 여호와에게 와
'아버님, 제가 왔습니다.' 하고 말할 수
있을 것이니라.
48 그러나 털끝만 한 욕심이라도 가지고
있는 종교 지도자요, 신도요, 만백성
너희는 그 천국의 문을 열 수 없음이
니, 그 열쇠가 맞지 아니함이니 그리
알라.

6,332 번째 하나님 말씀

2003년 6월 5일 12시 07분

1 사랑하는 나의 아들아!
2 "네, 아버님! 말씀하옵소서."
3 이 대자연의 아름다움 속에 나로부터
생명을 받아 나가, 너희가 전생에 지
은 죄요, 이 세상에 오기 전에 지은 죄
의 그 대가까지 모두를 다 면죄할 그
기회를 줘 이 세상에 나온 것이 너희
라 내가 하지 아니하였던가?
4 그러니 너희가 이 세상에 생명을 받아
너희가 지은 죄를 용서받으며 이 세상
에서 아름답게 살아가는 그와 같은 영
광과 축복을 받은 나의 선택된 백성
이 가장 행복한 사람이요, 행복한 삶
이 어떠한 삶인지 너희는 알겠느냐?
5 너희가 지은 모든 죄를 사할 수 있는
기회를 받았으며, 인간이 세상에 살면
서 아름답게 살아가 나에게 올 수 있
는 그와 같은 가장 축복받고 영광된
백성이 살아가는 그 자세는 저 자신을
스스로 다스릴 줄 아는 사람이 되어야
함을 알아야 할 것이니라.
6 너희가 마음을 다스리며, 자신을 억제
하며, 부끄럽고 추한 일에 들여다보지
아니하며 거기에서 등 돌릴 수 있으며,
7 아름답고 선한 일을 하며 살아갈 수
있는 마음이요, 저 자신을 다스리는
자, 그게 가장 행복한 백성이요, 나의
뜻을 행하는 백성의 기초임을 알라.
8 그리고 자기 자신을 아는 사람, 제가
지금 누구이며 저는 어찌 가고 있으

며 무엇을 위해 살며 제가 왜 존재하
고 있는 것인가, 자기 자신에 대해서
그 현재의 주제 파악을 정확히 할 수
있는 사람, 그리고 자신을 들여다볼
수 있는 사람, 제 분수가 무엇인가를
아는 백성, 그와 같은 백성이 가장 행
복한 백성임을 너희는 알아야 할 것
이니라.
9 자기 자신을 모르고 날뛰는 자, 자기
자신의 분수를 모르고 날뛰는 백성,
주제 파악을 못 하고 날뛰는 백성,
10 감히 하늘의 뜻을 다 알며 제가 역사
하는 것처럼, 그리고 나에게 대명을
받은 것처럼 저 자신을 파악하지 못
하는 그 지도자요, 백성이 얼마나 불
쌍하고 가련한 백성인 줄 알겠느냐?
11 그러니 지금 살아가는 모든 종교 집단
이요, 지도자들은 제 주제 파악을 하
지 못하며, 저 자신을 몰라도 너무 모
르며, 저 자신에 대하여 알려고도 하
지 아니하며, 노력하여 저 자신을 찾
으려고도 하지 아니하려는 것이 지금
의 나의 백성이니,
12 가장 자기 자신을 모르고 살아가는,
자기 자신의 주제 파악이요, 자기 분
수를 모르는 가장 불행한 백성이 지
금 너희라 내가 가르침이니라.
13 하늘에 오르는 길이요, 너희 손으로
지은 성전에서 나의 아들을 찾으며 나
여호와의 이름을 부르지 않는 백성은
떡 한 조각을 가졌을 때 나눠 먹을 줄
알며,
14 배고픈 자에게 좀 더 큰 것을 줄 줄 알
며 배부른 자가 적게 먹는 그와 같은
작은 미덕이라도 지키고 살아가는 것
이 믿지 않는 백성이라 하였음이니라.
15 그러나 믿는 종교 집단이요, 지도자들
은 저희의 목적 달성을 위하여 길거리
에 나앉는다 해도 많이 바치는 자, 갖
다 거듭 바치는 자만이 축복받으며 영
광이라 그리 말하며 그게 하늘에 오르
는 길이라 가르치니,
16 그 종교 집단, 지도자들이 대표적인
자들이니라.
17 저 자신을 모르며 제 주제 파악을 못
하고 있는 것이 그들이니라.
18 감히 구원을 받았다 말하는 자, 그리
고 하늘에 오를 수 있다고 생각하는
자, 그리고 저희가 사는 대로 살다 그
저 주일에 가 기도하고 눈물 흘리고
재물을 바치면 모든 죄를 씻어 준다는
그 착각 속에서 지금 헤매는 백성,
19 그들처럼 자신을 모르고 살고 그들처
럼 어리석고 불쌍한 백성이 이 세상
에 없음을 너희는 알아야 할 것이니
라.
20 그러면서 그들은 뭐라 말하느냐?
21 남이 죽으라고 가르치는 것을 듣지도
아니하는 오만함이 그득히 차 있음이
니라.
22 남들이 뭐라 말하든 남들이 저희가
가는 길이 틀린 길이라며 잘못 가는
길이라 하든 말든, 그들은 그와 같은
것을 들으려 하지 아니하며 깨우치려
하지도 아니함이니라.
23 남들이 잘못 가는 길이요, 잘못된 길
이니 네 길을 한 번 돌아다보라 해도
그와 같은 것은 관계도 없으며,
24 제가 제일이며 제가 가는 길만이 진정
한 길이며 남의 말은 듣지도 아니하며

들으려 하지도 아니하는 자들이 지금
종교 집단이요, 지도자들이니,
25 그들이 나의 피조물 만백성을 그리 가
르치고 세뇌시켜 놓았음이니,
26 이를 돌이킬 수도 없으며 새로운 구원
의 길을 볼 수 없으며 진정한 하늘에
오르는 길을 볼 수 없는 것이 지금의
형국이니라.
27 저희만이 바른길이요, 저희만이 곧은
길이요, 저희만이 구원받은 자요, 구
원을 받을 수 있다는 그 착각 속에서
허덕이는 그 백성, 그들이 저 자신만
이 지옥으로 가면 오죽 좋겠는가?
28 종교 집단이요, 지도자들이요, 지금
믿음의 길을 가며 구원을 받았다며 광
란의 짓을 하고 있는 그 백성이 저희
자신만 살다 지옥으로 가면 그 무엇을
내가 더 탓하겠는가?
29 그러나 그들로 하여금 남들까지 나의
사랑하는 백성까지 지옥으로 이끌고
가고 있는 형국이라는 것을 모름이니
라.
30 저희가 가지고 있는 그 욕심 때문에,
저희가 그 욕심을 버리지 못하여 그
욕심에 사로잡혀 있기에, 그리고 착각
속에 잡혀 있기에 지금 모든 백성이
잘못된 종교 지도자요, 그 집단들 속
에 노예가 되었으며 머슴이 되었으며
종이 되어 전락하고 있는 것이니,
31 육에서는 종교 집단이요, 지도자요,
사악한 자들의 노예요, 그 종으로 그
리 이용당하고 살다 죽어 왔을 때 너
희는 지옥으로 간다는 그 엄연하고 무
서운 사실을 이제 너희가 깨우칠 때가
되었음을 알라.

6,333 번째 하나님 말씀

2003년 6월 5일 12시 15분

1 사랑하는 나의 아들아!
2 "네, 아버님! 말씀하옵소서."
3 너희는 지금 가고 있는 믿음이 어떠한
믿음의 길을 가고 있는가?
4 수천 년 동안 믿어 오는 그 종교 집단
이요, 그리고 백성이 말로 행함이요,
모두는 말로써 해결함이요,
5 말로써 해결된다 생각하며 말로써 해
결하는 그와 같은 지도자요, 종교 집
단이 지금까지 흘러왔음이니, 그러니
그 신도라는 백성도 모두 말로 행하
면 다 해결되는 것처럼 그 착각 속에
헤매고 있음이니라.
6 너희는 노아의 방주에서 그 구원을 받
은 백성이 과연 그 배를 만들지 아니
하였으면 구원을 받을 수 있었던가?
7 그 배를 만든 노아는 방주를 만들어
띄웠으며 내 명에 따라 움직였고 행했
기 때문에 구원을 받지 아니하였던가?
8 그것이 바로 행함이라는 것을 너희는
모름이니라.
9 그리고 너희는 말로써만 그리 말함이
니라.
10 내가 친필로 써 내린 나의 십계명은
과연 무엇이던가?
11 내가 그를 바위에 새겨 내렸으니, 모
세가 그를 받아서 내려왔음이니, 그것
도 또한 내가 너희에게 깨우치는 것도
행함이요, 내가 역사함이라는 것을 너
희는 그 모두를 알 것이니라.
12 너희는 그와 같은 형국을 가면서도 믿
음이라는 것을 믿지 아니하며 행함을

믿지 아니하려는 것이니 이 얼마나
불쌍한 백성인가?
13 참진리를 깨달음은 어떠한 것인가 너
희는 그것을 알아야 할 것이니라.
14 너희는 지금 참진리를 깨우치며 나의
백성을 하늘에 오르는 길로 인도하는
것이 아니요, 너희는 육의 삶을 위하
여 재물을 긁어모으기 위한 방법으로
써 모두를 다 동원하여 그리 쓰고 있
음이니, 해도 해도 너무한 백성이니라.
15 자식까지 목숨을 잃게 하여 너희를
구원하고자 한 그 후손들이 진리요,
그 가르침이요, 나의 아들이 행하고
전하고자 하는 그 역사를 행하는 것이
아니요,
16 그저 더 큰 성전이요, 궁궐 같은 그 장
식 속에서 지금 부귀영화를 누리고 살
아가는 거기에만 연연하니,
17 너희가 하는 행위가 해도 해도 너무
함이니, 해도 해도 너무함이 얼마나
가혹한 짓인 줄 너희는 알고 있는가?
18 너희는 정녕 너무함이니라.
19 은혜를 원수로 그리 갚을 수 없는 것
이 너희이거늘, 모든 종교 집단이요,
지도자들이 내가 너희를 깨우치고자
하는 것, 나의 아들까지 희생시켜서
너희를 구원하고자 했던 그 은혜를 원
수로 갚는 것이 너희라는 것을 알아
야 할 것이니라.
20 그리하여 너희는 재물을 거둬들이며
어려운 자를 모르며 믿음이 아니라 재
물을 많이 바치는 자의 그 이름부터
먼저 부르며 그가 축복을 받았다 하며
하늘에 많이 쌓아 놓는 자 축복을 받
는다 그리 말함이니,
21 믿음의 길을 가고 있는 지금 나의 백
성이 즐거운 마음으로써 자식이 부모
를 찾는 마음으로 믿음의 길을 가는
것이 아니요, 고통과 시련의 길을 감
이니라.
22 행복이 아니요, 고통과 시련의 길을
가는 것이 나의 피조물 모든 백성이
니, 그러면서도 그를 보지 못하는 것
이 그들이니라.
23 그리하여 지금의 모든 잘못 가는 종교
집단이요, 지도자 너희의 행태를 보고
나의 피조물 만백성이 깨우쳐 너희에
게 질문하고자 하며 너희에게 따지고
자 하며 잘못 가는 종교 지도자들을
단죄하고자 하나, 너희는 뭐라 말하느
냐?
24 지도자를 단죄하는 자는 사탄이요, 이
단이라 너희는 그리 말하여 그 입을
열지 못하게 하며,
25 그리고 그는 그 순간부터 지옥으로 가
는 자요, 악마의 자식이라 그리 말함
이니라.
26 그리하여 너희는 그와 같이 그를 간
주하는 것이니, 과연 거기에 사랑이
있는가?
27 악마요, 이단의 자식이라 해도 너희가
사랑으로 다스려 너희와 같이 가는 백
성으로 만들려 하는 것이 아니라,
28 너희는 그와 같이 깨우친 백성을 사탄
이요, 이단이라 말하며 그 사악한 행
위를 더 지속하고 더 굳건히 하는 결
의를 가지며,
29 그리고 그 순간부터 종교 지도자에게
잘못 가는 것이 아니냐며 그를 따지
고 말하는 그 신도는 어떠한 방법과

수단을 가리지 아니하고 그 순간부터
거기에서 잘라 버리며,
30 너희가 만든 성전이라는 그 죄의 온상
에 나오지 못하게 하는 그와 같은 수
단과 방법을 가리지 않으니,
31 그것은 인간 세상에서 정적들이 서로
정보를 다지며 비열한 방법으로 적을
죽이는 악랄한 방법을 쓰는 것보다도
더 간교한 방법이요, 더 무서운 방법
이요,
32 수단과 방법을 가리지 아니하고 종교
지도자가 잘못되었다는 것을 탓하고
가르치는 그 신도를 잘라내며 그를 몰
아내는 것이 너희 뜻이 아니던가?
33 그와 같은 행위를 하고 있는 것이 너
희이니라.
34 과연 그들 속에 나 여호와의 뜻에 따
라 행하는 자가 있으며 나를 위하여
행하고 있는가?
35 그 가짜 종교 지도자 앞에서 잘못 가
는 것을 잘못 가는 것이라 말하는 자
를 사탄이요, 이단이라 하여 갖은 방
법과 간교한 방법을 동원하여 쫓아내
는 그 신도라는 자들에게 뭐라 말하는
가?
36 그들의 손을 얻어 종교 지도자요, 목
사라는 자들이 말을 하느니라.
37 '그 사탄을 뽑아내는 데, 그 사탄을 쫓
아내는 데 신도 여러분이 최선을 다하
여 그 힘을 보여 주었음이니, 여러분
은 하나님으로부터 은혜를 받으며 축
복을 받으며 영광을 받으며 상을 받을
것이라.' 그리 말하니,
38 제 동료를 잘라내며 제가 언제 그와
같이 잘려나갈지 모르는 자가 정녕
하늘로부터 칭찬을 받으며 상을 받으
며 은혜를 받는다는 착각 속에서 복을
받을 것이라 그 복 줄 날만을 기다리
는 것이니, 그들은 또 어찌하는가?
39 간교한 종교 지도자의 그 설법에 의하
여 제가 한 일이 죄인 줄을 모르며, 제
가 한 것이 나 여호와를 위해서 한 것
이요, 나를 위해서 했기에 반드시 축
복과 영광이 있을 것이라 그리 생각하
는 자들이니,
40 그리하여 그들을 이성을 잃게 하였으
며 사리 분별하지 못하는 나의 백성으
로 만들었음이니라.
41 너희가 기르는 그 애완동물인 개보고
사람을 물라 하여 사람을 무는 것을
잘한다, 잘하는 것이라 그리 가르치면
그 개는 결국 천방지축으로 날뛰다 사
람의 손에 죽게 될 것이니라.
42 지금 나의 피조물 만백성이 바른 소리
하는 것, 바르게 가고자 하는 것, 참진
리를 가지고 따지는 그 백성을 쫓아
내며 몰아내는 것이 잘하는 것이다 그
리 충동질하여 사람을 무는 개를 다스
리듯이 그리 가르침이니,
43 결국 개는 죽음을 당하나 너희는 지옥
으로 와 그 무섭고 무서운 형벌을 받
는다는 것을 잊지 말라.

6,334 번째 하나님 말씀

2003년 6월 5일 12시 33분

1 사랑하는 나의 아들아!
2 "네, 아버님! 말씀하옵소서."
3 너를 따르는 제자들이요, 나의 법전을
읽고 깨우친 백성 너희는 지금 어떠

한 고통과 시련도 감수하고 견디어 나
의 아들을 통하여 내가 새로 내리는
성경이요, 하늘에 오르는 길이요, 내
모두를 태워 내리는 나의 성령을 너희
것으로 만드는 데 최선을 다해야 될
것이니라.
4 하나의 작은 가르침이요, 하나의 작은
뜻이요, 하나의 작은 명도 그 모두 나
의 아들을 통하여 나의 뜻을 강론하여
너희에게 전해지는 이 있을 수 없는
역사의 축복과 영광 속에 있는 너희는
내가 내리는 것을 작은 것 하나라도
버려서는 아니 되니,
5 내가 직접 내리는 이 뜻을 너희 것으
로 만드는 데 최선을 다해야 함을 잊
지 말라.
6 그 가르침은 창조주 나의 뜻이며 하늘
의 뜻이라는 것이니라.
7 너희가 감히 창조주 나 여호와의 뜻이
요, 하늘의 뜻을 어디서 들으며 이를
역사할 수 있다고 생각하는가?
8 2천 년의 역사가 흐른 지금 나의 아들
예수가 죽은 그 후에 너희가 지금 암
흑의 세상이요, 암흑의 세월이 흘러왔
음이라 하니,
9 지금 내가 다시 내 아들을 통하여 나
의 뜻을 전하며 하늘의 뜻을 전하는
그 역사를 직접 접하고 듣는 것은 너
희이니,
10 2천 년 전 나의 아들 예수를 통하여
가르침을 받았던 그 열두 제자보다도
지금 더 소중한 너희이니, 이는 곧 내
가 직접 내리기 때문이니라.
11 너희는 굳게 믿어야 할 것이며 바로
너희 것으로 만들어 하나도 흐트러짐
이 없으며 하나도 흘려보냄이 있어서
는 아니 됨을 알아야 할 것이니라.
12 너희가 지금 나의 법전을 만들며 나의
법전을 전하며 나의 성령을 들으며 지
금 살아가는 것, 그리고 나의 아들로
인하여 너희가 힘들고 어려운 그 고통
의 길을 가는 것,
13 나의 아들이 법전을 만들어 세상에 그
역사를 하는 그것으로 하여 어렵고 힘
든 그 고통을 받는 나로부터 선택된
백성, 너희 그 모두는 고통을 받는 만
큼, 시련의 길을 걷는 만큼, 너희가 견
디고 이기는 것만큼 끝없는 나의 사랑
이 너희와 같이하고 있음을 알아야
할 것이니라.
14 나의 아들을 통하여 내가 역사하는 그
길을 돕는 자, 그리고 나의 아들을 믿
고 따르는 자, 나의 아들로 하여금 너
희가 받는 그 고통이 많으면 많을수록
그 끝없는 사랑이 내가 너희와 같이하
고 있다는 것을 잊어서는 아니 될 것
이니라.
15 나의 사랑이 너희와 같이하고 있는
이것은 이 세상 그 무엇과도 바꿀 수
없는 것이며, 너희가 받을 수 없으며
역사할 수 없는 축복이라는 것을 잊지
말라.
16 2천 년이라는 그 암흑의 세월이 흘러
지금 나 여호와의 가장 큰 기쁨이요,
가장 큰 행복이요, 내가 너희를 얻어
가장 영광된 즐거움을 갖고 있다면 너
희는 알겠는가?
17 나 여호와의 가장 큰 기쁨이요, 위대
한 행복이라 할 수 있는 것까지 내가
그리 표현하여 너희에게 전하는 그

모든 나 여호와의 기쁨은 너희가 변
화되는 그 삶이니라.
18 너희가 지은 죄를 하나하나 털어 버리
며 나의 법전을 읽고 강론을 들으며
거듭나는 백성이요, 다시 태어나는 백
성으로 너희가 변해 가는 모습을 바
라보는 것보다도 더 귀하고 소중한 것
이 없으며, 나 또한 기쁨이 없다는 것
을 너희는 알아야 할 것이니라.
19 그러니 너희가 변하는 모습이요, 너희
가 거듭나는 모습을 보는 것이 나 여
호와의 항상 기쁨이요, 가장 큰 나의
즐거움이라 하였음이니, 내가 너희와
항상 같이 있음을 알라.
20 너희는 내가 너희를 항상 보고 있음
을 잊지 말라.
21 너희가 생각하는 것, 너희가 행동하는
것, 너희가 무엇을 이루고자 하는 그
모두를 다 내가 알고 있으며, 내가 너
희와 잠시도 떨어짐이 없이 같이 보고
있음이니,
22 나 여호와의 가장 소중한 기쁨이요,
즐거움이 너희가 거듭나는 것이라 하
였음이니, 너희가 거듭나는 그 모습을
바라보는 것이 내 즐거움이라 했음이
니,
23 내가 너희를 떠나지 아니하며 내가
너희에게서 잠시도 멀리 있지 아니함
을 너희는 알라.
24 너희가 항상 생각하고 있는 것, 이루
고자 하는 것, 너희가 행동하는 그 모
두를 다 내가 보고 있다는 것을 잊지
말라, 사랑하는 나의 아들딸들아!

6,335 번째 하나님 말씀

2003년 6월 5일 12시 39분

1 사랑하는 나의 아들아!
2 "네, 아버님! 말씀하옵소서."
3 너의 제자들을 먼저 깨우쳐 전하며 나
의 법전을 읽는 백성을 깨우치며 만
백성 너희가 알아야 할 것이니라.
4 내가 하늘의 천국과 같이 지상의 천국
을 만들기 위하여 이 자연의 아름다움
을 만들어 세상에 내려보냈으나,
5 지금 나의 은혜 속에 사는 이 지상의
모든 백성은 한 사람도 제할 자가 없
이 회개하고 반성하며 너희의 삶을
바로잡지 아니하면 아니 되는 그와 같
은 때가 되었음을 알아야 할 것이니라.
6 모두가 회개하고 반성하는 그와 같은
삶으로써 살아가지 아니하면 아니 되
는 지금의 형국이 되었음이니, 이와
같은 험악한 형국은 과연 어찌하여 이
루어졌단 말이던가?
7 지금 이 세상에 살아가는 나의 피조물
만백성 너희는 지금 나를 믿으며 하늘
에 오르는 길이며 사랑을 베풀며, 나
의 아들 예수가 고통스럽게 죽어 간
그 피로써 구원을 받았다 말하는 자들,
8 너희는 믿지 않는 백성보다 더 사악
해졌으며, 너희가 회개하고 반성하는
것이 더 시급한 급선무라는 것을 알고
있는가?
9 너희가 먼저 회개해야 하며 너희가
더 급히 변해야 하며 너희는 잠시 1초
의 시간도 없는 것이니라.
10 믿지 않는 백성이 차라리 나눔이 있
으며 사랑이 있으며 그들은 회개하고

변하는 시간적인 여유가 있다는 것을
알라.
11 지금 수천 년의 하나의 관습이요, 지
금까지 왔던 그 전통이요, 그들은 욕
심과 욕심으로써, 그 사탄이 악과 악
으로써 연결되어 왔음이니, 보통 믿지
않는 백성의 너그러운 마음이요, 사랑
하는 마음의 그 뿌리까지도 너희는
완전히 없어졌음이니라.
12 오로지 욕심으로써, 사탄의 그 뿌리로
서, 사탄의 자식으로서, 사탄의 그 혈
통으로서, 사탄의 마음으로써 너희에
게 가득 차 있음이니, 그 욕심의 뿌리
가 그러하니라.
13 그렇지 않으면 너희는 이 세상에 존
재할 수 없도록 만들고자 하는 것이니,
14 그를 거부하고 그를 다스릴 수 있는
것은 믿는 백성이 악의 뿌리를 뿌리
로 심어 놓은 너희보다 차라리 믿지
않는 백성이 더 너희를 제거할 수 있
는 힘을 가지고 있음을 알라.
15 그들이 존재하지 아니하며 너희만이
존재한다면 이 세상은 파멸할 것이며,
이 세상을 지배하는 것은 악으로써 모
두가 다스렸을 것이니라.
16 그러나 믿지 않는 백성의 양심이요,
사랑하는 마음이 나름대로 그리 있기
에 지금까지 지탱되었으니,
17 내가 그들을 받쳐 주어 그들로 하여금
너희를 대적하여 싸우고자 하여 내가
160권의 법전이요, 나의 성령을 지금
세상에 내려보냄이니라.
18 너희는 지금 회개하지 아니하면 모두
가 파멸의 직전에 있다는 것을 알라.
19 자기 자신들이 죄를 지으며 자기 자신
들이 어디에 있으며 어떻게 저희가
회개하여야 하며 무엇을 반성해야 할
것인가를 모르도록 지금 나의 피조물
만백성을 세뇌시킨 것이 종교 지도자
들이 지금까지 이끌어 온 방법임을 너
희는 알아야 할 것이니라.
20 지금 이 세상에서 정당한 방법이요,
아름답게 사는 백성이요, 그들이 다시
태어나는 그와 같은 역사를 이루어야
하기 때문에 정당하게 사는 백성, 그
리고 아름답게 사는 백성, 질서를 지
키고자 하는 백성, 너희가 고통과 시
련을 겪게 되어 있음을 알라.
21 너희로 하여금 다시 태어나는 백성으
로 역사하는 길밖에 없음이니라.
22 지금의 종교 집단이요, 지도자요, 구
원받았다는 오만한 자들로서는 다시
태어날 수 있는 그 역사가 없음이니,
그들은 죽어 와 나에게 심판을 받을
것이며,
23 너희가 거듭나는 백성으로서 이 세상
을 다스리며 그 뿌리를 내리는 것은
지금 나의 법전을 읽고 정당하게 살아
가는 자, 질서를 파괴하지 아니하고
살아가는 자, 저 자신을 죽이며 살아
가고자 하는 자, 저를 양보하며 살아
가고자 하는 너희가 거듭나는 고통과
시련을 겪어야만 이 세상을 다스릴 수
있음이니,
24 너희가 고통과 시련 속에서 살아가게
되어 있음을 알아야 할 것이니라.
25 지금은 사탄의 종들이 이 세상을 지배
하며 나의 백성을 제거하려 하며 너
희마저 제거하려 하는 자가 그들이니
라.

26 그들은 알고 있음이니라.
27 나의 법전이 세상에 내려왔을 때 저희
가 존재할 수 없다는 것, 그리고 저희
가 존재할 시간이 얼마 남지 않았다는
것, 얼마 남지 않은 세상에서 나의 법
전이 세상에 나오지 못하도록 하며,
정당하게 살며 질서를 지키고 사는 백
성마저 저희가 쓰러트리고 제거하지
아니하면 아니 되기 때문에 저희가 가
장 사악한 악에 지금 젖어 있음이니라.
28 독에 젖어 있는 자들이니라.
29 가령 나무로 말하자면 지금 그들은
무성한 여름이 저물기 전이니, 가을이
도래하기 전에 지금이 가장 무성한 이
파리와 같음이니라.
30 이때 그들을 공격한다면 너희가 지탱
하지 못하며 견딜 수 없음이니,
31 그 무성했던 잎이 가을이 되어 심히
떨어져 그들이 스스로 무너지기 시작
할 때, 그때 내가 그 모두를 다스릴 것
이며, 나의 법전이 새로운 싹으로서
이 세상을 덮는 역사가 그때 반드시
일어날 것이니 그리 알라.

6,336 번째 하나님 말씀

2003년 6월 6일 0시 10분

1 사랑하는 나의 아들아!
2 "네, 아버님! 말씀하옵소서."
3 아무리 높고 높은 산도 너희가 한 걸
음 한걸음 정복하며 걷기 시작하면 그
산은 너희 발아래 정복됨이니라.
4 그러나 그 산을 오르지 아니하고 말로
써만 오른다, 오른다 그리 말하고 있
다면, 그는 한 발짝도 더 앞으로 나가
지 못하며 그 산을 정복하지 못하는
것이 아니더냐?
5 그러니 행함이 얼마나 중요하던가?
6 농부가 농사를 짓는 것도 그 계절에
따라서 씨앗을 뿌리며 그를 잘 가꾸어
다스린 농부는 좋은 결실을 거둘 수
있으나,
7 그저 씨앗을 뿌려 놓고 쳐다보지 않는
그 농부는 그 씨앗이 잡초에 이리 치
고 저리 치어 곡식으로서 아무런 의미
를 다하지 못하며 곡식으로서 그 가치
가 없이 그리되지 않는가?
8 너희가 어떠한 목표를 정하여 목적지
를 향해 간다 해도 말로써 그저 가는
것처럼 말로써 말하며 걸어가지 아니
하며 움직이지 아니하며 너희는 그
목적지에 도달하지 못하는 것이 아니
던가?
9 지금 나의 법전을 나의 성령을 받아
기록하는 나의 아들도 또한 그러니라.
10 네가 얼마만큼 기도를 하며 묵상을 하
느냐에 따라서 나의 법전이 세상에 나
오고 못 나옴이니,
11 네가 말로써 기도하고 묵상한다 하며
하지 아니하면 나의 법전은 1년이요,
2년에 한 권도 나오지 못할 것이니,
12 바로 너희가 그와 같이 노력하는 그
길만이 네가 나의 뜻을 역사하는 것이
며 만백성을 구하는 길이요, 만백성이
하늘에 오르는 그 빛을 볼 수 있는 것
이니라.
13 그러니 너희 제자들 또한 그러하니라.
14 너희 제자들이 마음을 변하고자 노력
하며 나의 법전을 읽고 깨우쳐 그와
같이 행하고자 너희가 생각하고 노력

하여 최선을 다할 때, 그 최선을 다했
다고 내가 느낄 때 너희에게 그 기적
의 역사를 주며 너희 마음을 다스려
준다는 것을 잊지 말라.
15 너희가 아무리 말로써 울고불고 기도
하고 경배해도 내가 너희의 기도 소
리를 듣지 아니한다 하지 아니하였던
가?
16 너희가 잘못되었다, 그리고 잘못 산
것을 회개하며 눈물로써 나에게 반성
하나 너희는 돌아서서 그와 같은 짓
을 함이니,
17 그리하여 내가 너희에게 한 번 속지
두 번 속지 아니하여 너희가 행하지
못하는 그 회개의 기도 소리를 내가
듣지 않는다 하였음이니라.
18 그리하여 너희가 하나의 악습을 고쳤
을 때 내가 너희에게 상을 준다 하였
듯이,
19 너희가 나의 뜻에 따라, 나의 법전에
따라 변하고자 노력하고 또 노력하는
데 최선의 노력을 다했을 때, 내가 너
희에게 그 은혜로써 역사하며 너희가
바로 설 수 있으며 바로 서야만 되는
그 의미를 너희에게 깨우쳐 줌을 잊
어서는 아니 될 것이니라.
20 그러니 너희는 위로는 나의 법전을
만드는 데 최선을 다하며, 그를 전하
는 데 최선을 다하며, 그리고 나의 법
전을 읽고 깨우친 백성 너희는 그 법
전대로 살아가는 데 최선을 다하는 그
변화의 삶을 살아야 할 것이니라.
21 너희는 지금 모르고 있음이니라.
22 이 세상 나의 피조물 만백성을 구하기
위하여 내가 나의 아들을 세상에 내려
보내 내 법전을 그리 전함이니, 처음
에 너희가 강론을 들으며 처음으로 법
전을 제일 먼저 전하는 백성, 그리고
듣는 백성, 읽는 백성 너희가 얼마나
위대한 백성이며 너희는 나로부터 얼
마나 영광의 은혜를 받은 백성인가,
그것을 너희가 지금은 모름이니라.
23 이제 세월이 지나감으로써 너희는 알
게 될 것이니라.
24 내가 이루고자 하는 나의 법전이 세상
을 다 덮어 모든 변화의 소용돌이가
이루기 시작할 때, 너희가 선택된 백
성으로서 얼마나 소중한 것이며 너희
가 얼마나 큰 은혜와 영광을 받았는가,
25 그리고 나의 아들과 더불어 한 시대를
살아가는 것이 얼마나 소중한 것이며,
26 그 무엇과도 바꿀 수 없는 은혜요, 축
복이요, 영광이라는 것을 알 날이 머
지않았음이니 그리 알라.

6,337 번째 하나님 말씀

2003년 6월 6일 0시 14분

1 사랑하는 나의 아들아!
2 너를 따르는 제자들이요, 그리고 나의
법전을 읽고 깨우친 백성, 너희는 수
천 년 동안 흘러오면서 나 여호와의
뜻대로 살아가며 내가 역사하는 대로
거역하지 아니하며, 순종하는 백성이
라 그리 말하는 백성,
3 그들이 정녕 나에게 오르는 길이 무엇
이며 하늘에 오르는 빛을 보는 것이
무엇인가, 그들에게 너희가 정확히 깨
우쳐 주며 바로 깨우쳐 주고 일깨워
줘야 함을 잊지 말라.

4 몇천 년 동안 흘러오는 그 역사가 나
의 뜻에 따라 하늘에 오르는 그 깨우
침이요, 참진리를 연구하는 것이 아니
요, 자기들 앞에 큰 역사가 기복 신앙
이 되어 버려서 무엇을 얻고자, 이루
고자 하는 그와 같은 믿음으로써 그
백성이 왔음이니,
5 그것으로써 절대 기복 신앙의 대표로
서 나를 이용하여 나를 활용하여 저
희가 이루고자 하는 그 욕심을 채우고
자 하는 것이라 내가 그리 말하였으니,
6 그와 같은 방법으로써 너희가 영원히
사는 나에게 오를 수 없다는 것을 알
라.
7 너희가 지옥에 한번 가면 영원히 그곳
에서 헤어나지 못하며, 천국에 오는
백성은 영원히 그곳에서 존재하며 모
든 것을 다 누리며 너희가 산다는 것
을 잊지 말라 그리 전하라.
8 너희가 나에게 오르는 길은 나의 뜻
을 거역하지 아니하는 것이니, 그리하
여 너희가 나의 십계명대로 살고자
노력하는 자, 그리고 새로운 성경이
요, 나의 뜻을 태워 내려보내는 나의
법전대로 살지 않는 자는 누구도 나
에게 오를 수 없으며 심판을 받을 수
없다 내가 수백 번 너희에게 그리 가
르치고 전했음이니,
9 내가 수백 번 너희에게 강조하며 가
르치는 그 뜻의 의미를 너희는 알아
야 할 것이니라.
10 너희가 나의 법전대로 살지 아니하며
십계명대로 살고자 노력하지 아니하
는 자, 그렇지 않은 자는 나의 뜻을 거
역하는 것이며 나에게 순종하지 아니
하는 자이니,
11 너희는 나의 나라에 오는 그 구원이
요, 그 구원의 소원을 빌지도 말며, 그
것이 이루어질 것이라 생각하지도 말
며 그 소원이 이루어지기를 바라지도
말라.
12 너희는 구원을 받을 수 없는 자이며
그 영혼을 구원할 수 없는 자이니라.
13 너희가 지금의 믿음의 형태에서 벗어
나지 아니하며 내가 새로운 성경이요,
나 여호와의 성령을 태워 내려보내는
'하늘에 오르는 길'이요, '하나님! 말
씀하옵소서'라는 나의 법전을 접하고
이를 읽지 않는 자, 이를 버리는 자,
너희는 스스로 죽어 가는 행위를 하는
것이며,
14 영원히 한 번 들어가면 다시 나올 수
없는 지옥의 길로 가기 위해 스스로
무덤을 파고 있다는 것을 너희는 알
아야 할 것이니 그리 알라.

부 록

【하나님께서 가르쳐 주신 운동】

천재지변이 일어날 때, 동물이나 미물들은 미리 알고 대피하지만, 인간은 알지 못하고 큰 화를 당합니다. 하나님께서 인간에게 가장 높은 지혜를 주시고 완벽하게 창조해 주셨기에 동물들보다 더 잘 알 수 있지만, 욕심으로 마음이 혼탁해져서 한 치 앞을 보지 못하는 것입니다.

마찬가지로, 인간은 누구나 스스로 필요한 운동을 해서 건강을 지킬 수 있도록 하나님께서 만들어 주셨습니다. 우리의 머리에서 우리 몸에 필요한 동작을 해 달라고 끊임없이 신호를 보내지만, 인간이 혼탁하게 살아서 그 신호를 알아채지 못합니다. 그러니 자연스럽게 자기 몸이 원하는 그 신호를 따라서 운동하는 것이 하나님께서 가르쳐 주신 운동 방법입니다. 바로, 우리의 영이 육을 이끄는 운동입니다.

▶ 하나님 운동법

1. 눈을 감고, 발을 어깨너비로 벌리고 바르게 선다.
2. 몸에 힘을 풀고, 허리를 숙이면서 손과 머리를 아래로 내린다.
3. 허리를 펴고 싶을 때, 천천히 펴면서 하고 싶은 동작을 하면 운동이 시작된다. (사람마다 다르다.)
4. 멈추지 말고, 어떤 동작이든지 자기 몸의 느낌대로 계속 이어서 한다.

▶ 참고 사항

① 눈을 감은 상태로 아무 생각 하지 않고, 자기 몸의 느낌대로 움직입니다.

② 마음을 비우고, 욕심을 버리고, 지난날의 잘못을 반성하면서 몇 차례 시도하다 보면, 자기도 모르게 하고 싶은 동작이 끊임없이 생깁니다.

③ 운동 장소는 방 안이든 운동장이든 관계없으며, 걷거나 달리고 싶을 때는 눈을 떠도 됩니다.

④ 매일 40분 이상, 주 4회 이상, 3개월 이상 하면 음식 조절에 들어갑니다.
- 음식으로 생긴 병은 음식으로 치료하게 되며, 어떤 음식을 먹어야 하는지 스스로 알게 됩니다.
(자기 몸에 필요한 음식만 먹고 싶어집니다.)

⑤ 사랑하는 사람과 함께 운동하면 서로 치료해 주기도 합니다.

⑥ 운동을 하다가 몸의 어느 한 부분을 계속 손으로 자극한다면 그쪽에 이상이 있는 것이니, 의사에게 상담을 받고 적절한 치료를 받으면 됩니다.

⑦ 다이어트 및 기타 건강관리에 효과적입니다.

⑧ 꾸준히 운동하여 영이 맑아지면, 자신의 과거와 미래를 스스로 보게 됩니다.

누구나 스스로 하실 수 있습니다.

간행사

《새로운 성경》은:

· 새로운 성경은, 하나님께서 선량하고 선한 자를 선택하여 십계명을 암송하도록 하시고, 십계명을 암송한 다음에 음성으로써 들려주시는 말씀을 듣고 그대로 카세트테이프에 녹음해서 받아쓴 책입니다.

· 90분짜리 녹음테이프 700여 개에 달하는 말씀으로, 1999년 8월부터 2004년 7월까지 총 160권(권당 288쪽)을 완성하였으며, 그 이후에도 현재까지 계속 말씀을 내려 주고 계십니다.

· 새로운 성경은 "하늘을 두루마리 삼고 바닷물을 먹물 삼아 쓰고 써도 다 못 쓴다"는, 끝없이 방대한 하나님의 말씀이 두루마리로 직접 내려오는 것입니다. 이러한 새로운 성경은 구약과 신약을 폐하려는 것이 아니라 "인봉된 성서의 비유의 뜻"을 상세히 설명하여 완성하고자 하나님께서 직접 내려 주신 말씀입니다.

《새로운 성경》의 구성:

· 제 목: 2013년, 160권 모음집을 발간하면서, 본 도서의 제목을 "하나님! 말씀하옵소서"에서 《새로운 성경》 으로 명해 주셨습니다.

· 단행본: 각 권당 288쪽(신국판) 책이 160권까지 시리즈로 출판됩니다.
(모음집은 단행본을 16권씩 묶어서, 총 10부로 구성됩니다.)

《새로운 성경》의 성경적 근거:

· 신약 성경 [요한복음] 16장 13절에 "진리의 성령이 오시면 그가 너희를 모든 진리 가운데로 인도하시리니 그가 자의로 말하지 않고, 오직 듣는 것만을 말하며" 하신 말씀처럼 하나님의 음성을 들은 것만 기록하였으며,

· "장래 일을 너희에게 알리시리라" 하신 말씀과 같이 개인, 나라, 인류의 "장래"일을 하나님께서 알려 주시는 것만 기록하여 책으로 만들었습니다.

《새로운 성경》의 기록 방법:

· 1999년 8월부터 하나님께서 저에게 들려주시는 음성을 기록하였습니다. 처음에는 제가 들은 말씀을 불러 주면 저의 아내가 기록하여, 2000년 1월 29일에 1권 초판이 세상에 나왔습니다. 2000년 4월부터는 주시는 말씀을 받아 녹음기에 기록하여 시리즈로 출간하기 시작하였습니다.

· 녹음을 시작하면서 하나님의 말씀을 받는 데 가속도가 붙었고, 2001년 5월 3일에 1부(1~16권까지)를 인쇄하여 출판하였으며, 2004년 7월까지 총160권 분량의 말씀을 받아 기록하였습니다.

하나님께서 저에게 주신 것은:

· 첫째, 만백성을 상대로 내려 주시는 "기도", 둘째, 수시로 내려 주시는 "묵상", 셋째, 개인의 과거, 현재, 미래를 알려 주시는 "개인 기도", 넷째, 개인의 건강을 위해서 내려 주시는 "음식 처방", 다섯째, 하나님께서 가르쳐 주신 "운동"등이 있습니다. 이 중에 첫 번째, "기도"를 책으로 편찬하였습니다. 사람의 생사, 개인의 미래에 관한 천기는 수록하지 말라 하셨습니다.

강론 안내:

· 하나님께서는 지금도 매일 저에게 새로운 하늘의 비밀의 말씀을 내려 주고 계십니다. 수시로 내려 주시는 말씀을 정리해서 제자를 육성하라는 말씀에 따라 매주 강론을 하고 있습니다. 누구나 무료로 들으실 수 있습니다. (book160.com)

《새로운 성경》을 읽는 분들에게 드리는 선물:

· 개인 기도: 개인의 과거, 현재, 미래에 관하여 말씀을 내려 주십니다.

· 음식 처방: 사람은 음식을 먹고살다가 건강을 잃으니, 음식과 운동으로 건강을 되찾는 방법을 알려 드립니다. 단, 하나님이 계심을 믿고, 십계명을 지키겠다고 진실로 서약하는 분들께 알려드립니다.

《새로운 성경》의 은혜와 기적:

· 새로운 성경 전160권은 16권씩 묶어서 총 10부의 모음집으로 구성됩니다. 모음집 한 부를 읽고 깨우치는 자에게 하나님께서 다음과 같은 기적이 있다고 하셨습니다.

· "첫째, 그가 죽어 하늘에 갔을 때 그의 죄를 묻지 아니하며, 구원을 받는 위대한 은혜가 있으며, 둘째, 그의 소원과 소망이 이루어지고, 셋째, 죽은 자(부모, 형제, 자식, 사랑하고 은혜 입은 분)의 이름으로 구입한 책을 읽고 누군가 한 사람이 깨우칠 때, 그 죽은 자가 지옥에서 천국으로 구원을 받게 되며, 넷째, 유산, 중절 수술 등으로 태어나지 못한 아이를 위하여 구입한 책을 보고 한 명이 깨우쳤을 때, 그 아이가 사람으로 다시 한 번 태어나는 은혜를 받는다."

· "새로운 성경"을 3회 이상 정성을 다해 정독하는 자, 성서의 비밀을 알게 되고, 세상의 이치를 알게 되며, 세상을 지배하고 통제할 수 있는 지혜를 다 얻게 된다고 하셨습니다. 이 책은 만백성이 정독하고 이웃에게 전하여, 평생 가슴에 묻은 슬픔과 고통의 짐을 벗고 미래를 위한 힘찬 삶을 살아가도록 하는 책입니다.

끝으로

· 하나님께서는 흰 눈이 세상을 덮듯이 새로운 성경을 온 세상에 전하라고 하셨습니다. 《새로운 성경》을 각국어로 번역해서 온 인류에게 구원의 길을 깨우쳐 주고, 그 수익으로 가난하고 어려운 백성을 구제하여, 만백성의 영과 육을 함께 구원하는 선지자의 임무를 수행하라고 저에게 명하셨습니다.

· 하늘에서 내려 주신 말씀의 보화를 만백성에게 나누어 주는 것이 선지자의 임무라고 하셨습니다. 새로운 성경을 통해서 얻는 재물을 사용할 곳도 하나님께서 일일이 명해 주십니다. 모든 재물은 저의 자의로 쓸 수 없고, 하나님께서 명하시는 대로만 쓰여집니다.

· 어떤 명분으로든 십일조나 각종 헌금을 거두어들이지 말라 하셨으며, 국내뿐 아니라 각국에 성전과 단독 서점을 운영하며, 한국의 많은 젊은이들을 전 세계에 지도자로 내보내라고 하셨습니다.

· 우리는 세계적으로 새로운 성경을 보급하며 어려운 이들을 돕는 역사를 해 나갈 것입니다. 지금까지 비록 몇 명 안 되는 제자들과 함께 이러한 일을 역사했지만, 앞으로도 계속 하나님께서 기뻐하시는 일들을 해 나갈 것입니다. 부족한 저희에게 여러분들의 지혜와 성원을 보내 주시기를 바랍니다. 많은 분들의 참여와 도움을 간절히 기다립니다. 감사합니다.

한국어로 내려온 《새로운 성경》 단행본을 출간하며
2016년 4월 10일

발행인 **김 용 철**

한국어로 내려온

새로운 **성 경** · 6부 · 제86권

지은이 하나님 말씀
대역자 김용철

초판인쇄 1쇄 2017년 4월 3일

펴낸 곳 도서출판 하얀마음
등록번호 제 10-2107호 (2001년 2월 14일)
주소 서울시 노원구 덕릉로86길5, 2층
전화번호 02) 313-1114
팩스 02) 393-5554
전자우편 book160@hanmail.net
편집위원 조나영 김미향 이석교
제작지원 김홍숙 이미숙 이미란

도서상담 1600-7527
ISBN 978-89-5875-186-1 (04230)
978-89-5875-100-7 (세 트)

값 10,000원
잘못된 책은 구입하신 곳에서 바꾸어 드립니다.

※이 책은 10부로 제작되며, 각 부 16권씩 총160권으로 구성됩니다.※

1부	2부	3부	4부	5부	**6부**	7부	8부	9부	10부
1권	17권	33권	49권	65권	81권	97권	113권	129권	145권
2권	18권	34권	50권	66권	82권	98권	114권	130권	146권
3권	19권	35권	51권	67권	83권	99권	115권	131권	147권
4권	20권	36권	52권	68권	84권	100권	116권	132권	148권
5권	21권	37권	53권	69권	85권	101권	117권	133권	149권
6권	22권	38권	54권	70권	86권	102권	118권	134권	150권
7권	23권	39권	55권	71권	87권	103권	119권	135권	151권
8권	24권	40권	56권	72권	88권	104권	120권	136권	152권
9권	25권	41권	57권	73권	89권	105권	121권	137권	153권
10권	26권	42권	58권	74권	90권	106권	122권	138권	154권
11권	27권	43권	59권	75권	91권	107권	123권	139권	155권
12권	28권	44권	60권	76권	92권	108권	124권	140권	156권
13권	29권	45권	61권	77권	93권	109권	125권	141권	157권
14권	30권	46권	62권	78권	94권	110권	126권	142권	158권
15권	31권	47권	63권	79권	95권	111권	127권	143권	159권
16권	32권	48권	64권	80권	96권	112권	128권	144권	160권